中國學術思想 研究輯刊

四十編

林慶彰 主編

第6冊

知者天事
——從張載到王夫之的「乾知」說研究

李騰飛 著

花木蘭文化事業有限公司

國家圖書館出版品預行編目資料

知者天事——從張載到王夫之的「乾知」說研究／李騰飛 著
-- 初版 -- 新北市：花木蘭文化事業有限公司，2024〔民113〕
目 2+180 面；19×26 公分
（中國學術思想研究輯刊 四十編；第6冊）
ISBN 978-626-344-770-7（精裝）
1.CST：宋明理學 2.CST：新儒學 3.CST：中國哲學
4.CST：學術研究
030.8   113009254

ISBN-978-626-344-770-7

9 786263 447707

中國學術思想研究輯刊
四十編 第 六 冊   ISBN：978-626-344-770-7

知者天事
——從張載到王夫之的「乾知」說研究

作　　者　李騰飛
主　　編　林慶彰
總 編 輯　杜潔祥
副總編輯　楊嘉樂
編輯主任　許郁翎
編　　輯　潘玟靜、蔡正宣　美術編輯　陳逸婷
出　　版　花木蘭文化事業有限公司
發 行 人　高小娟
聯絡地址　235 新北市中和區中安街七二號十三樓
　　　　　電話：02-2923-1455／傳真：02-2923-1452
網　　址　http://www.huamulan.tw 信箱 service@huamulans.com
印　　刷　普羅文化出版廣告事業
封面設計　劉開工作室
初　　版　2024 年 9 月
定　　價　四十編 15 冊（精裝）新台幣 40,000 元

知者天事
——從張載到王夫之的「乾知」說研究

李騰飛　著

作者簡介

李騰飛（1990～），山西太原人，哲學博士，山東大學與德國柏林工業大學聯合培養，西北大學中國思想文化研究所講師。主要從事儒家哲學、中西方哲學比較研究，在《哲學與文化月刊》、《山西大學學報（哲學社會科學版）》、《河北學刊》、《哲學門》、《中國思想史研究》、《哲學探索》等刊物發表論文數篇。

提　要

　　論文以宋明理學為背景，結合現代新儒家如牟宗三、唐君毅諸先生對「乾知」問題的討論，並借鑑現象學的問題分析理路和範式，對先秦《易傳》之「乾知」概念在宋明理學中的發展及內涵進行了系統研究。論文以《易傳》和歷代易注中涉及「乾知」的文本以及宋明理學家和現代新儒家在這個問題上的論述為依據，首先通過「乾知」之義的梳理辨析，揭示了「乾知」的義理內涵和思想基礎，接著又把這個概念放在宋明理學的視域下考察。在這一研究中，論文以「乾知」為視角通盤考察張載哲學體系的整體框架、並從現象學的層面對「氣」「象」「感」等範疇做出新解釋；進而著眼於「寂感真幾」的問題，對陽明後學通過對寂感、動靜等問題的思考而貫通「良知」與「乾知」的思想探索進行了梳理並闡釋；最後，論文主要從「乾之以知生物」的天道論層面，和「虛靈知覺」即「乾知」的心性論層面，對王夫之「乾知」「坤能」為基本原則所建立的「乾知」理論進行了整體的呈現與詮釋。論文通過對從張載到王夫之的「乾知」思想的分析，認為「乾知」標明了一種本體論上不斷發生、自行呈現的「感動」現象。

目次

第一章　緒　論

第一節　「乾知」觀念的思想來源與背景

　　《繫辭傳》云：「乾知大始，坤作成物。乾以易知，坤以簡能；易則易知，簡則簡從……易簡，而天下之理得矣；天下之理得，而成位乎其中矣。」就這句話中的「乾知大始，坤作成物」而言，其涉及對乾坤特性的規定，尤其重要且意蘊豐富，歷來解人眾多，而爭論大都出在這裡與乾相關的「知」。如牟宗三先生所言：「古注沒有注『知』字」〔註1〕，《周易集解》中只搜錄了一條九家易注：「『始』謂乾稟元氣，『萬物資始』也」〔註2〕，並沒有注「知」字。後世的注家中以朱熹的觀點影響較大。朱熹主張訓「知」為「主」。《朱子語類》載：「『乾知大始』，知，主之意也，如知縣、知州。乾為其初，為其萌芽。『坤作成物』，坤管下面一截，有所作為。」又說：「此『知』字訓『管』字，不當解作知見之『知』。」〔註3〕然而，對於這種解釋不利的是，在這句話從屬的段落中「知」字多次出現，如「乾知大始」，「乾以易知」，「易則易知」。對於後者，只能以知之本義作解。如朱熹的《周易本義》這樣解道：「人之所為，如乾之易，則其心明白，而人易知。」〔註4〕但如此一來，就意味著要在短短一

〔註1〕牟宗三：《周易哲學演講錄》，盧雪昆錄音整理，上海：華東師範大學出版社，2004，第44頁。

〔註2〕李道平：《周易集解纂疏》，潘雨廷校，北京：中華書局，1994，第544頁。

〔註3〕朱熹：《朱子語類（三）》，《朱子全書》第16冊，上海古籍出版社與安徽教育出版社，2002，第2502頁。

〔註4〕朱熹：《周易本義》，《朱子全書》第1冊，上海古籍出版社與安徽教育出版社，2002，第124頁。

段話內一字多訓，左遮右擋，於文義的通貫性上不能不有所欠缺。與朱子的觀點相反，陽明後學主張以本義為訓，並進而標舉「乾知」這個概念。如羅近溪（名汝芳）說：「知者吾心之體，屬之乾，故乾以易知。」〔註5〕王龍溪說：「良知者，氣之靈，謂之乾知，亦謂之明德」〔註6〕。對此，牟宗三先生指出：

> （良知的）絕對性者其本身即「乾坤萬有之基」也，亦即王龍溪與羅近溪依《易傳》「乾知大始」所說之「乾知」也。陽明說良知是乾坤萬有之基，意即天地萬物之基。《易傳》說「乾知大始」，是以天之乾健之德（即生德）作為萬物之大始，即由之以創生萬物也。「乾知」之知，字面上的意義，是「主」義，即乾主始也。乾之所以可主萬物之始，以其為生道也。而生道之所以為生道之實則在「心」也，故歷來皆以「仁」說此生道也⋯⋯在王學，即以知體明覺說此仁，故即以知體明覺實「乾主始」之主也，因此，遂有「乾知」之說。即於乾主大始處說良知也。此顯然是說良知之絕對性，即其存有論的意義也，即，「乾主始」意義的良知，亦即以創始萬物的乾健之德之身份說此良知也，故簡單化之，即曰「乾知」，遂由動詞之「知」轉而為名詞之知矣。「乾知」者即乾健之天心之知也。〔註7〕

也就是說，從文義上來講，牟先生認同朱子訓「知」為主的做法，他認為「乾知」說在觀念的歷史轉化上是由王學創造性的以「以知體明覺實『乾主始』」而來。牟宗三因而只贊同脫離《繫辭》原文語境的「乾知」說，並予之以同情的瞭解：「王龍溪說『乾知』於義理自通。」〔註8〕

雖然如此，龍溪自己也有著訓詁上的依據。他說：「知之為義本明，不須更訓主字。下文證之曰『乾以易知』，以易知為易主可乎？」〔註9〕在這個問題

〔註5〕羅汝芳：《近溪子集》，《羅汝芳集》，方祖猷等整理，南京：鳳凰出版社，2007，第86頁。

〔註6〕王畿：《大象義述》，《王畿集》，吳震編校整理，南京：鳳凰出版社，2007，第648頁。

〔註7〕牟宗三：《現象與物自身》，《牟宗三先生全集》第21冊，臺北：聯經出版事業有限公司，2003，第97～98頁。

〔註8〕牟宗三：《現象與物自身》，《牟宗三先生全集》第21冊，臺北：聯經出版事業有限公司，2003，第97頁。

〔註9〕王畿：《致知議略》，《王畿集》，吳震編校整理，南京：鳳凰出版傳媒集團，2007，第135頁。

上，龍溪的思路是：「主」的義項只是「知」的衍生義，惟其知之故能主之，以本義為訓，才能更通貫的解釋整段文字。不過，像龍溪這樣徑直標舉「乾知」也會陷入一個問題，這一點為牟先生指出：「作名詞看的『乾知』，其本身即是萬物之始，不是知道一『大始』……然而原句卻是『乾知大始』，此中之『知』字乃是動詞，故須以『主』字作訓也……王龍溪於動詞、名詞滑轉不分，而只說『乾知即良知』，以之為始也。」〔註10〕如其所言，龍溪於「乾知大始」中劃出「乾知」一詞的確於文理有誤，「知」是動詞而非名詞。

不過，即便以「知」為動詞，像李材（李見羅）那樣「謂乾有知，杜撰無端，可為滋甚」〔註11〕的觀點也過於極端，這裡依然存在以本義為訓的可能性。氣學家張載和王夫之的相關論述頗為精到。在《正蒙》首篇《太和》第一段中張載以化用的方式「謂乾有知」。他說：「起知於易者，乾乎！效法於簡者，坤乎！」〔註12〕在《橫渠易說》中，張載說的更加清楚：「太始者語物之始，乾全體之而無不遺，故無不知也，知之先者蓋莫如乾。成物者，物既形矣，故言作，已入於形器也，初未嘗有地而乾漸形，不謂之作，謂之何哉？然而乾以不求知而知，故其知也速；坤以不為而為，故其成也廣。」〔註13〕王夫之贊同張載的說法，他進一步解釋張載的這句話：「太和本然之體，未有知也，未有能也，易簡而已。而其所涵之性，有健有順，故知於此起，法於此效，而大用行矣。」〔註14〕不僅如此，王夫之還明確駁斥了朱熹「知之訓主」的說法，他說：「知之訓主，如唐宋官制不正，職銜在彼，而差遣在此……今郡守稱知府，縣令稱知縣，皆承其弊，非名言之允宜也。勿論六經，即漢晉人亦無有以知為主者。」「知與作對，又與能對。若云乾主大始，則亦作也，能也，何以別於

〔註10〕牟宗三：《現象與物自身》，《牟宗三先生全集》第 21 冊，臺北：聯經出版事業有限公司，2003，第 98 頁。

〔註11〕黃宗羲：《明儒學案》，北京：中華書局，2019，第 671 頁。

〔註12〕張載：《張載集》，章錫琛點校，北京：中華書局，1985，第 7 頁。（按，下引張載文獻，凡出自這一版本的《張載集》，不再標注出版社與出版時間）關於《太和篇》這句話中「知」的理解，在《正蒙》的詮釋史上自然有所爭論，參見林樂昌：《正蒙合校集釋》，北京：中華書局，2012，第 8～15 頁。後文關於張載的章節將說明此處「知」為何當以本義為訓。

〔註13〕張載：《張載集》，第 147 頁。

〔註14〕王夫之：《張子正蒙注》，《船山全書》第 12 冊，長沙：嶽麓書社，2011，第 16 頁。（按，下引船山的文獻，皆出自嶽麓書社 2011 年《船山全書》新版，不再標注出版社與出版時間）

坤之簡能而成物也？」〔註15〕王夫之進一步指出：「乾以明照為用」，「虛靈知覺，則天不息之神，流行於官竅。陽氣一散，則有耳不能聞，有目而不能見，有脾而不能思，有肝而不能謀，有肺而不能慮，有腎而不能識。其為乾之以知生物，尤為明驗，曾攝職而主其事之謂乎？」〔註16〕

　　王夫之的一個說法足以駁倒朱熹訓「知」為「主」的觀點。〔註17〕在《繫辭傳》的那段話中，「知與作對，又與能對」〔註18〕。若「知」是「主」義或「作」義，就不能與坤之「能」與「作」相區別。此外，乾卦六爻皆陽，代表天陽之氣，陽的本義是明。在乾卦的彖辭中，有「大明終始」之說。乾之「大明」與《繫辭傳》的「乾知」之間顯然存在著義理上的親緣性。考諸現存的漢唐易注，對於「乾以易知」，虞翻注曰：「陽見稱『易』……乾息昭物，天下文明，故『易知』。」清人李道平疏曰：「乾為大明，陽息則能明照萬物……謂乾以息陽而知大始，故曰『易知』。」〔註19〕乾以息陽而明照萬物，故能「知大始」。在對於「乾知大始」的註釋中，李道平說的更加明確：「乾鑿度曰：『太初者，氣之始也』……陽稱『大』，資始未來，故曰『知』，『神以知來』，故『乾知大始』。」〔註20〕孔穎達亦在繼承王弼玄學易的基礎上說：

　　　　「乾知大始」者，以乾是天陽之氣，萬物皆始在於氣，故云知其大始也。「坤作成物」者，坤是地陰之形，坤能造作以成物也。初始無形，未有營作，故但云「知」也。已成之物，事可營為，故云「作」也。「乾以易知」者，易謂易略，無所造為，以此為知，故曰

〔註15〕王夫之：《周易稗疏》，《船山全書》第1冊，第782頁。

〔註16〕王夫之：《周易稗疏》，《船山全書》第1冊，第782頁。

〔註17〕當然，王夫之的某些說法也存在瑕疵。「知之訓主」並非承襲自唐宋官制之蔽。有學者指出：「知，猶『為』，與下句『作』近為互文……《經義述聞》引王念孫曰：『知，猶「為」也，「為」亦「作」也。「乾為大始」，萬物資始也；「坤作成物」，萬物資生也。《周語》「知晉國之政」，韋昭注曰：「知政，謂『為政』也」；《呂氏春秋‧長見篇》「三年而知鄭國之政」，高誘注曰：『知，猶「為」也』。」（黃壽祺、張善文：《周易譯注》，上海：上海古籍出版社，2012，第375頁）可見，即使是先秦古籍中也有訓「知」為「主」或「作」的例子。

〔註18〕「乾知大始，坤作成物」。這句話中的「知」與「作」應當是對比而非互文的關係。若解作互文，這句話的意思就變成：乾坤俱以「知」和「作」的方式資始和成物。互文說在義理上不通。

〔註19〕李道平：《周易集解纂疏》，潘雨廷校，北京：中華書局，1994年，第545頁。

〔註20〕李道平：《周易集解纂疏》，潘雨廷校，北京：中華書局，1994年，第544頁。

「乾以易知」也。「坤以簡能」者，簡謂簡省凝靜，不須煩勞，以此為能，故曰「坤以簡能」也……上「乾以易知，坤以簡能」，論乾坤之體性也。「易則易知，簡則易從」者，此論乾坤既有此性，人則易可仿傚也。〔註21〕

可見，在氣化宇宙論的背景下，乾「以知生物」並不難解。乾與坤分別對應於未成形之氣與已成形之質。形質可言「作」，而「初始無形」只能云「知」。這裡所說的「知」顯然不是某個主體知曉或知道的意思，毋寧說是「昭物」意義上的「明照」，即讓事物顯著出來。這一點，陽明後學中的萬廷言（號思默）說的非常清楚。萬思默區分了「靈知」與「識知」，前者為「造化生生之妙體」，是一種「無知之知」，「靈知」可以讓兩間事物「相呼吸」「相屬應」，「物得知而後能成，緣知而後能相感」〔註22〕，而後者作為一種有所知之知只能在意識中區分和構造對象，並導致人的妄計執持。職是之故，「靈知」可配乾，就是「乾知」，它具有氣化宇宙論意義上顯現物的能力。具體而言，其表現為陽氣對於凝滯之形的運化，即化除凝滯之舊形而生新。生新即是讓新物從無而有呈現出來，乾之「知」就是在這個意義上而言。〔註23〕可見，「乾知」這種表達雖然略顯穿鑿，但如王夫之所言，這裡確實可以（或應當）以本義為訓。乾以知生物是「尤為明驗」的事實，不必再訓知為主。就此而言，名詞化的「乾知」不僅是可以接受的，更是說出了「乾知大始」這句話的真理。

實際上，對於這一問題的爭執，文字訓詁上的理由尚是其次，主要是思想上的分歧。對於王夫之，「乾有知」「尤為明驗」，而對於朱熹等人，「乾知」又是難以接受的。承認「乾知」與否，關乎的是義理上如何暸解這種與乾有關的「知」。以西方漢學界的相關成果為鏡鑒的話，這一點就更加清楚的顯示

〔註21〕王弼、韓康伯注，孔穎達疏：《宋本周易注疏》，于天寶點校，北京：中華書局，2018，第 381 頁。

〔註22〕萬廷言：《萬廷言集》，張昭煒點校，北京：中華書局，2015，第 98 頁。

〔註23〕王夫之也說：「乾，氣之舒也。陰氣之結，為形為魄，恒凝而有質。陽氣之行於形質之中外者，為氣為神，恒舒而畢通，推蕩乎陰而善其化，無大不屆，無小不入，其用和煦而靡不勝，故又曰『健』也……乾於大造為天之運，於人物為性之神，於萬事為知之徹，於學問為克治之誠，於吉凶治亂為經營之盛……純一清剛，善動而不息。」（王夫之：《周易內傳》，《船山全書》第 1 冊，第 53 ～54 頁）「氣之舒」可產生和煦之用，造成畢通的效果，而「心徹為知」（《莊子·外物》），知就是一種通。純、一、清、剛是陽氣的特性，同時也是光的特性，而光又可喻知。所以，對於王夫之，「知」就是乾的本質屬性，乾之陽即是乾之「知」。

出來。按照法國哲學家與漢學家朱利安（François Jullien）在《內在性的形象
──〈易經〉的哲學讀解》一書中的總結，一些西方的翻譯家在面對「乾知大
始」之知時，或者與朱子一樣以主宰（présider）義取代這裡知（connaissance）
的涵義，以（可能）犧牲文本原有含義的方式躲避思想上的不足，或者通過
引入造物主的觀念緩和這種與開始相聯繫的知的晦澀不清。前者如費拉斯特
（Philastre），將之譯為：L'activité énergique〔Qian〕préside au commencement
de la grandeur（有效力的活動性〔乾〕主導了偉大者的開始）。後者如衛禮賢
（Richard Wilhelm），這樣譯為：Le créateur connaît les grands commencements
（創造者知道那些偉大的開始）。〔註24〕前者對「知」的理解比較狹隘，所以
直接譯為「主」，而後者雖然出於基督教神學背景接受這樣一種知，但卻在義
理上犯了更嚴重的錯誤。正如朱利安所說，乾與坤始終處於功能的結對中，
乾並不具有如上帝一般「形而上──神聖的地位」（statut métaphysico-divin），
可以從虛無中創造萬物。對「乾知」真實意蘊的瞭解必須回到中國自己的思
想，更確切地說，要回到那些提出這個概念的哲學文本中去進行探尋，正如
朱利安對這種「乾特有的知」（la connaissance propre à Qian）的研究以王夫之
為本。

　　朱子訓知為主的不妥之處還可以通過馬一浮先生的觀點反照出。馬先生
指出，在儒家的典籍中，「說『知』莫大於《易傳》」〔註25〕，如「知幾」，「知
神」「通晝夜而知」等等。他認為：「人受天地之中以生，凡屬有心，自然皆具
知能二事。」在「乾知大始，坤作成物」與「乾以易知，坤以簡能」中，「知
本乎性，能主乎修」。「知」是由理體與性體所生起的自覺自知的「觀照」，「亦
名為見地」，而能屬於「行履邊事」，是「知」隨順材質而「發見於事為之著者」。
「『易知則有親』者，此『知』若是從聞見得來，總不親切，不親切便不是真
知；是自己證悟的方是親切，方是真知。」〔註26〕如馬一浮先生所言，《易傳》
中多處言知，為了保持文義的一致性與通貫性，像朱子那樣僅僅將某些地方的
「知」訓為主的做法是不可取的，而保持「知」的本義，則是一個更加尊重文

〔註24〕Cf. François Jullien, *Figures de l'immanence. Pour une lecture philosophique du Yi king*, Éditions Grasset & Fasquelle, 1993, p.97.

〔註25〕馬一浮：《泰合宜山會語》，《馬一浮集》第一冊，虞萬里校點，杭州：浙江古籍出版社，1996，第42～43頁。

〔註26〕馬一浮：《泰和宜山會語》，《馬一浮集》第一冊，虞萬里校點，杭州：浙江古籍出版社，1996，第41、41、43、43頁。

本，更符合經典原意的選擇。此外，正如馬先生所指出，對乾之知的瞭解也可以參證於《易傳》所提到的「知幾」「知化」等知。「乾知」不是一個孤零零的概念，而是與傳統儒學的很多話題相互指引。

綜上，從哲學史和觀念史的角度來看，「乾知」這一個概念雖然僅僅在陽明後學中被討論，並由牟宗三所代表的現代新儒家接續並發揚，但實際上許多儒者都討論過「與乾有關的『知』」這樣的準「乾知」說。以「乾知」這一個概念涵蓋他們的相關學說不僅方便我們的討論，更旗幟鮮明地說出了它的實質。從這一方面看，可以說，「乾知」概念具有著強大的理論表現力。

第二節　研究綜述

經過第一節的討論，可以發現，對「乾知」的討論主要是由宋明理學家以及受到他們影響的現代新儒家與一些漢學家（如朱利安）承擔。受留存文獻限制以及學術重心和旨趣的影響，漢唐時期的儒者（如虞翻，孔穎達等）在此問題上只有隻鱗片羽的說法。而清代的一些儒者，如張惠言〔註27〕、李道平等在對漢易進行注疏和整理時雖然也有所提及，但並不成系統。真正形成一套完整「乾知」理論的思想家只有張載，王夫之與陽明後學。在陽明學的輻射範圍內，湛甘泉與高攀龍〔註28〕等也有一些值得注意的觀點，而程朱理學派的學者基本以朱子「訓知為主」的方式避開了這一問題。

目前為止，國內外對這一問題的研究基本聚焦於張載，王夫之與陽明後學，如朱利安對「乾知」的研究以王夫之為本，牟宗三集中於王龍溪與羅近溪。故而，我們對研究文獻的梳理也將分別聚焦於張載，陽明學與王夫之。

（一）張載

目前來看，除了牟宗三、唐君毅之外，國內的研究者大都沒有注意到「乾知」與張載哲學的關係。少數學者，如張靖傑等，即使提到張載的「起知於

〔註27〕張惠言之說與李道平接近，其云：「陽稱『大』。資始未來，故曰『知』，『神以知來』也……乾以息陽而『知大始』。」參見張惠言：《周易虞氏義》，劉大鈞校點，北京：北京大學出版社，2012，第136頁。

〔註28〕對湛甘泉「乾知」說的簡要介紹參見林忠軍、張沛、張韶宇等著：《明代易學史》（濟南：齊魯書社，2016）第二章第二節。張學智的《明代哲學史》（北京：中國人民大學出版社，2012）第二十六章簡要涉及了高攀龍的「乾知」說。

易者，乾乎」，也只是泛泛提及太和是「『知』的發端之處」〔註29〕，並沒有意識到張載這裡是在說一種「乾特有的知」。在國外的研究中，《正蒙》的德文譯本「*Rechtes Auflichten*」〔註30〕以之為主題進行了大量的探討。德譯者認為，在《正蒙》首章《太和》篇第一節中，張載以「借《易》之詞」的方式說太虛創生之道。其中，「起知於易者，乾乎！效法於簡者，坤乎！」提出了由「乾起知」「坤效法」兩端所構成的氣化流行的生成結構。德譯者指出，在《正蒙》中，乾總是與「知」或者「感」這樣發生性的「知」（Erkenntnis）有關〔註31〕，而坤作為順承者和敞開者（das Offene），能效法由乾起知所帶來的「象」而將其具體化為「形」。乾之知主始，坤之作（能）成終，乾坤與清通之神這三者構成了張載哲學的「根本模式」（Grundmuster）──「天參」。德譯者認為這一根本模式對於張載來說是存在論方面實在（Wirklichkeit）自身氣化流行的方式。德譯者對張載「乾知」說的研究對於本文來說有著啟發性和奠基性的作用，本文對張載的研究可以說是順此理路進一步開展。

與《正蒙》的德譯者一致，唐君毅認為張載於《太和篇》第一節中提出了「乾起知」與「坤效法」的生成結構。前者說的是「清通之神，以起知，為其相感而生變易之事之起」，後者說的是「由起此知，而即以其所知者為法，以實有為其效應之變易之事也」〔註32〕。乾坤這兩端對於張載來說是氣化流行的基本結構。唐君毅進一步指出，在張載哲學中，「感」的發生雖然「待異」，但這種不同物之間的相聚合（相感）充其量只是「感」發生的場所。就其來源來說，每一「感」都是有無相感，也就是由寂靜無感的太虛而來的「寂感」。「寂感」是「乾起知」的實際內涵，它即是神之「至健無體」的感通作用。唐君毅的分析非常深刻，他甚至認為「寂感」實際上是一種觀看物之發生的「現象學觀法」，由此可以解釋張載「氣」的概念。本文的研究對唐先生

〔註29〕參見張靖傑：《從「氣化」到「心知」──張載「知」論的內在理路》，《哲學分析》2020 年第 4 期。

〔註30〕1996 年於費利克斯・邁納（Felix Meiner）出版社出版，傅敏怡（Michael Friedrich），朗宓榭（Michael Lakner）等人德譯《正蒙》（*Rechtes Auflichten. Cheng-Meng*）是《正蒙》的第一部歐洲語言的全譯本，受到了西方漢學界極大的重視。關於這個譯本的初步介紹參見附錄。

〔註31〕Cf. Chang Tsai, *Rechtes Auflichten. Cheng-meng*, Hamburg: Felix Meiner, 1996, S.228~229.

〔註32〕唐君毅：《中國哲學原論・原教篇》，《唐君毅全集》第二十二卷，北京：九州出版社，2016，第 69 頁。

的觀點予以繼承，並試圖就義理說明上進一步深化。

與唐君毅類似，牟宗三認為，「橫渠云：『起知於易者乾乎？效法於簡者坤乎？』即根據『乾以易知，坤以簡能』而言也。『起知』句，言以易之方式表現其知大始者乃是乾也。」〔註33〕。牟宗三進而認為張載於《太和篇》所展開的「太和之道之所以為道」的關鍵就是「乾知」，而「乾知」就是神：「乾知之易無象跡、無聲臭，然純一至和、一片昭明」〔註34〕，它是「即寂即感」的「寂感真幾」。牟先生的論述充滿真知灼見。他與唐君毅以及《正蒙》德譯者唯一的不同之處在於，牟宗三嚴格區分神與氣，並沒有將氣化與「乾知」聯繫在一起，這是本文所不贊同的地方。

（二）陽明學

對於陽明學中的「乾知」說，學界一直有所矚目，許多學者都進行了深入的研究。翟奎鳳於《論陽明後學對〈周易〉乾卦義理的發揮》一文中詳細地梳理了「乾知」概念在陽明後學中的總體使用狀況與所出現的爭論。李丕洋的《羅汝芳哲學思想研究》，吳震先生的《羅汝芳評傳》等也在討論近溪時涉及到這一概念。唐青州與李可明的碩士學位論文《羅汝芳易學思想研究》、《羅近溪『良知良能』思想探究》對羅近溪的「乾知坤能互為其根」以及「乾知坤能即良知良能」說進行了初步的探討。

唐君毅先生在《中國哲學原論・原教篇》中專門就近溪的「乾知」說討論了王學中「心知」的天道論意義。他對這一問題處理的獨特之處是將良知之寂感一貫、仁體之周流充周與近溪「復以自知」思想中所蘊涵的良知的「自知」或「自反性」綰合在一起。張沛在《四書五經融通視域下的羅汝芳心學易學》中分析了近溪的乾知坤能說，指出「不慮而知、不學而能的『知能』，即是乾坤的『易知』、『簡能』」，「『復』的核心在於自覺『赤子之心』」，也就是自覺自己本有的良知（「乾知」）〔註35〕。這一觀點較接近於唐君毅。陳曉傑在《「復者道之動」——論羅近溪的「復」思想》一文中也提到了「乾知」與「復」的關係，他指出，「復」「是周回往返之動，並且在『往』時其德主『坤能』，即

〔註33〕牟宗三：《心體與性體・一》，《牟宗三先生全集》第5冊，臺北：聯經出版事業有限公司，2003，463～464頁。

〔註34〕牟宗三：《心體與性體・一》，《牟宗三先生全集》第5冊，臺北：聯經出版事業有限公司，2003，第464頁。

〔註35〕參見張沛：《四書五經融通視域下的羅汝芳心學易學》，《東嶽論叢》2012年第6期。

『坤作成物』之意,而『返』時其德主『乾知』,是『陽而明者』,故『輕清快便』。」〔註36〕牟宗三先生很重視「乾知」。他以陽明及其後學為思想資源,主要側重於闡發「乾知」的「寂感」義。牟宗三明確指明「乾知」具備「至虛」而「明通」萬物的能力。為了解釋這個概念,牟宗三進而認為「乾知」就是康德所說的「智的直覺」。除此之外,牟宗三還將《易傳》中具有深刻義理內涵的「知」都解作「智的直覺」,也就間接將它們肯定為「乾知」。這些「知」有知幾之知:「《易傳》說:『知幾其神乎。』誰能知幾誰就神。這是一種高度的intellectual,而且這種高度的 intellectual 就等於康德說的 intuitive intellectual。」〔註37〕有知周萬物之知,即無所不知的「知」,「照康德哲學講,這種智是智的直覺」〔註38〕有通乎晝夜之道之知:「這個知是整全的,不偏於白天,也不偏於晚上。『知』是貫通地知……通乎終始,通乎死生,通乎鬼神……這是神智……是康德說的智的直覺。」〔註39〕可見,牟宗三對「乾知」論述非常全面。不過,像他所說的知幾之「知」,通乎晝夜之「知」等等於陽明學那裏表現得並不明顯,反而是張載對它們有大量的討論。我們將在討論張載時處理這些知。本文對陽明後學「乾知」理論的研究將在繼承這些學者觀點的基礎上進一步深化。

(三) 王夫之

王夫之的「乾知」理論主要出現在《張子正蒙注》以及他的易學著作中。唐君毅先生在《中國哲學原論・原教篇》中專闢一節──《乾坤之易簡義》對船山《周易外傳》中的「乾知」理論作了初步分析。唐先生認為:「於知能易簡之義,船山論之極精。」〔註40〕他進而指出:「乾坤所以可以知能言者,以常言知,即『通於理』之謂。乾至健,通萬變之理,以生萬物,故曰以知。」〔註41〕

〔註36〕參見陳曉傑:《「復者道之動」──論羅近溪的「復」思想》,《周易研究》2017年第 4 期。

〔註37〕牟宗三:《周易哲學演講錄》,盧雪昆錄音整理,上海:華東師範大學出版社,第 77 頁。

〔註38〕牟宗三:《周易哲學演講錄》,盧雪昆錄音整理,上海:華東師範大學出版社,第 50～51 頁。

〔註39〕牟宗三:《周易哲學演講錄》,盧雪昆錄音整理,上海:華東師範大學出版社,第 109 頁。

〔註40〕唐君毅:《中國哲學原論・原教篇》,《唐君毅全集》第二十二卷,北京:九州出版社,2016,第 434 頁。

〔註41〕唐君毅:《中國哲學原論・原教篇》,《唐君毅全集》第二十二卷,北京:九州出版社,2016,第 435 頁。

與唐君毅的思路一致，田豐亦以天理流行貫徹而定義這種與乾有關的「知」：「天下萬物皆為天理流行貫徹所生……此種流行貫徹即為天理，即為知。」〔註42〕他還認為，「乾知」還有第二義──「識」，也就是「對天理的認識理會」，其「與修養其德在內涵上並無二致」〔註43〕。吳根友教授在《〈周易外傳〉的詮釋體式及其詮釋的創造性》一文中指出，王夫之「從先天的角度詮釋了知與能，使屬於人類屬性的知、能問題與天地之道發生了內在的聯繫」，認為「作為先天之知的乾知，它是不會忘記任何一物的」，「知之虛」與「能之實」是一個相互轉化的過程。〔註44〕吳教授的論述非常全面，但在分析的深度上還略有不足。在《「三教合一之心」：王夫之佛道思想研究》一書中，肖建原認為：「『知者天事』之知，即相當於代表超越性認識的第七識，『能者地事』之能，即相當於具有理性認識和感性心理的第八和前五識。」〔註45〕肖建原的分析以船山對佛道二教的研究為背景，他所說的「第七識」就是王夫之所講的「志」。「乾知」與「志」在王夫之那裏存在緊密的聯繫。總的來說，肖建原將與乾有關的「知」放在船山哲學的整體框架下進行考察的進路實為研究船山（以及張載與陽明學）「乾知」說的不二法門。周廣友於《王夫之〈周易外傳〉中的天道觀》中也注意到船山《周易外傳》中的「乾知」說，他說：「『知』主大始，是造成一事物之所以產生的原因或根源性力量，可謂主『生』；『能』作成物，是指使事物生成並顯現的功能，故可謂主『成』。」〔註46〕此外，王林偉在《天人迴環：論船山思想的核心視野》中也在「知行論」這一廣闊的視野中考察了船山的乾知坤能說，不過比較簡略，缺乏深入，值得我們進一步推進。

國內學者對船山「乾知」理論的研究大都聚焦於《周易外傳》，與之不同，法國哲學家與漢學家朱利安（François Jullien）在《內在性的形象──〈易經〉的哲學讀解》一書中對王夫之《周易內傳》、《周易稗疏》中的「乾知」說作出了出色的詮釋。朱利安認同王夫之的做法，試圖將與乾有關的「知」（包括後

〔註42〕 田豐：《王船山體用思想研究》，北京：中國人民大學出版社，2020，第211頁。

〔註43〕 田豐：《王船山體用思想研究》，北京：中國人民大學出版社，2020，第211～212頁。

〔註44〕 參見吳根友：《〈周易外傳〉的詮釋體式及其詮釋的創造性》，《學術月刊》2016年第8期。

〔註45〕 肖建原：《「三教合一之心」：王夫之佛道思想研究》，北京：北京師範大學出版社，2016，第401頁。

〔註46〕 周廣友：《王夫之〈周易外傳〉中的天道觀》，北京：中國社會科學出版社，2015，第75頁。

文的「乾以易知」,「夫乾,天下之至健也,德行恒易以知險」等等)一概如其本義來理解。朱利安揭示了這種「乾特有的知」(la connaissance propre à Qian)或者「乾知」的三個相互貫通的維度:「進程之知」(la connaissance processive)、「親密之知」(la connaissance intime)和「預知」(la prescience)。朱利安指出,作為「大始之知」,「乾知」必須回到事物進程的開端,此即是能洞察化之「幾」的「進程之知」;化是連續性的、不斷展開的進程,化之「幾」因而也不斷更新,因此,「進程之知」唯有「健行不息」才能始終居於事物之開端,此即是與化相為契合的「親密之知」;「乾知」的這兩個維度保證了其可以持續走到事物發生的開始,知曉事物萌發處的所以然之理,由此自發地產生了「預知」,即從所以然之理連貫性地預知尚未到來的事物之然。其實,按照宋明理學的相關說法,朱利安所說的「進程之知」、「親密之知」以及「預知」雖極盡分析,但只屬於「知化」,而「知化」以「存神」為本。作為「天不息之神」,「乾知」虛而靈,寂而感,賦予了形骸以生命,能讓事物呈現其自身。不知何故,朱利安對這種本體論方面的「虛靈知覺」討論不多。這種取捨或許與朱利安在理解中國哲學時所持的「內在性」視角有關。總的來看,對船山「乾知」理論的研究已經初具規模,我們將在吸收上述學者見解的基礎上,系統而全面的討論船山的「乾知」說。

第三節　研究思路與創新點

　　總的來說,本文研究的主題在目前學界尚未有系統性的研究。因此,本文的研究工作既要完成哲學史和概念史的梳理工作,又要立足於文本達成哲學的詮釋工作。從研究範圍來看,「乾知」(或一般而言的歸屬於乾的「知」)這一概念雖源自《繫辭傳》首章,但先秦、漢唐以及清代的儒者並沒有特別處理這一概念,只有到了宋明理學,在張載、王夫之以及陽明學那裏它才受到了格外的重視,現代新儒家如熊十力〔註47〕、馬一浮、唐君毅與牟宗三也是在詮釋這些理學家的過程中處理了這一概念。所以,我們的研究範圍主要劃定為張載、王夫之以及陽明學,在對他們的討論中兼顧其他學者的觀點。

〔註47〕熊十力言「乾知」本於心學與船山學,注重闡發「知」的天道論意涵,如:「乾謂本心,亦即本體,知者,明覺義,非知識之知。乾以其知,而為萬物所資始。」參見郭麗娟:《熊十力「乾元」易學思想探析》,山東大學博士學位論文,2009 年,第二章。

　　在具體的研究中，對他們的處理方式又略有不同。與龍溪、近溪、萬廷言以及船山旗幟鮮明地講「乾知」或以「知」屬乾不同，對張載「乾知」理論的研究做的可以說是一種「挖掘」工作。張載以清通之神「至健無體」的「感速」為乾，以「乾起知」與「坤效法」兩端展開他的氣化生成論。由乾所起之「知」可以說在他思想體系的方方面面發揮著重大的作用。它還常常以改頭換面的形式（如「神之明」，「神其幾」，「感」等等）出現，並作為討論的前提潛在的引領了其他問題的論述。依託於先行者——唐君毅與《正蒙》的德譯者——的工作，我們的研究工作可以說主要是以「乾知」這個概念為視角去通盤地考量張載哲學體系的整體框架，將諸多看似不相關的概念與「乾知」建立起內在的關係，並重點考察張載的「知」論。對於陽明學中「乾知」理論的研究則不需要做這種挖掘的工作。我們的研究思路是以分析良知在何種意義上為「乾知」開始。通過對良知教核心問題——寂感——的研究，分疏出「乾知」的各種含義，並通過反思和分析唐君毅對近溪「復以自知」思想的研究，探討「天知」（即「乾知」）與「人知」（即思）的關係。相對於陽明學諸子，王夫之的「乾知」理論要更為完備。船山雖然沒有凝練出「乾知」這個概念，但在他的易學著作中，他大力暢發乾與「知」的關係。我們對船山「乾知」理論的研究因此將集中於這些文本，力圖達成義理上的詮釋工作。

　　總而言之，對於張載、龍溪、近溪與船山來說，儘管這些理學家們在許多方面都存在差異〔註48〕，但在「乾知」這一問題上卻出奇的一致。他們都認為這種與乾有關的「知」的實質就是「寂感」。對於「乾知」所涉及的問題域，他們也基本能達成共識。在天道論層面他們都主張乾以「知」資始，坤以「能」成物的氣化發生結構，在心性論方面「虛靈知覺」即天之不息之神，在工夫論領域要先察識後擴充，以乾統坤，以坤凝乾。

　　本文的創新之處有三點：

　　1. 以文本分析、文本精讀和概念思辨為研究方法，首次系統而完備地對理學史以及易學史上的一個專門概念——「乾知」——進行全面梳理和哲學詮釋，揭示出這個哲學術語的實際內涵。

　　2. 通過對「乾知」進行詮釋，我們闡發了傳統哲學中「知」的天道論或「宇宙—本體論」含義。以往在研究理學中的「知」論時總是依照知識論（認

─────────────────

〔註48〕如嵇文甫先生認為：船山之學是「宗師橫渠，修正程朱，反對陸王」。（參見嵇文甫：《王船山學術論叢》，北京：北京人民出版社，1978，第109頁）

識論）的進路進行思考，如將「德性之知」解釋為先驗的道德知識。然而，正如楊立華教授在研究張載時所指出：「用『認識論』這樣的概念把握張載有關知的種種論述，這在方法論上是很成問題的。因為張載關於『知』的種種思考，與認識論的致思方向是有著質的不同的。」〔註49〕對「乾知」的揭示說明，傳統的「知」論必須上提至天道論的層面才能獲得善解。在面對像「德性之知」「真知」「良知」等概念時，切不可以主客關係下的知識來瞭解，而是要在「呈現義」上來瞭解。具有主客架構的知識屬於「人知」，而呈現屬於「天知」。這也是王船山「知者天事」所要說明的觀點。

3. 在詮釋「乾知」時，我們選擇了現象學為理論工具，但這不是胡塞爾意義上意向性的、超越論主體的現象學，而是與中國哲學的話題相關的「氣（氛）」（Atmosphäre）的現象學〔註50〕，「給出」（donation）的現象學〔註51〕與「自感」（auto-affection）的現象學〔註52〕。借助這些理論工具，一些傳統哲學中的概念，如「氣」「象」「感」等等可以在現象學的層面獲得新的理解。在現象學與傳統哲學的匯通上，王樹人、張祥龍、丁耘、陳立勝等學者已經做出了突出的貢獻，本文的創新之處在於擴展比較的視野，著力於宋明理學中的「氣學」與一些新進現象學流派的比較。

儘管有上述創新點，我們的研究工作中還是出現了很多難點。由於「乾知」這一個概念涉及了眾多思想家，在時間跨度上尤其大，我們無法逐一作出個案研究，只能以「重點突破」的方式以點帶面，庶幾明晰這一概念。受學養所限，我們也沒有探討朱子「知之訓主」這一做法下隱藏著的理論原因，這一問題十分複雜，並不容易說清。此外，與現有的研究相比，存在問題比較多的是對張載的研究。在許多問題，如形象之別、德性所知與見聞之知的關係、虛氣關係以及張載的工夫論等問題上，我們的研究思路較為接近目前尚未得到足夠關注的唐君毅的相關觀點與《正蒙》德譯者的相關觀點。對此，我們並無意於否定現有的研究成果，只是希望引入一些新觀點與新材料，深化和推進對張載哲學的討論，並在今後的研究中，進一步補充論證自己的觀點。

〔註49〕參見楊立華：《氣本與神化》，北京：北京大學出版社，2008，第121頁。
〔註50〕德國現象學家赫爾曼·施密茨（Hermann Schmitz）的新現象學（Neue Phänomenologie）。
〔註51〕法國現象學家讓—呂克·馬里翁（Jean-Luc Marion）所建立的現象學體系。
〔註52〕法國現象學家米歇爾·亨利（Michel Henry）所建立的生命現象學（Phénoménologie de la vie）。

第二章　張載哲學中的「乾知」

第一節　乾起知而坤效法：神化運行的原理

一、太虛的超越性與創生性

　　不同於理學和心學，張載哲學常常被學界歸為氣學。橫渠固然重氣，但區別於一般以可見事物為真實存在的經驗實在論，張載也重視不可見的太虛。太虛與氣這一充滿張力的兩端構成了張載哲學的核心。然而，在虛氣關係的問題上，目前已有的研究卻難以達成共識。有的學者認為太虛其實並不是本體而是一個狀詞，是用來形容太和之為道體如此這般〔註1〕；有的學者則將張載哲學看作是一種唯氣論〔註2〕，將太虛等同為氣的精微狀態，以氣的聚散關係說虛氣，聚則為（有形之）氣，散則為太虛，二者為宇宙論的前後相繼關係〔註3〕；

〔註1〕參見余敦康：《漢宋易學解讀》，北京：華夏出版社，2006，第342頁。與此針鋒相對的是牟宗三先生的觀點：「『太和』一詞必進而由『太虛』以提之，方能立得住，而不落於唯氣論。」「太虛神體根本不可以氣言」，「決不可視之為唯氣論」，「『太虛即氣』是體用圓融義」。（參見牟宗三：《心體與性體・一》，《牟宗三先生全集》第5冊，臺北：聯經出版事業有限公司，2003，第461、462、484頁）

〔註2〕如張岱年先生認為：「張載的自然觀是氣一元論。」（參見張岱年：《關於張載的思想和著作》，北京：中華書局，1978，第3頁）

〔註3〕這裡列舉幾位代表性的研究：馮友蘭：《中國哲學史新編》下冊，北京：人民出版社，1999；張岱年：《張岱年文集（四）・張載——十一世紀中國唯物主體哲學家》，北京：清華大學出版社，1992；陳來：《宋明理學》，瀋陽：遼寧教育出版社，1991。

也有學者認為，聚散之事屬於氣，要把太虛等同於區別於氣的「不可象之神」〔註4〕，虛氣關係是非等同但相即的關係。就對太虛的理解來說，第一種觀點完全取消了太虛的本體意義，其與張載自己的說法明顯衝突，第二種觀點主要強調太虛於氣的內在性，第三種觀點則一定層度上則彰顯了太虛對氣的超越性〔註5〕。後兩種觀點於《正蒙》原文各有所本，但都失之全面，於是，有一些學者在詮釋張載哲學時堅持二者並重〔註6〕，太虛同時具備超越性和內在性。這樣的觀點顯然可以照顧到這一問題的方方面面，是一個具有完備性的解釋方案。林樂昌先生指出，太虛與氣既有相分又有相合的關係，前者突出的是太虛的超越性與本體性，後者則在宇宙生成論的層次強調太虛的創生能力以及虛與氣之間的關聯性。〔註7〕本節分為兩部分，分別考察太虛與氣的這兩個關係。

（一）神與氣（象）的相關性

張載哲學常常被歸為氣本論。作為氣學宗師，張載對氣有著明確的說明：「凡可狀，皆有也。凡有，皆象也。凡象，皆氣也。」〔註8〕可以言辭描述（擬狀）者即有，凡有皆是象，而象就是氣。這三句全稱命題可以說提出了一個言（名）—象—有—氣的結構，言以狀象，象以顯有，言、象、有的領域即是氣的領域。對於這句話，張載自注道：「捨氣，有象否？非象，有意否？」〔註9〕第一句反問句式可以說進一步肯定了象與氣的一體關係，無氣則無象，第二句反問句式則在上述結構中補充了一個環節即意，無象則無意。由於氣與言—象

〔註4〕如牟宗三認為：「『太虛』一詞，是由『清通而不可象為神』而說者。吾人即可以『清通無象之神』來規定『太虛』」。（參見牟宗三：《心體與性體·一》，《牟宗三先生全集》第5冊，臺北：聯經出版事業有限公司，2003，第466頁。）

〔註5〕丁為祥認為：「無論是太虛的超越性還是其內在性，氣都是唯一的承擔者；離開了氣，不僅其內在性無從寄存，而且超越性也無法體現。」（丁為祥：《虛氣相即——張載哲學體系及其定位》，第65頁。）正如林樂昌先生評論道：「這無疑是說，太虛的超越性不是由太虛本身的地位和特性確定的，反而要靠形下之氣來『擔當』和『體現』」（林樂昌：《張載理學與文獻探研》，北京：人民出版社，2016，第14頁），如此一來就消解了太虛的超越性。

〔註6〕如李曉春：《張載哲學與中國古代思維方式研究》，北京：中華書局，2012等。

〔註7〕參見林樂昌：《張載兩層結構的宇宙論哲學探微》，《中國哲學史》，2008年4期。

〔註8〕張載：《張載集》，第63頁。

〔註9〕張載：《張載集》，第63頁。

一意這三個環節聯繫在一起，為了理解張載氣的概念，我們必須首先搞清言（名）—象—意三者的共在意味著什麼。

很明顯，張載的這一說法是在針對王弼的「得意忘象」說。張載一再強調無無名之象，無無象之意，而對於王弼來說，言—象—意三者並不是平等的、一個層面的東西，而是構成了自上而下的層級關係。在下者是通達在上者的工具（荃蹄），卻不構成在上者存在的環節，王弼說：

> 夫象者，出意者也。言者，明象者也。……言生於象，故可尋言以觀象。象生於意，故可尋象以觀意。故言者，所以明象，得象而忘言。象者，所以存意，得意而忘象。〔註10〕

象為易學中的象數，意為卦象所蘊含的義理，言為卦辭、爻辭等易學中的文字系統。像是作易者為闡明義理（意）而設，卦爻辭（言）則是為說明卦爻象所繫。從相生順序而言，言生於象，象生於意，言之明象，象之明意就依此相生關係而得以可能。言與像是得意的工具，正如「荃蹄」是捕兔取魚的工具。在達到目的（得意）之後，這種工具性的象與言可以被捨棄。但在張載那裏，這一相生關係可以說卻被顛倒過來：「非象，有意否？」「不得名，非得象者也。」意的存在（有）以象為必不可少的環節，象與名的關係也是如此：「有象必可名」〔註11〕。對於張載而言，言—象—意是同一層面的東西，言必有象，象必可狀，象可盡意，意必有象，這三者是相互蘊含的關係，並非相生關係。

值得注意的是，王弼的「得意忘象」論主要是經文注疏方面的方法論〔註12〕，並非存在論或有論方面的命題，而張載的言—象—意共在論則首先是一個有論的命題。站在如何詮釋並理解《易經》經文的角度而言，重要的是理解文字義理，而不是執著於用作闡釋義理的象。否則的話，就會犯只存所生之象，而不明從生之意的錯誤。王弼總結道：「觸類可為其象，合義可為

〔註10〕 王弼：《周易略例》，《周易注（附周易略例）》，樓宇烈點校，北京：中華書局，第414～415頁。

〔註11〕 張載：《張載集》，第55頁。

〔註12〕 趙炎秋教授認為，王弼的「言象意」觀並不具有普遍適用性，「其適合的研究對象主要是表意之象中的文字類作品，勉強可以運用到表意之象中的圖像類作品。但即使在表意之象中，是『得意忘象』還是『得意存象』也得根據具體情況具體分析。」參見趙炎秋：《「言・象・意」辯──兼論王弼的「言象意」觀》，《福建論壇・人文社會科學版》2020年第09期。

其徵。」〔註13〕乾之意健，坤之意順，馬與牛隻是在觸類合義時象徵健順之意而用，如果執著定象，一定以乾為馬，則落入典要，犯了「案文則卦」的錯誤，因此，對意的完全領會意味著對定象的超越（「得意在忘象」）。在這一方面，張載實不能與王弼相悖，而張載的「存象喪心」說可以看作是王弼「得意忘象」說的某種改寫。玩辭所以明象，明象所以知義理，這是一理解的過程，所以有主有次，有目標有工具，達到目標未嘗不可捨棄工具。但如果衝破方法論的論域將「得意忘象」之說推擴至談論有或存在，也就是把理解方面意對於象（以及象對於言）的先在性誤認為在有論上意可脫離象而在或是象可脫離言而在，則是一種謬誤。「健」固然為意（義），但它同時也是象，也是言（名）：「苟健、順、動、止、浩然、湛然之得言，皆可名之象爾。」〔註14〕非言，非象，意空洞無物。

「象」之一字，《釋文》中解為「擬象也」。既為擬象，必然可得以措辭，可以言狀。龐樸先生認為：「文字按語義、語調、語氣連綴而成辭，便可以模擬語言的聲色，減少其凝固為文字時的缺點，充分表現出語言之所是。」〔註15〕文字作為固化的語言在表達義理方面有所不足，但辭或句子卻能克服文字定言化的缺陷。對於張載，不但象或卦爻辭中的義理（意），甚至是「清通而不可象」的神都能以言（辭）而盡。在《神化篇》中，張載專門討論了對形而上者（神化）的語言表達問題，張載說：「天下之動，神鼓之也。辭不鼓舞，則不足以盡神……形而上者，得辭斯得象矣。神為不測，故緩辭不足以盡神（緩則化矣）；化為難知，故急辭不足以體化（急則反神）。」〔註16〕正如朱子所說，

〔註13〕 王弼：《周易略例》，《周易注（附周易略例）》，樓宇烈點校，北京：中華書局，第 415 頁。

〔註14〕 張載：《張載集》，第 16 頁。一般以為，健順是乾坤的德性，也就是理，如牟宗三認為：「陰陽以氣言，乾坤以德言。乾坤代表「性德」，德者「得」也。陰陽是氣，是具體的；乾坤代表性德，是抽象的。從德方面瞭解乾的本性，乾者健也。健是德，不是氣，這個『健』是精神的，不是健康的『健』。乾代表健德，坤也是一德，坤者順也。『乾坤以德言』，這表示乾坤代表一個原則。原則是理，只有德才可以轉進至原則。」（牟宗三：《周易哲學演講錄》，盧雪昆錄音整理，上海：華東師範大學出版社，第 13 頁）然而，這種解釋難以說明抽象的東西是如何主宰具體的事物。在張載這裡，得言可狀者皆為象，乾之健，坤之順等理也屬於象，屬於氣，並非抽象的東西。張載論理注重規則義、條理義，並沒有將它與神或太虛並列，同時理作為氣之理，與具體的事物之間不存在斷裂。

〔註15〕 龐樸：《原象》，《龐樸文集》第四卷，濟南，山東大學出版社，2005，第 229 頁。

〔註16〕 張載：《張載集》，第 16 頁。

「神是急底事物」，「化是漸漸而化」〔註17〕。對於神化的表達必須與它們各自的特點相應。急辭與緩辭相對，指古文辭中的促急之詞。依照《正蒙》德譯者的觀點，緩辭（gemächliche Sprüche）可以說是「從容的、清晰的、分節化表達（artikulierende）的話語」，急辭（hastige Sprüche）則是「迅速的、模糊詞語分節的話語」〔註18〕。前者區分出不同的環節，從各個角度曲為形容事物「緩拆之詳」〔註19〕，因此與涉及四時百物，萬有不窮，「委而繁」的「化」相應。但這種委細之辭（緩辭）不足以盡神，神至虛而清通，是不存在區分和差異的「一」。因此，狀神之辭必須以各種方式取消界限分明的不同環節。促急之辭（急辭），如「神無方」（以直接的方式取消差異），「無為而無不為」（通過「而」連接語意上互為否定的成分以表明神是消弭差異和對立的統一性），「神妙萬物」（以贊詞贊神，明神為物之微妙，從而肯定了神與萬物的統一性）等辭語，都可以表達出神的「致一」之意。急辭取消了話語中不同環節的對立，從而打破了以節節分明的方式來言說的從容和緩，因而具有「鼓舞」的效果。總而言之，對於張載，從原則上來說，神不是超絕於言—象—意的絕對不可知者。〔註20〕名（言）、象以及意在張載哲學裏與不可見、非顯現的形而上者聯繫在一起。張載說：「形而上者，得意斯得名，得名斯得象；不得名，非得象者也。故語道至於不能象，則名言亡。」〔註21〕劉瓛注解道：「『形而上者』，如神化是也，然有意焉、有名焉、有象焉。意，謂意思所以為神者也。名，謂神化之名。象，則有可見之跡矣。」〔註22〕劉瓛的理解有些質實，名不必是專名，即「神化之名」，一般而言的稱謂也是名，而「可見之跡」在張載哲學中

〔註17〕林樂昌：《正蒙合校集釋》，北京：中華書局，2012，第207頁。

〔註18〕Cf. Chang Tsai, *Rechtes Auflichten. Cheng-meng*, Hamburg: Felix Meiner, 1996, S.LV.

〔註19〕林樂昌：《正蒙合校集釋》，北京：中華書局，2012，第207頁。

〔註20〕然而，「盡神」與「體化」之辭非常人所能言，張載認為：「學未至於（乎）知德，語皆有病」（張載：《張載集》，第198頁），「所貴乎聖人之詞者，以其知變化也」。（同前，第42頁）聖人之所以能如此，是因為其「有德」，所謂「有天德，然後天下之道可一言而盡」。（同前，第15頁）所謂「一言而盡」，正如張伯行所注：「既曰『名言亡矣』，而又曰『可一言而盡』。然則非終不可言也，但言非所言耳。周子云『無極而太極』，其幾以一言盡道手。」（林樂昌：《正蒙合校集釋》，北京：中華書局，2012，第195頁）「無極而太極」即是上面我們所說的急辭，氣化則能以緩辭而盡，不過惟有有天德者能如此。

〔註21〕張載：《張載集》，第15頁。

〔註22〕林樂昌：《正蒙合校集釋》，北京：中華書局，2012，第193頁。

是形而非象。在此，劉儨的理解更為妥當：「『意』者，中所蘊也；『名』者，言也；『象』者，狀也。言言道者，必真知其中之所蘊者，然後可得其名與象。」〔註23〕換言之，在張載看來，形而上者（道）不能理解為超絕於言（名）—象—有—氣的東西，對於道可領悟其中所蘊含的「意思」〔註24〕，從而有象可徵，有名可擬，並非空虛杳冥不可理解之物。道雖有象，但道本身不可象，有的注家如王植誤解張載這句話的語意，認為：「此節大意，見語道者貴得名得象，而得名尤要。……語道而至於不能象，則雖有所名言，亦妄而不足信，只如無有而已矣，道何由以顯乎？」〔註25〕王植誤認為張載這句話意在反對佛老的「言語道斷」，但這種觀點顯然忘記了儒家自己也有「天何言哉」「予欲無言」的說法，而張載這句話的語勢也並不如此。況且，張載在規定神的時候明言：「清通而不可象為神」，神既不可象，對之則只能「名言亡」。不過，神不可象並不意味著神無象，神不可像是從嘗試領悟神的人的角度從下往上看，說神不具有可直接用名言描摹的形象，但並非言辭不可以「盡神」與「體化」，正如高攀龍所注：「神化，形而上者也。本不可象，得辭則可得其彷彿也。」〔註26〕神有象是順著神本身向下看，神必透露出「中所蘊」，而有意，有象，有言，只不過這些不是擬狀形下之物的定象（定言）罷了。〔註27〕清通無象之神蘊含分致之條理（健順之性），由此有健順動止湛然浩然等象。〔註28〕

因此，對於形而上者（神化），張載肯定可由意來通達，並因此不離名與象，《正蒙》的注釋者也基本都同意這一點，如李光地說：「『形而上者』，可以意得，不可以名求言，不可以象擬也，然又不離於名象之間。」〔註29〕形而上者確實不可以名求言，以象擬狀。這是因為，一般而言的名與象指的都

〔註23〕林樂昌：《正蒙合校集釋》，北京：中華書局，2012，第 192 頁。
〔註24〕借助健順等生成之象可以領悟形上之道，參見本章第二節。
〔註25〕林樂昌：《正蒙合校集釋》，北京：中華書局，2012，第 192 頁。
〔註26〕林樂昌：《正蒙合校集釋》，北京：中華書局，2012，第 207 頁。
〔註27〕苟東鋒教授也指出：「在張載的形而上學中，名言辭說發揮著中樞的作用」，在關於道的命名問題上，張載不同於道家的地方是明確提出道可名又不可名：「就『道』為『至虛』而言，道不當名；就『道』為至實而言，道又可名；就『道』為『至虛』又為『至實』而言，『道』既可名又不可名。」（參見苟東鋒：《儒家之「道」是否「可道」？——兼論張載氣學中的「道」與「名」》，《人文雜誌》，2021 年第 1 期）
〔註28〕參見本章第二節。
〔註29〕林樂昌：《正蒙合校集釋》，北京：中華書局，2012，第 191 頁。

是特定的某象某名，這種固定的名象與活生生的意不符應。對於意與名、象的關係，有的注家，如徐必達認為：「名象，必因得意而有，意則不必待名象而有」〔註30〕。這種說法顯然強調了意對於名象的先在性。但是，對於張載來說，有意必然有象，不存在無象可徵之意，意的先在性不能理解為先於名象而在。張載說「無象則無意」，這就則肯定了意與象不可或缺的關聯性。實際上，它們的關係是：意蘊含在名與象中，名象為意的表現。這一點，王夫之的理解最為透徹，他舉例說道：「仁義中正，可心喻而為之名者也。得惻隱之意，則可自名為仁，得羞惡之意，則可自名為義，因而徵之於事為，以愛人制事，而仁義之象著矣。」〔註31〕作為形而上的性理，仁義中正可為心所知，是「心之所喻」。意可心喻，也就是為心覺解明白，既能理解它就必然可為之名。按照王夫之的分析，意其實不是名象的他者，而是名象的內涵，如「仁」只是一個名稱，如果沒有「惻隱之意」作為內涵，則「仁」之名無由得立。同樣，「仁義之象」只是表現出的象，無「惻隱之意」使之可能，這一象就不能顯著〔註32〕。意表現為名象，名象蘊藏有意〔註33〕。

　　道家有一種否定「有」的傾向，因此，對於言、象甚至意都不太信任，例如，《莊子・秋水》標定了言與意的適用範圍：「可以言論者，物之粗也；可以

〔註30〕林樂昌：《正蒙合校集釋》，北京：中華書局，2012，第 192 頁。

〔註31〕林樂昌：《正蒙合校集釋》，北京：中華書局，2012，第 191 頁。

〔註32〕作為性理，仁義中正有象，這是因為仁義中正只是神之用，而非神之體。王夫之與張載一樣，都認為神本身無象：「若夫神也者，含仁義中正之理而不倚於跡，為道之所從生，不能以一德名之。而成乎德者亦不著其象，不得已而謂之曰誠。誠，以言其實有爾，非有一象可名之為誠也。」（林樂昌：《正蒙合校集釋》，北京：中華書局，2012，第 191 頁）

〔註33〕正是看到了這一點，《正蒙》的德譯者將意翻譯為「Vorstellung」，這個詞的字面意思為使……站立於前（vor-）的活動，在西方哲學的漢譯中一般被譯為「表象」。譯者指出：這裡「Vorstellung」指的不是有限的經驗自我的表象能力，而是指能將「形上關係」（Verhältnisse über Gestalt）——「象」——放置於前的能力。（Cf. Chang Tsai, *Rechtes Auflichten. Cheng-meng*, Hamburg: Felix Meiner, 1996, S.LII）這種說法可謂得當。當張載說到「知象者心」（張載：《張載集》，第 24 頁）時，他意指的其實就是意，意作為心知象的活動也就是王夫之所說的「心喻」。張載在《大心》篇還說：「成心者，意之謂與！」這裡的意是有著特殊規定的意，即「私意」或者說為「徇象喪心」之心，成心私意為對名象的執著之心。實際上，象有上下兩途，下者「徇象喪心」，上者則「由象識心」，這兩種對象的運用方式由意所決定，意既可以淪為執著定象的私意，也能默會神化之妙。

意致者，物之精也。言之所不能論、意之所不能察致者，不期精粗焉。」無論物之粗還是物之精都是「有」，言和意二者不僅難以相提並論，還一起被限定於「有」的領域，不能通達於道。張載的言—象—意共在論〔註34〕在這一方面可謂大不同於道家，不僅消弭了這種層級性差異，避免有象無言，有意無象的理論困境，又肯定了象（包括意與言）與神的相關性。〔註35〕象既然與神存在相關性，那麼神與氣也相關。

（二）太虛的超越性

太虛或神雖然與象（氣）相關，但在張載哲學裏，二者還是有分別。氣可象，而神不可象，神與氣各有所指：「散殊而可象者為氣，清通而不可象者為神」〔註36〕。不可象者（神、太虛〔註37〕）—象—形三者（或概說為無—有、

〔註34〕有學者認為，張載哲學中有『『理—象—言』的結構，亦即『意—象—言』」（參見李煌明：《意—象—言：意象哲學簡論》，《雲南大學學報》，2017 年第 5 期以及《論張載哲學的理趣與架構》，《哲學研究》，2020 年第 5 期）這一結構是層級性的上下關係。李煌明教授的這種觀點是以朱子學來反觀張載，依照我們對張載文本的分析，可以說與張子自己的思路不相符合。

〔註35〕實際上，神（道）不可象而又有象的命題對於道家（及玄學家）來說並不陌生。在王弼那裏，名的功能在於對「事」與「形」的指涉，即指事造形。可道之道，可名之名只是道分化後的特殊事實，道本身則是先於萬物的「有物混成」的階段。對於道家來說，命名是一種規定活動，既然道不可規定，那麼就不能對道進行命名。王弼區分了「名號」與「稱謂」：「名號生乎形狀，稱謂出乎涉求。名號不虛生，稱謂不虛出。故名號則大失其旨，稱謂剛未盡其極。」王弼將名號綁定於形而下之物：「名號生乎形狀」，而道是無形者，因此，在言道之時，名號會「大失其旨。」名號以所指為準，稱則「出乎我」，「出乎涉求」，也就是出於主觀意向，但也因此受其限制，具有「未盡其極」的缺憾。單純的名號不能盡言，不過對於稱謂來說，「總是可求挽救。書寫（為述說物之道）從根本上講就是這種不斷進行的補救活動，旨在脫離對詞的『名』，而試圖永遠比『稱謂』沒有盡言的東西說的更多一些。」（參見弗朗索瓦・朱利安：《迂迴與進入》，杜小真譯，北京：商務印書館，2017，第 282 頁）這種補救方法就是不斷進行「變言」，《道德經》中的一個典型的相關例子是：「強為之名曰大。大曰逝，逝曰遠，遠曰反。」任何固有的規定（命名）都是對道的限制，唯有不斷的變言，才能最終對不可規定的道有所指示。從積極的方面來看，任何一個強為之象都在某一方面形容了道，因而也是道所透露出來的（微）象。雖然在道（神）亦有象這一方面道家與張載一致，但道家重遮剝，與張載的思想旨趣還是有所差異。

〔註36〕張載：《張載集》，第 7 頁。

〔註37〕楊立華教授以為神與太虛不是一個層次的概念，神無象，而太虛有象。我們不贊同這種觀點。張載有「太虛為清，清則無礙，無礙故神」的說法，這裡的「則」與「故」屬於張載所說的「急辭」，表明了太虛與神的同一性。牟宗三

虛一氣）是張載哲學宇宙論發生的三（兩）個層次。林樂昌先生在《張載兩層結構的宇宙論哲學探微》一文中暢發太虛對於（陰陽之）氣的超越義，說理十分精當，我們不再贅言。我們關注的是太虛與陰陽的另一種關係。

從太虛自身的規定性或太虛之為本體自身來看，太虛要超越於由陰陽兩端所組成的氣化活動。張載說：「言虛者未論陰陽之道。……靜者善之本，虛者靜之本。靜猶對動，虛則至一」〔註38〕。顯然，這裡提到的作為「至一」的「虛」指的就是超越的太虛。太虛對氣的超越義還可以從《正蒙》中「性」這一觀念看出。一方面，「合虛與氣有性之名」〔註39〕，也就是說，性與氣存在關聯性，但另一方面，張載又說：「性通極於無，氣其一物爾」〔註40〕，性具有超出於氣的地方，其所通極的無顯然就是「未論陰陽之道」的至虛。林先生進而認為，作為「宇宙間一切存在物的終極根源和主導力量」，太虛本體具有「無所不感」的感應能力，這種感應能力的本質就是「合」。「合虛與氣」中的「合」指的正是這樣的感應能力，由此，「太虛本體能夠將自身與陰陽之氣整合為統一的宇宙創生力量」〔註41〕。然而，太虛的這種感應能力不僅彰顯了它作為「天地之祖」〔註42〕的超越性，同時也是它從超越的、未論陰陽之道的至虛向陰陽氣化的展開。因此，太虛之超越性固然應該強調，但絕不能單提之，超越之太虛必然展開為氣化流行。太虛的超越性與創生性不可分離。

二、「乾知」：虛氣貫通的環節

超越之太虛是如何表現為氣化之流行呢？除了通過張載的文本指出這一點之外，我們還可以分析這一過程的機制與原理。以筆者所見，《正蒙》的德譯者在這一問題作出了不容忽視的貢獻。與國內目前已有的研究有所不同，德譯者們試圖找到張載哲學中一以貫之的原則，即所謂的「根本模式」（Grundmuster）來解釋虛氣關係。根本模式既是存在論或有論方面實在（Wirklichkeit）自身氣化流行的方式，還是方法論上體—用關係所遵循的框

先生也指出：「太虛就是神，當他說太虛，虛是靈的意思，虛則靈，也就是太虛含著神的意思。」（參見牟宗三：《周易哲學演講錄》，上海：華東師範大學出版社，2004，第 55 頁）

〔註38〕 張載：《張載集》，第 325 頁。

〔註39〕 張載：《張載集》，第 9 頁。

〔註40〕 張載：《張載集》，第 64 頁。

〔註41〕 林樂昌：《張載兩層結構的宇宙論哲學探微》，《中國哲學史》，2008 年第 4 期。

〔註42〕 張載說：「虛者天地之祖。」（張載：《張載集》，第 326 頁）

架。〔註43〕這一根本模式在德譯者看來就是「天參」，即張載所說的「一物兩體，氣也；一故神，兩故化。此天之所以參也」〔註44〕。

「天參」涉及「一」和「兩」的關係。德譯《正蒙》對「天參」模式的發掘是從闡明「易」義開始。易有變易（verändern）與簡易（einfach）二義，前者指明了因氣之升降、聚散，事物不斷變易的氣化進程（Prozess）。變易必須由虛實、聚散、動靜、清濁「兩體」相互交替而成，但就這一進程本身或者說「進程性」（Prozeßhaftigkeit）而言，虛必成實，實必歸虛，兩相感而後有通，有無、幽明、虛實等兩體終究還是「一」。我們可以將「一」區分為「本一」與「合一」，在《大易篇》中張載提到了這兩層意蘊：「感即合也，咸也。以萬物本一，故一能合異；以其能合異，故謂之感；若非有異則無合。」〔註45〕也就是說，二者的關係是：「本一」使「合一」成為可能，而「兩不立則一不可見」〔註46〕，「合一」反過來彰著了「本一」。德譯者敏銳地注意到這兩種「一」的不同，他們將「本一」勾連到「未論陰陽之道」、清虛一大的太虛上。太虛與虛實兩體之虛存在細微的差異，它是至靜無感不與動靜兩體相雜處的「絕對同一性」（absolute Identität），「合一」之「一」只是差異中的兩體所形成的「關係同一性」（relationale Identität）。絕對同一性與關係同一性是體用的關係。在德譯者看來，「體—用」結構實際表現為兩層三項的「三一體」（Dreieinigkeit），圖示如下：

體（Gliederung）：　　　　　　　本體（Grundgliederung）

感（Erregung）

用（Wirkung）：　　體（Glied）—合（eingliedern）—體（Glied）〔註47〕

「氣本之虛則湛一無形，感而生則聚而有象。」〔註48〕這是由體發用，純一的本體（Grundgliederung）通過「感」而發用（Wirkung）並由此區分（gliedern）為差異的兩體（Glieder）。「兩不立則一不可見，一不可見則兩之用息。」這是說純一併沒有消失在差異中，而是在差異中保持自身，並在兩體的「感」〔註49〕

〔註43〕Cf. Chang Tsai, *Rechtes Auflichten. Cheng-meng*, Hamburg: Felix Meiner, 1996, S.148.

〔註44〕張載：《張載集》，第 10 頁。

〔註45〕張載：《張載集》，第 63 頁。

〔註46〕張載：《張載集》，第 9 頁。

〔註47〕作者據據原圖略作修改，原圖 Cf. Chang Tsai, *Rechtes Auflichten. Cheng-meng*, Hamburg: Felix Meiner, 1996, S.150.

〔註48〕張載：《張載集》，第 10 頁。

〔註49〕林樂昌先生認為：「張載論『感』有多義。既云有無相感，也雲陰陽相感，及

中將兩體重新「合」（eingliedern）為一。借助這種統合能力，純一因此成為「可見」。〔註50〕因此，「天參」不是三方並立的靜態結構而是一生二，二又通為一辯證的動態過程。

「天參」是「體—用」上下兩層，超越的絕對同一性（至靜無感之太虛）與內在的關係同一性（陰陽相感之氣），一與兩構成的三一體，其具有「天與陰陽之氣關聯互動的」〔註51〕結構。在《正蒙》首章《太和》篇第一節中，張載以「借《易》之詞」〔註52〕的方式說太虛創生之道，展示了天與陰陽這三項之間的關係，其云：「起知於易者，乾乎！效法於簡者，坤乎！」〔註53〕歷來注家往往依從朱熹的理解，訓知為主。〔註54〕實際上，這裡的「知」當以本義作解，這一點觀《橫渠易說》：「太始者語物之始，乾全體之而不遺，故無不知也」以及《大易篇》「乾至健無體，為感速，故易知」〔註55〕可知。歷代注家中唯有王夫之與王植在這一點上能不「以朱解張」，王植指出：「『起知於易』二句，以《大易》篇所謂『無體』，『感速』，『不煩』，『施普』者觀之，則張子看『知』字，與《本義》微異。諸家多泥舊義，未是。」〔註56〕出於對翻譯者詮釋角色的明確意識，德譯者致力於遵循「將解釋保持在經文給出的框架內」〔註57〕的原則，在面對這句話時沒有依從一般理解，而是能與王植一樣，通過張載原文的相互指明，保留了「知」的本義，將這句話譯為：Als das, was Erkennen im Einfachen erstehen läßt, ist er Ch'ien! Als das, was das Gesetz im

---

　　　　『物交之客感』，等等。」（林樂昌：《張載理學與文獻探研》，北京：人民出版社，2016，第175頁）這裡提到了兩種「感」，即「無所不感」的太虛妙應之感，與兩體的陰陽相感。

〔註50〕因此，張載所說的——「感而後有通，不有兩則無一」（張載：《張載集》，第9頁）中的「無一」之意並不是指無兩則一不存在，而是不可見的意思。

〔註51〕林樂昌：《張載理學與文獻探研》，北京：人民出版社，2016，第49頁。

〔註52〕林樂昌：《正蒙合校集釋》，北京：中華書局，2012，第10頁。

〔註53〕張載：《張載集》，第7頁。

〔註54〕如高攀龍注云：「起，猶始也；知，猶主也。效，猶呈也；法，謂造化之詳密可見者。此氣一鼓，初無形跡，而萬物化生不見其難者，為乾之易。及庶物露生，洪纖畢達，有跡可見亦不覺其勞者，為坤之簡。乾以之始物，坤以此成物。」（林樂昌：《正蒙合校集釋》，北京：中華書局，2012，第12頁）

〔註55〕張載：《張載集》，第178頁。湛甘泉亦在此種意義上言乾之「感速」：「視聽言動之感於物也，如迅雷然。非天下之明健，其孰能勿之？」轉引自林忠軍、張沛、張韶宇等著：《明代易學史》，濟南：齊魯書社，2016，第134頁。

〔註56〕林樂昌：《正蒙合校集釋》，北京：中華書局，2012，第15頁。

〔註57〕Chang Tsai, *Rechtes Auflichten. Cheng-meng*, Hamburg: Felix Meiner, 1996, S.LX.

Offenen in Verkehr bringt, ist er K'un!〔註58〕（作為那種讓知從簡易者中產生出來的東西，他就是乾！作為那種將法則帶入到敞開中來運行的東西，他就是坤！）乾、坤二者構成了易道創生進程的基本結構。具體來說，「乾是『簡易者』指向自身，在自身中設立對立的『知』的一面，其在『知』中產生了特定的實在。坤作為與『知』對立的敞開，將經由乾而來的『所知』（Erkannte）作為法則來接受並將其作為特定實在產出。」〔註59〕「知」是乾所表示的創生進程生之又生、不斷規定的模式（Modus der unendlichen Fortbestimmung），其帶來了處于源初差異——「幾」（Ansatz）——中的「象」（Bild）。象居於「形而下者」（Was unter Gestalt ist）之先，後者是前者作為源初差異的進一步「殊化」（Besonderung），即作為接受性的坤所完成的「法」或「造化之詳密可見者」〔註60〕。乾生坤成，陽主陰從，乾至健而易，可以看作是簡易之易——即作為絕對同一性的至靜無感的太虛——在變易之易中的本己作用，是超越者貫通於內在性中。為了強調這一點，除了音譯之外，德譯者也將乾譯為「Einfach」（易），乾坤與（簡）易三者展現出「天參」〔註61〕的結構：

易（das Einfache）
知（Erkennen）
乾（das Einfache）　　坤（das Offene）〔註62〕

〔註58〕 *Ibid.*, S.3.

〔註59〕 Chang Tsai, *Rechtes Auflichten. Cheng-meng*, Hamburg: Felix Meiner, 1996, S.148.

〔註60〕 林樂昌：《正蒙合校集釋》，北京：中華書局，2012，第 12 頁。

〔註61〕 以往對學界對「天參」的研究都集中於《正蒙・參兩篇》前兩句：「地所以兩，分剛柔男女而傚之，法也；天所以參，一太極兩儀而象之，性也。」（這句有另外一種句讀方式：「天所以參一，太極兩儀而象之，性也。」（參見龐樸：《一分為三論》，上海：上海古籍出版社，2003，第 131 頁）「一物兩體，氣也；一故神，（兩在故不測。）兩故化，（推行於一）此天之所以參也。」對於張載「天參」觀念的全面研究當屬周贇的著作——《張載天人關係新說——論作為宗教哲學的理學》。在此書中，周贇正確地指出了「天參」之參是動詞：參而三之，是將作為天的靜態結構的「一分為三」的太極與陰陽再「化三為一」，這是天動態的生物機制。然而，周贇卻沒有將這樣的洞見與正蒙首篇《太和篇》的相關說法聯繫起來，導致沒有以張載自己的論說來說明天如何「化三為一」，而是以其他的思想資源（如朱熹，老莊等等）以及自己的思辨來證成這一觀念，殊為遺憾。以《太和篇》第一節的所提出的「乾起知」，「坤效法」為根本模式，《正蒙》的德譯者「以張解張」，準確地說明了「天參」為一生二，二又通為一的辯證的動態過程。

〔註62〕 作者據據原圖略作修改，原圖 Cf. Chang Tsai, *Rechtes Auflichten. Cheng-meng*, Hamburg: Felix Meiner, 1996, S.148.

　　總而言之，太虛本身雖然超越於陰陽，但它必然由體發用，展現為乾坤、陰陽兩端相互作用的氣化流行。在這一發生的過程中，「乾起知」構成了虛氣貫通的環節──幾，也是後續成形與成質的開端。無獨有偶，唐君毅也注意到《太和》篇第一節中所說的「乾起知」對於張載整個哲學體系的重要性，他說：

　　此《太和》章第一節中，所謂「太和所謂道」，自是就總體宇宙而言其中具此太和之道。此中所謂浮沉、升降、動靜相感之性，自是後文所謂散殊可象之氣，依清通之神而相聚相感之性。其言絪縕相蕩，亦即氣之聚而相感時之互相施受。施則陽伸，而沉起升起，而居勝，受則陰屈，而沉下降下，而居負。此一施一受之無間，即絪縕相蕩。其言「來也幾微易簡」亦即自陰陽之始言。言「其究也歸廣大堅固」，則自陰陽之著而盛大言。其言「起知於易者乾乎」，即言相感而有清通之神，以起知，為其相感而生變易之事之起也。其言「效法於簡者坤乎」，即言由起此知，而即以所知者為法，以實有為其效應之變易之事也。〔註63〕

氣化流行的過程為陰陽之氣聚而相感、互相施受的過程。在《正蒙》中，張載使用了多對兩兩一組的概念從多方面來描述這一施受的過程，如屈伸、往來、鬼神、浮沉、升降、動靜、闔闢、聚散、隱顯、幽明、清濁。原則上來講，這些概念的所描述者一致，只不過立言分際不同，但都相互指涉。其中，屈伸、往來、鬼神這三個概念對的實際意涵一致，是施受的另一種說法，其他的概念對則由施受所導出。「鬼神，往來、屈伸之義。」〔註64〕「至者謂神，以其伸；反者為鬼以其歸也……凡物能相感者，鬼神施受之性也。」〔註65〕氣伸而來（至），為神，為施，氣屈而往（歸），為鬼，為受。陽施為動，為闢，陰受為靜，為闔。「闔戶，靜密也；闢戶，動達也。」〔註66〕施受又可產生升降浮沉，如唐君毅所言：「施則陽伸，而沉起升起」，「受則陰屈，而沉下降下」；清濁則與浮沉相關：「浮而上者陽之清，降而下者陰之濁」。至於聚散、隱顯、幽明，張載說：「顯，其聚也；隱，其散也」〔註67〕，聚則顯則明，散則隱則幽。聚

〔註63〕唐君毅：《中國哲學原論‧原教篇》，《唐君毅全集》第二十二卷，北京：九州出版社，2016，第69頁。
〔註64〕張載：《張載集》，第16頁。
〔註65〕張載：《張載集》，第19頁。
〔註66〕張載：《張載集》，第54頁。
〔註67〕張載：《張載集》，第54頁。

散與施受一樣，同為陰陽之性，張載說：「陽之德主於遂，陰之德主語閉。陰性凝聚，陽性發散。」〔註68〕施而伸而動，由此產生散的勢用，受而屈而靜，由此產生凝聚的勢用。總而言之，上述所有的概念對都可以歸結為施受，而施受又與乾坤各自的運作方式相關。在《太和篇》第一節說完升降浮沉，相蕩屈伸之後，張載以「起知於易者乾乎！效法於簡者坤乎！」作結，明確了太虛所具有的最基本的兩種活動方式。「乾至健無體，為感速」，乾起知，起陰陽相感之事，坤即以所感或所知為法，效著成形。乾何以起知或陽何以施而伸呢？《太和》篇首節最終歸結為「清通而不可象之神」。清通之神依照其「虛明一作靜照鑒」〔註69〕之明而生感，每一感都由一施一受這一氣化流行的「絪縕二端」〔註70〕所構成。施，給予、給出之義，給出至健而易，所以德譯者稱其為「簡易者」（das Einfache）；受，接受之義，陰至順而受，所以德譯者將其概念化為敞開者（das Offene）。乾為創始性與給出性，坤為敞開性或接受性。湛一之神與乾坤二端一起構成了天參：「天所以參，一太極兩儀而象之，性也。」〔註71〕

三、太虛與太和：天之體與天之在用之體

　　從「乾知」作為虛氣貫通的環節來看的話，太虛與氣的關係到底如何呢？前文提到，在這一問題上存在宇宙論和本體論的兩種解釋模型。宇宙論模型傾向於以聚散關係說虛氣，太虛和氣為同一實在的兩種形態：聚則為氣，散則為太虛。然而，這樣的理解將虛、氣當作宇宙論的前後相繼關係，太虛與氣分屬前後兩個時間段。當其為虛時，其不能為氣，當其為氣時，其不能為虛。這種看法類似於張載所批評的有生於無自然之論，即將虛與氣分隔開。張載雖有「太虛不能無氣，氣不能不聚為萬物」〔註72〕的說法，但這並不意味著虛與氣可看作時間上截然相分的在前者與在後者，就像母與子一樣，而是意味著虛實的相函相蘊。聯繫張載的其他說法可以證明這一點，如：「至虛之實，實而不固……實而不固，則一而散。」〔註73〕氣雖然是實，但卻是實而不固的至虛之

〔註68〕 張載：《張載集》，第 12 頁。
〔註69〕 張載：《張載集》，第 16 頁。
〔註70〕 張載：《張載集》，第 10 頁。
〔註71〕 張載：《張載集》，第 10 頁。
〔註72〕 張載：《張載集》，第 7 頁。
〔註73〕 張載：《張載集》，第 64 頁。

實。氣之聚散是有無相生，虛實相蘊的過程。虛與實並非可截然劃分為前後兩個時段，而是氣化流行在結構上的兩端。從虛向實流行的過程就是氣，並不是實為氣，虛為太虛。氣是至虛之實〔註74〕，而太虛為一實之虛，所謂「天地之道無非以至虛為實。」〔註75〕二者說的是一個東西，只不過太虛是就體之自身而言，此時，「全用在體」，而氣是就體之用而言，此時「全體在用」，非用之外另有一孤立之體。因此，我們不能把氣理解為一種其背後還有其他真實存在的中介之物，氣自身就是真實存在，就是太虛自身的流行。故而，我們必須拒絕本體—現象論的解釋方案。這種解釋方案的思路是將聚散之事歸於氣，將太虛以「不可象之神」〔註76〕來衡定。如此一來，太虛可以說就是區別於氣的本體（noumenon），氣被降格為區別於本體的現象（phenomenon），成為本體實現自身的中介。這種詮釋方案雖然可以保證太虛或神的超越性，但卻忽視了張載以氣之實對抗佛老虛無的意圖，「很容易走入『太虛』非氣僅是理的誤區」〔註77〕，於虛氣關係的「體用圓融」義有所欠缺。

　　實際上，太虛既具有超越性也具有內在性，這一表面上悖謬的說法可根據前文所說的天參模式來作解。神既是湛一而不可象的清通之神，同時又下貫為乾坤「兩體」中的乾〔註78〕，並借乾為「自性力」與坤「合一」。因此，「天參」模式是以天分飾兩角的方式將超越性與內在性貫通起來。〔註79〕天不僅在地

〔註74〕對此，丁耘教授所論甚精：「萬物無常乃動，萬物本虛故無常。故虛無乃流行之理也。非萬物無時有虛無，萬物有時無虛無也。萬物其本為虛無，故萬物有時亦有虛無，唯末生本隱，其虛不現耳。」（丁耘：《道體學引論》，上海：華東師範大學出版社，2018，第226～227頁）萬物本虛，無非氣散虛可見，氣不散其虛不易見而已。

〔註75〕張載：《張載集》，第324～325頁。

〔註76〕如牟宗三認為：「『太虛』一詞，是由『清通而不可象為神』而說者。吾人即可以『清通無象之神』來規定『太虛』。」

〔註77〕周贇：《張載天人關係新說——論作為宗教哲學的理學》，北京：中華書局，2015，第28頁。

〔註78〕現代新儒家熊十力先生的體用論也遵循了這樣的結構：心既為「恒轉本體」，即「本心」，也為「恒轉之動而闢」，即本體在發用中的顯現——翕闢對待之「闢」。「闢」是「恒轉」本體「顯其自性力」。（參見熊十力：《新唯識論（文言文本）》，《熊十力全集》第2卷，武漢：湖北教育出版社，第79～80頁）

〔註79〕《正蒙》中提到的兩體，如虛實、鬼神、清濁、動靜都可以拓展為類似結構的三一體，如（太）虛兼虛實、神兼鬼神、（至）靜兼動靜，清兼清濁。因此，程頤對張載的批評：「立清虛一大為萬物之源，恐未安，須兼清濁虛實乃可言神」（程顥、程頤撰，朱熹編：《二程遺書》，上海：上海古籍出版社，2000年，第69頁）顯然沒有善會張載「天參」義理。

外，還與地相配，共同處於施受關係中。

　　以橫渠正學為宗的王夫之對天包地外又在地中的理解比較到位，他說：

　　　　神化之所不行，非無理也，所謂清虛一大也。神化之所行，非
　　無虛也。清虛一大者未喪也。〔註80〕

　　　　知地之在天中，而不知天之在地中，惑也。山川金石，堅確渾
　　淪，而其中之天常流行焉，故濁者不足以為清者病也。〔註81〕

王夫之區分了神化所行之天，即太和絪縕之天〔註82〕與清虛一大之天，前者即
是與地相配的、內在性的「天之在地中」，後者是神化所不行，倒景之上的超
越之天。這兩者都是天，清虛一大之天可以說天本身，天之體，即張載在「言
虛者未論陰陽之道」〔註83〕這句話中所意指的「虛」。神化之天為天的在用之
體，是天脫離抽象的在自身而展開的充實飽滿的全體〔註84〕。與張載一致，王

────────────

〔註80〕王夫之：《思問錄內篇》，《船山全書》第十二冊，第406頁。

〔註81〕王夫之：《思問錄內篇》，《船山全書》第十二冊，第410頁。

〔註82〕有學者認為太和是道之「本」與「始」，乃太虛與太極的統一，所謂「虛氣相
　　即」「三位一體」。（參見丁為祥：《虛氣相即——張載哲學體系及其定位》，北
　　京：人民出版社，第48、56頁）對於這種觀點，我們不能贊同。毋寧說，太
　　虛為本體自身，太和為體之在用，太極則為「一物兩體」也就是「天參」這一
　　機制本身。對此，周贇的說法非常精當：「『太極』就是用來明天地萬物之
　　『本性』，宇宙運動之『機制』的。」「太虛是集氣、性、本源於一體的終極存
　　在」，「太和就是太虛之氣的流行運動」。參見周贇：《張載天人關係新說——論
　　作為宗教哲學的理學》，北京：中華書局，2015，第48、49頁。在這一方面，
　　王植的觀點也很在理。他將太虛分為三個層次：「第一層：太虛無形塊然。太
　　虛此以渾然未形者言之。為天地萬物之大母，在造化，則本此以生天地；在天
　　地，則本此以生人物，乃氣之本體。先儒謂『以清虛一大為萬物之原，恐未安
　　者』此也。」「第二層：清通不可象之神。太虛為清，無礙故神，與夫升降飛
　　揚，未嘗止息，此以流行遍滿者言之。周乎天地人物之先，而貫乎其內，乃氣
　　之發用，即太和之謂也。」「第三層：至萬物散而為太虛，散亦吾體，此又從
　　既生人物之後要其終。」（轉引自《張載天人關係新說——論作為宗教哲學的
　　理學》，北京：中華書局，2015，第28、29頁）可見，王植也區分了太虛的
　　「本體」義與「發用」義，我們與王植的差異是將清通不可象之神等同於太
　　虛，將太和當作太虛的體之在用，王植自己也有這樣的說法：「言其清通則曰
　　太虛，言其流行則曰太和，異名而同實者也。」（轉引自《張載天人關係新說
　　——論作為宗教哲學的理學》，第43頁）

〔註83〕張載：《張載集》，第325頁。

〔註84〕因此，王夫之主張人法天要法此充分展開的天之全體，而不是抽象的、在自身
　　的清虛一大之天：「知崇法天，天道必下濟而光明。禮卑法地，或從王事，則
　　知光大而與天契矣。天一而人之言者三：有自其與地相絪縕化成而言者，有自
　　清晶以施光明於地而言者，有以空洞無質與地殊絕而言者。與地殊絕而空洞

夫之認為，即使天走出自身而在用，「清虛一大者」也並未喪失。神化既然是一種「行」，即一種活動，而非固定之物，那麼它就是虛的另一種表現形態。如山川金石雖濁而靜，但並非不動，而是「靜動」，也就是具有靜中之動，因而它可以「聚於此者散於彼」，處於「天常流行」的不斷運動中。它們看起來雖然是「濁」，但本質上是「虛」。

明乎這兩者的區別，才能把握到張載以水之凝釋來形容虛氣關係的獨到之見。水本身清明通透，湛一無形，為未論陰陽之道的至虛。水與冰的凝釋變化相當於由虛到實、由實還虛的神化過程，為超越的清通之神向乾坤「兩體」相互施受的展開，至靜無感的至虛由此變為虛實相生的氣化進程。在這一過程中，冰作為水的客形處於變化當中。但無論水凝釋與否，水依然為水，在凝釋過程中未曾改變。此足以說明，一方面，無論在體還是在用，清通之神對氣都具有超越性，但另一方面，清通之神不僅在體，也在用，它必然展開為健順施受的全體。

第二節　幾微以呈象──「乾知」之顯現

在第一節中，我們通過對言─象─意共在結構的討論說明了神與象的關聯性，又指出「乾知」為虛氣貫通的環節，神化運行的開端之幾，而幾中會呈現出象，由此可自然導出一個結論──與神相關的象其實就是「乾知」之所顯。這種象的實質是什麼呢？

無質，詎可以知法乎！法其與地絪縕成化者以為知，其不離乎禮固已。即其清晶以施光明於地者，亦必得地而光明始凝以顯。不然，如置燈燭於遼闊之所，不特遠無所麗，即咫尺之內亦以散而昏。彼無所麗而言良知者，吾見其咫尺之內散而昏也。」（王夫之：《思問錄》，《船山全書》第十二冊，第 425 頁）張載也批評佛家「欲直語太虛，不以晝夜、陰陽累其心」（張載：《張載集》，第 65 頁）的做法：「釋氏之言性不識易，識易然後盡性，蓋易則有無動靜可以兼而不偏舉也」（張載：《張載集》，第 206 頁）。張載認為：「易乃是性與天道，其字日月為易，易之義包天道變化。」「乾坤，天地也；易造化也。聖人之意莫先乎要識造化……彼惟不識造化，以為幻妄也。不見易則何以知天道？不知天道則何以語性？」（同前）性包括「太極兩儀」，因此要先立乾坤剛柔之本。張載的這一觀點清晰的展現於他對《繫辭傳》：「乾坤其易之縕邪！乾坤成列而易立乎其中矣，乾坤毀則無以見易，易不可見，則乾坤或幾乎息矣」的注釋中：「陰陽、剛柔、仁義之本立，而後知趨時應變，故乾坤毀則無以見易。感而後有通，不有兩則無一，故聖人以剛柔立本。」（同前）

一、主觀事實與客觀事實的差異——形象之分的實質

　　神化運行以乾起知而生起感通之事為開始，清通之神由無開始過渡到有，此有無之間的環節在張載哲學中即是幾。「幾者，象見而未形也」，乾起知而成微動之幾，即帶來一未形之象，坤即以乾之所知或所感——象——為法而效著成形。

　　由於尚未效著成形，顯現於幾中的象顯然不是馬形，牛形一類的形象。考慮到氣的遍在性，有必要對同樣普遍的象之領域作一個劃分。張載說：「所謂氣也者，非待其蒸鬱凝聚，接於目而後知之。苟健順、動止、浩然、湛然之得言，皆可名之象爾。然則象若非氣，指何為象？」〔註85〕對此，王夫之注解道：

> 陽為陰累則鬱蒸，陰為陽迫則凝聚，此氣之將成乎形者。養生
> 家用此氣，非太和絪縕、有體性、無成形之氣也⋯⋯健而動，其發
> 浩然，陽之體性也；順而止，其情湛然，陰之體性也。清虛之中自
> 有此分致之條理，此仁義禮智之神也，皆可名之為氣而著其象。蓋
> 氣之未分而能變合者即神，自其合一不測而謂之神爾，非氣之外有
> 神也。〔註86〕

「鬱蒸」「凝聚」是「氣之將成乎形者」，再進一步則成形、成質、成法。氣之成形、成質並不是它的源初狀態。在成形之先，尚有「有體性、無成形之氣」，即具有「陽之體性」，表現為健、動之意（象）的浩然之氣與具有「陰之體性」，表現為順、止之意（象）的湛然之氣。因此，張載這句話中的健、動、浩然說的是陽氣所呈之象，順、止、湛然說的是陰氣所呈之象。區別於氣之成形與成質，蘊含健順之象〔註87〕的氣是氣的源初狀態，即太和絪縕之氣。與張載區別

〔註85〕張載：《張載集》，第16頁。

〔註86〕林樂昌：《正蒙合校集釋》，北京：中華書局，2012，第211頁。

〔註87〕對於張載來說，健順是象，王夫之則指出健順是「分致之理」，即理。理在張載與王夫之的哲學體系中，並不是與太虛或神一個層次的概念。在張載，「『理』與『道』是可以互換使用的概念。在張載哲學範疇體系中，『道』是指氣化過程，而『理』則是指氣化過程的順序或規則。」（參見林樂昌：《張載理觀探微——兼論朱熹理氣觀與張載虛氣觀的關係問題》，《哲學研究》，2005 年第 8期）在王夫之，「氣之條緒節文，乃理之可見者也」。（王夫之：《讀四書大全書》，《船山全書》第六冊，第 994 頁）「象數者，天理也。」（王夫之：《周易外傳》，《船山全書》第一冊，第 998 頁）可以說，二者都將理把握為氣之中的「條理」，這與朱熹對理的理解大為不同。廖曉煒認為：船山在理氣問題上的一些理主宰乎氣的說法，當不應該理解為形上之理對形下之氣之運行變化的主宰，而應理解為氣之運行變化所展現出來的條理和規律。參見廖曉煒：《王

太虛（不可象之神）與太和一致，王夫之也區別了清虛之神與可名可象的仁義禮智之神。作為分致之條理，健順動止之象雖然與合一不測之神有所不同，但也不是成形之後才顯現的象，而是氣在成形之前的象。

　　從字義來看，形與象有著本質的關聯。段玉裁《說文解字注》云：「形，象也。……謂像似可見者也。……形容謂之形，因而形容之亦謂之形。」一般而言，象與形可互稱，形就是象，但在張載以及王夫之這裡這種等同卻需要被打破，形象必須分稱之。張載繼承了《繫辭傳》「在天成象，在地成形」的說法，明確區分了象與形。象的存在可不依賴形，張載說：「幾者，象見而未形也，形則涉乎明，不待神而後知也。」〔註88〕幾之時是有象無形的。在以往的研究中，許多學者皆注意到張載對象的形上化處理，如朱伯崑先生認為：

　　　　形指大小方圓等形狀或形體，象指剛柔動靜等性能。有象者，不一定有形，有形者，必有象。就六十四卦說，其卦畫，有形可見，為形；其性質有陰陽、吉凶，為象。就八卦所取的物象說，如艮為山，離為火，坎為水，都有形可見，為形；巽為風，震為雷，風雷無形卻有象。就卦爻說，奇偶兩畫為形，其剛柔動靜為象。這些說法，並不始於張載，但他特別重視二者的區分。〔註89〕

朱伯崑先生之論，大抵公允，但於形象之分卻未盡其實。顯而易見的麻煩是，由於不僅成形前有象，成形之後也有象〔註90〕，對於物之象與物之形來說，究竟該如何區分？朱伯崑先生以形為「大小方圓等形狀或形體」，也就是物的形式方面的東西，那麼存在疑問的是，這麼說來，物的質料方面的東西，如聲色

　　　　船山哲學定位問題重探：以〈讀四書大全說〉為中心》，《現代哲學》，2020年第6期。對這一問題的完備研究，參看周廣友的《王夫之〈周易外傳〉中的天道觀》第三章，與田豐的《王船山體用思想研究》第二章。

〔註88〕張載：《張載集》，第221頁。牟宗三先生認為：「幾是一個深微的觀念，『夫易，聖人所以極深而研幾也。』深入才能研幾，光表面不能研幾。因為看表面都抽象化了，量化了，要穿過科學知識的那個層面，滲透到內部，看到最具體的地方，才能研幾。幾是在後面，剛發動的時候，還沒有表現出來，表現出來就是勢了，表面上所看的是勢，不是幾……任何一件事在人世間，在宇宙間生起，開始一發動，將來的結果就統統包括在內，這開始一發動就是『幾』。」（牟宗三：《周易哲學演講錄》，盧雪昆錄音整理，上海：華東師範大學出版社，2004，第83頁）

〔註89〕朱伯崑：《易學哲學史》中冊，北京：北京大學出版社，1988，第286～287頁。

〔註90〕對於作易者來說，有形者皆可象，《易傳·繫辭》有「象也者，像此者也」之說，《說卦》傳中亦以八卦類萬物之情，即為此意。

臭味、陶質、木質〔註91〕等等難道屬於象？朱先生的說法實際上縮小了形的範圍。張載於《橫渠易說》中有提到：「物形乃有小大精粗。」〔註92〕大小可以說是就形式方面而言，精粗指的則是質的方面，物之形必然涵蓋這兩者。一般而言，形與質常連綴成文，「『質』，定體也」〔註93〕。依照張載對形而下者的規定：「形而下者是有形體者，故形而下者謂之器」〔註94〕，有形者必有形體，也就是必然有質。在現存的文本中，張載雖然一般只談到形象之別，但實際上，質與法也連帶與象區分開來。此外，朱先生將象認作性能或性質的觀點也不夠準確。性能一般指器物所具有的性質與效用，是構成事物存在必不可少的部分，象則存在於心物之間〔註95〕，並非物的屬性，如「雷風有動之象」，動之象可是某種性能？毋寧說它是一種「由無法察覺的微小變化引生的某種整體的變化趨勢以及這種趨勢在認知主體中產生出的無法歸約為具體感知的意味」〔註96〕。

張載對形雖然沒有專門的定義，但可以肯定的是，在張載哲學，象與形涉及不同的顯現階段。「但於不形中得以措辭者，已是得象可狀。今雷風有動之象，須得天為健，雖未曾見，然而成象，故以天道言；及其法也，則是傚也，效著則是成形，成形則地道也。」〔註97〕理解這段話需要聯繫張載的另一段話：「氣本之虛則湛一無形，感而生則聚而有象。」〔註98〕象是由清通不可象的太虛於感中直接「呈象」而來。象雖有感，但未「涉乎明」「未曾見」，只能

〔註91〕 在《正蒙・動物篇》中，張載說：「形也，聲也，臭也，味也，溫涼也，動靜也，六者莫不有五行之別。」冉覲祖注曰：「目於色，耳於聲，鼻於臭，口於味，體於溫涼動靜，類舉言之。形，當以高（攀龍）《注》五色為是。」（林樂昌：《正蒙合校集釋》，第 283 頁）作為耳目口體的相關項，聲色臭味都是感官可通達的領域，它們都「涉乎明」，因而不屬於象。

〔註92〕 張載：《張載集》，第 200 頁。

〔註93〕 王夫之：《周易內傳》，《船山全書》第 1 冊，第 607 頁。

〔註94〕 張載：《張載集》，第 231 頁。

〔註95〕 《繫辭傳》中有「見乃謂之象」之說，黃玉順教授指出，這裡「見」讀作「現」（xiàn），指「出現」或顯現。（黃玉順：《中國哲學的「現象」觀念——《周易》「見象」與「觀」之考察》，《河北學刊》，2019 年第 5 期）顯現即為象，這表明象之為象就在於其不是客觀自在的實體而是本質上存在於主客相互關聯（客觀事物出現於主觀視域當中）的維度，其必然向某個視角顯示。

〔註96〕 楊立華：《氣本與神化——張載哲學述論》，北京：北京大學出版社，2008，第 34 頁。

〔註97〕 張載：《張載集》，第 207 頁。

〔註98〕 張載：《張載集》，第 10 頁。

於「不形中得以措辭」。和象不同，與形聯繫在一起的是傚著之「法」，「法謂造化之詳密可見者」（高攀龍語）〔註99〕。可以說，象與形的區分是不可見但可感與可見的分別。考慮到在《太和篇》中張載提出有形則離明得施而能睹的說法，因此，我們可以將《廣雅》所云的「形，見也」當作張載對形的定義。張載還說：「有形跡者即器也，見於事實。」〔註100〕跡是活動所留下的印痕，形與跡相連，俱為一種公開的，所有人都可見的事實。正因為形意味著可見性，因此對於張載來說，並不如朱先生所言的那樣「風雷無形卻有象」，而是不僅能「成象」，也能「成形」──「今雷風有動之象……雖未嘗見，然而成象……及其法也則是傚也，效著則是成形。」〔註101〕風雷之形顯然不是大小方圓之類而是隆隆之聲。因此，凡屬於可見可聞，感官可通達領域的東西都為形。

　　形見於事實，可見可聞，象則可感而不可見。我們該如何理解這種可感而不可見的東西呢？楊立華上述的說法雖然允當，但有論之未暢之感，我們試圖從現象學的角度進一步明晰它。傳統的現象學往往關注對象的意義構成（胡塞爾）或者是存在的理解（海德格爾），德國現象學家赫爾曼・施密茨則開始探討作為「情感」（Gefühl）的「氣氛」（Atmosphäre）現象。與張載的形象之別相仿，赫爾曼・施密茨區分了「客觀事實」（objektive Tatsache）與「主觀事實」（subjektive Tatsache）。「所謂某事實是客觀的，就是說任何人，只有擁有足夠的知識和語言能力便能表述它。」與客觀事實不同，「主觀事實不同於只是記錄下的觀念，其事實性，甚至其純粹的事態性，都源於人的情緒被觸動。」〔註102〕赫爾曼・施密茨舉了個例子來說明這一點：事態（a）「我悲傷」與事態（b）「赫爾曼・施密茨悲傷」所表達的是不同的事實。「事態（b）中不包含我即赫爾曼・施密茨這一信息，因而也無從表明，悲傷正是向我襲來，我正為悲傷所困擾。而這〔我的情緒被觸動狀態（Betroffensein），我為悲傷所把捉（Ergriffenheit）〕正是事態（a）的根本特徵。」〔註103〕施密茨所說的主觀事實與張載所論之象的一致性在於二者都屬於在情感（Gefühl）中所體驗的事態，可感而不可見，客觀事實則與形一樣公開給所有的人，可見可聞。如，惻隱之

〔註99〕林樂昌：《正蒙合校集釋》，北京：中華書局，2012，第12頁。

〔註100〕張載：《張載集》，第207頁。

〔註101〕張載：《張載集》，第231頁。

〔註102〕赫爾曼・施密茨：《無窮盡的對象：哲學的基本特徵》，龐學銓、馮芳等譯，上海：上海人民出版社，2020，第5、7頁。

〔註103〕赫爾曼・施密茨：《無窮盡的對象：哲學的基本特徵》，龐學銓、馮芳等譯，上海：上海人民出版社，2020，第6頁。

情是「我」的被觸動狀態，這一主觀事實只由「我」所感，並不向其他人所公開。對它的「得意」以及「自名」等等都是只屬於「我」的事情，只有等到「徵之於事為，以愛人制事」之後才留下形跡，向眾人公開。陳述客觀事實的話語無論如何精準都不能再現這一主觀事實中所包含的「我」為此「悱惻不容已之幾」所感動的事實。因此，主觀事實在事實性上要超過客觀事實，可不依賴客觀事實而先在。前者鮮明而生動，後者有如「標本般蒼白乾癟」〔註104〕。客觀事實必須回溯到主觀事實才能得到明證。形正是這樣標本般的印痕，其與可見性相關，就像雪地裏的腳印一樣任何人都能公開談論它，而象則僅僅呈現於感中〔註105〕。

　　未形之象可感而不可見，此自不待言，有必要進一步說明的是，成形之物的象也是可感而不可見的主觀事實。例如，《說卦傳》談到八卦之象可象徵萬物，這種象是對形下之物進行擬狀的「類萬物之情」之象。這種象雖然是有形者之象，但也與形不同。例如，作為形而下者，雞有雞形，即雞本身必不可少的、可見可聞的特徵，比如如此這般大小、顏色的雞冠、雞爪、羽毛等等。我們在觀察雞時，可見可聞的是雞之形，而可感而不可見的則是伴隨雞的出場而有的一種氛圍。比如，張載說：雞「飛昇躁動，不能致遠。」〔註106〕這種由雞所呈現出的躁動之象顯然不是雞的可見之形，而是雞這一物的「情狀」，一種為觀察者親身體驗所感受到的氛圍性的「氣象」。考慮到巽為燥卦，有事不決，志不定，不寧之意（義），而雞的上述氣象合於巽卦之義，故巽卦可象雞。再如，坎有「周流而老」之意，故為「血之象」〔註107〕。總而言之，象說的

〔註104〕赫爾曼·施密茨：《無窮盡的對象：哲學的基本特徵》，龐學銓、馮芳等譯，上海：上海人民出版社，2020，第7頁。

〔註105〕王夫之說：「徵之於事為，以愛人制事，而仁愛之象著」。仁愛之象與愛人之事不同。從呈現的方面來說，愛人之事，可見可聞，是客觀事實，仁愛之象則只能被感受到，是主觀事實。

〔註106〕張載：《張載集》，第236頁。

〔註107〕張載：《張載集》，第237頁。顯然，這種「象」的邏輯不同於「是」的邏輯。坎象血意味著坎不是血但根據……而象血。「象」是又不是，這意味著其不遵循「是」論的核心──同一律，而我們論形必然要遵循同一律，如雞形是雞形，而非犬形。在這裡，「象」根據「有周流而老」之意而成立。「周流而老」之意是「我」所體驗的情狀，不是公開談論的客觀事實。我們將這種情狀用「周流而老」表達出來是以隱喻的方式試圖激活其他人這樣的體驗，而不是對客觀事實進行陳述。一個進行理論觀察的人可以對血的各種固定指標進行測量但卻無法體驗到這種情狀。

並不是固定的形。與形相比，象「始終保有豐富的趨向和可能性而更為能動和積極」〔註108〕，象可感而不可見。

形而上有象，形而下也有象，由於象的這種普遍性，張載將氣與象劃上了等號。形上之象中有健順、剛柔、變化等陰陽之象，有「四象」〔註109〕元亨利貞以及八卦之象，五行之象。作為客觀事實，形對於任何人都可見可聞，是公開的顯著之物，只需要依靠耳目來描述，並不需要擬狀（即象）。只有幽深難見之「賾」〔註110〕，如「鬼神之情狀」〔註111〕，才需要「擬」與「象」。作為「於不形中得以措辭者」，形上之象可以說是最本源的擬狀之象，而萬物之情雖然紛繁複雜，但都能根據形上之象進行分類。

就形上之象而言，它們首先是「乾起知」而發生於幾中的未形之象，是「乾知」之所知與所感。如陽之象健而動，其發浩然，陰之象順而止，其情湛

〔註108〕楊立華：《氣本與神化——張載哲學述論》，北京：北京大學出版社，2008，第 33 頁。

〔註109〕關於四象，《繫辭傳》有「兩儀生四象」以及「易有四象，所以示也」這兩說。依據向世陵，這兩種四象在漢易以及張載的易學中指的都是春夏秋冬、生長收藏之象或元亨利貞之象，「四象即乾之四德，四時之象」，後世則常用陰陽老少來說四象。（參見向世陵：《張載「易之象」說探討》，《周易研究》，2012年第 5 期）。除了這個脈絡下的四象之外，張載也提出了自己獨特的「易之四象」說。值得注意的是，張載此說不是以《繫辭傳》的「兩儀生四象」或「易有四象」為文本根據，而是根據《繫辭傳》中的另一句話：「是故吉凶者，失得之象也。悔吝者，憂虞之象也。變化者，進退之象也。剛柔者，晝夜之象也。」張載注曰：「吉凶者，失得之著也，變化者，進退之著也；設卦繫辭，所以示其著也。吉凶，變化，悔吝，剛柔，易之四象歟！悔吝由羸不足而生，亦兩而已。『變化進退之象』云者，進退之動也微，必驗之於變化之著，故察進退之理為難，察變化之象為易。」（張載：《張載集》，第 180 頁）向世陵認為：相對於「靜態的、陳述事實的天象、物象和『數』象」而言，「『象』在這裡既是象徵，又預示事物活動實際或可能的結果……分開來說，吉凶與悔吝是表徵失得與憂虞的事物活動所導致的結果，變化與剛柔則在披露人世進退和天道晝夜活動的原因……不過，《繫辭上》儘管表述了這四種『象』，卻並未冠以『四象』的名號，將此概括為『四象』，是重視『象』範疇的張載提煉概括的結果。」（向世陵：《張載「易之四象」說探討》，《周易研究》，2012年第 5 期）

〔註110〕《繫辭傳》云：「聖人有以見天下之賾，而擬諸其形容，象其物宜，是故謂之象。」

〔註111〕「自無而有，神之情也；自有而無，鬼之情也。自無而有，故顯而為物；自有而無，故隱而為變。顯而為物者，神之狀也；隱而為變者，鬼之狀也。」（張載：《張載集》，第 183 頁）自無而有為伸，乾健之象，自有而無為歸，坤順之象。

然。陰陽之象已經涵蓋了成形前的整個生成過程，元亨利貞（生長收藏）四象只不過說的更加細膩。至於八卦之象，《說卦傳》云：「神也者，妙萬物而為言者也。動萬物者，莫疾乎雷；橈萬物者，莫疾乎風；燥萬物者，莫熯乎火；說萬物者，莫說乎澤；潤萬物者，莫潤乎水；終萬物、始萬物者，莫盛乎艮。」王夫之注云：「『神』也者，乾坤合德、健以率順、順以承健，絪縕無間之妙用，並行於萬物之中者也。」〔註112〕王夫之所說的健順合德之神相當於張載的清通而不可象之神，健順分殊可象，為陰陽之氣所具有的象。王夫之繼續說道：

> 故但言之六子，不言乾坤，乾坤其神也，張子曰：「一故神，兩在故不測」。故方動而啟之，旋橈而散之，方熯之，旋潤之，方說以解其剛悍之氣而使和，旋艮以結為成實之體而使止；兩在不測，而乾坤之合用以妙變化者，不以性情功傚之殊而相背，無非健順合一之神為之也。〔註113〕

可見，與陰陽之象以及四象一樣，六子之象也是氣化過程所展示出來的生成之象。六子兩兩相對，「方……，旋……」的句式表明它們是健順兩象更為具體和細膩的展現方式，皆為兩在合一之神用來「妙變化者」。形上之象由神而來，利用這些象可以「類萬物之情」，也就是對萬物之象進行分類。藉此，形上之象也可以表示存在於事物之間的關聯性（Bezogenheit）〔註114〕。例如，《說卦傳》有云：「乾為寒，為冰，為大赤。」寒、冰、大赤都能表現出「健之情」〔註115〕，所以都可用乾來象（徵），乾可以說標誌了這些形器的關聯性——俱為乾類〔註116〕。遵循相同的邏輯，坤震巽坎離艮兌其餘七卦「皆所以明萬物之情。」〔註117〕

〔註112〕 王夫之：《周易內傳》，《船山全書》第 1 冊，第 628 頁。

〔註113〕 王夫之：《周易內傳》，《船山全書》第 1 冊，第 628 頁。

〔註114〕 Cf. Chang Tsai, *Rechtes Auflichten. Cheng-meng*, Hamburg: Felix Meiner, 1996, S.LII.

〔註115〕 張載如此解釋道：「『乾為大赤』，其正色也；『為冰』，健極而寒深也」。（張載：《張載集》，第 237 頁）健有持續不斷和正的意象，因而可象大赤與冰。擬狀遵循的是象其情的邏輯，因此，乾不是這些形器（冰，大赤）存在必不可少的屬性，它們與乾的關係不是概念構成上的範疇關係（如種屬關係），而是我們剛才所說的一種氣象上的類似，即「象」。

〔註116〕 就此而言，象也類似於西方哲學中進行連接和綜合的範疇，楊儒賓先生稱之為「準範疇」。參見楊儒賓：《五行原論：先秦思想的太初存有論》，上海：上海古籍出版社，2020，第 21～23 頁。

〔註117〕 張載：《張載集》，第 237 頁。

二、氣與感的一致性

　　把象定義為主觀事實的論點並不會導致象與氣的主觀化，反而說出了它們不依賴於人為意識的實在性。楊儒賓先生在《五行原論：先秦思想的太初存有論》一書中建立了一種「氣的考古學」。他認為，無論是雲氣，風氣還是作為生命力的精氣等等都與對某種流行於天地與自身中的東西的感知有關，而氣之流行以及它所帶給我們身心的感受是前反思的，前概念的，不依賴於主觀意識，超出了一般意義上的知識。以風氣而言，楊儒賓說：「就形成知識的條件而言，『風』卻特別難以捉摸，因為知識意味著抓取、領受、知解……然而，風抓不住，也看不見，它首先呈現出一種體表的觸感，觸感沒有界限，流動於人身內外之間。風從來不是以對象物的身份呈現在人的意識之前，恰好相反，當我們有了風的意識時，我們早已浸漬在風中，被風所吹襲。風的意識先行於反思的意識，我們體之，而不能知之。」〔註118〕氣將人的身心感受與外界聯繫在一起，產生出伴隨情動（感）現象的內外貫通。「感之情無分於內外，它勾連於內在的情緒與外緣的物象之間……人的情動性連接於情氣的流通性，有感即串聯內外。」〔註119〕

　　楊儒賓先生的論述可以在西方的現象學傳統中找到共鳴。現象學家施密茨認為，本源意義上「情感」（Gefühl）與「氣氛」（Atmosphäre）是一致的。施密茨指出，西方哲學對情感的把握主要有兩種理路，一種（康德）將情感把握為靈魂主體對內、外刺激的反應，這種反應表現為快感（Lust）和不快感（Unlust）；另一種（胡塞爾）是將情感作為一種指向對象並賦予對象「情感之質」（Gefühlsqualitäten）的意向性活動（intentionale Akte）。二者都忽視了更本源的，能侵襲人（ergreifend）的情感現象。氣氛就是這樣的情感。施密茨指出：「眾所周知的事實是，在一種從天氣（Wetter）上面而獲得的意義上，氣氛侵襲了人們，並因此成為他們的情感。天氣本身就是這種氣氛，它本身幾乎就是一種情感，它或者是明亮，宜人的而使人相應地開朗和情緒高漲，或者作為昏暗，沉悶的天氣使人相應地沮喪。天氣給人一種相應的感覺，從而作為氣氛在情感上佔有人們……氣氛就是情感；但是，如果只想將情感歸還給人類的話，

〔註118〕楊儒賓：《五行原論：先秦思想的太初存有論》，上海：上海古籍出版社，2020，第122頁。

〔註119〕楊儒賓：《五行原論：先秦思想的太初存有論》，上海：上海古籍出版社，2020，第118～119頁。

那麼人們也可以說，氣氛是通過在身體上感動人而讓人產生情感，以及引起感受性的被觸及狀態（affektivem Betroffensein）。」〔註120〕

赫爾曼·施密茨對天氣現象的研究促請我們注意到張載於《正蒙·參兩》篇對氣候現象的分析所具有的現象學意蘊。張載說：「陽為陰累，則相持為雨而降；陰為陽得，則飄揚為雲而升。」〔註121〕依照張載，「陰性凝聚，陽性發散」。雲和雨既為成形之物，也就都具有陰之性象，二者的不同是，一者升，一者降。張載認為，雲升是因為「陰為陽得」，雲雖然尚有凝聚之象，還未發散為清通狀態，但已經是「散」的勢用為主；雨降是因為「陽為陰累」，也就是凝聚的勢用為主，「降而下者陰之濁」〔註122〕。現代科學認為降雨是由暖空氣爬升在高空冷卻、凝結而形成，張載的「陽為陰累」說雖與此接近，但並非基於同樣的理論預設。科學知識是關於客觀現象的一種精確的、可證偽的理論，其建立在一種中立的、客觀化的視角之上，沒有任何理由能認為張載具備有這種客觀化的視角與相應的理論工具。表面上看，張載對種種天象的分析主要是在套用傳統的陰陽模式，缺乏現象（經驗）上的明證性，但這種想法無疑沒有就張載哲學本身去思考，反而有倚靠現代人的知識橫加指責古人的嫌疑。雲和雨都是成形的形而下者，可見可聞，說其有凝聚之象自不待言，值得疑問的是：張載是如何從成形者當中看出其具有發散之陽呢？實際上，發散之象不是張載通過套用傳統陰陽模式而想像的圖像，而是一種「感」，一種雨水天氣身體對整個氣氛的感覺。言氣必然連帶言說感應。張載舉例道：「風雨陰晦，人尚不知早晚，雞則知之，必氣使之然。」〔註123〕雞之所以能先知風雨陰晦是因為它能獲得相應的氣之感應，就像關節病患者在陰天到來之前就有了相應的身體反應。推擴此義，我們可以設想這樣的場景：如萬里無雲的炎熱夏天，身體無時不能感到熱氣在到處發散，外界如同火一樣，也向自己發散熱氣，所謂「火之炎，人之蒸，有影無形，能散而不能受光者，其氣陽也」〔註124〕。整個世界都被發散的勢用主導，連一片雲都凝聚不住。此時，我們豈能說發散之象是理論虛構，毋寧說它是真實的感受，就是暑氣本身。突然天氣轉為陰沉

〔註120〕 Hermann Schmitz: *Wie der Mensch zur Welt kommt. Beiträge zur Geschichte der Selbstwerdung.* Freiburg / München: Verlag Karl Alber, 2019, S.38.
〔註121〕 張載：《張載集》，第 12 頁。
〔註122〕 張載：《張載集》，第 8 頁。
〔註123〕 張載：《張載集》，第 331 頁。
〔註124〕 張載：《張載集》，第 13 頁。

悶熱，不需再作說明，我們的日常用語——「沉」、「悶」等等作為隱喻已然說出了一種凝聚、下沉的感覺，而這種感覺足以與這種氣候現象劃上等號。因此，不需進行科學化的氣象觀測，僅憑這些體感以及隨之產生的意象的變化，張載的上述說法就可以成立。而科學所測量的客觀事實，如濕度、溫度的測量結果雖能對天氣做出客觀的規定，但只能在經由解釋並與主觀事實（主觀身體的感覺）相適應後才能具有有效性，由此足以說明主觀事實相當於客觀事實在實在性方面的優先性。

　　氣之感應雖然是前反思的情感，但它卻能產生推動的作用。施密茨說：「氣氛給人出入了特定的運動，被氣氛觸及的人可以立即掌握這些運動，而不必費力去做，這樣的事實表明氣氛從身體上感動了人。喜悅的人知道如何輕鬆、活潑地移動，也許會跳一下以表達他的被鼓舞之情。他可以用帶著笑的眼睛看，用輕鬆，高昂的語調說話，他的身體動作都有這樣的特性。對於這副運動的場景，如果人們不是擅長重演，那麼就很難有意識地重演它……就是說，情感通過一種運動的誘發而展現出自己感動身體的力量，從而給被感動者帶來了屬於自己的推動（Impuls）。這顯示出作為感應者（Induktoren）的氣氛的特殊力量，它是身體中情感的引入者。」〔註125〕施密茨的這一觀點可以看作是對張載如下理論的現象學解釋。在張載看來，氣之感動可以說是天之生物以及神主乎動的方式：「天惟運動一氣，鼓萬物而生。」〔註126〕張載將一切的運動與變化都看作是由神所鼓，由神所主，「皆神（之）為也」〔註127〕。具體而言，神是以氣之感應的方式而鼓萬物之動。從日常體驗來說，好天氣可以人開心，壞天氣可以讓人沉悶，快樂的氛圍讓人喜不自禁，嚴肅的氛圍讓人身心肅然。這些表現不是被感動者故意為之，而是作為感應者的氣所造成的效果。被感動者受此鼓舞，能自發地展現出相應的身體動作，無需費力，天之鼓萬物就是以這種感應的方式來進行。總而言之，以現象學的眼光來看，氣、象與感不可分裂，三者渾為一體。

〔註125〕 Hermann Schmitz: *Wie der Mensch zur Welt kommt. Beiträge zur Geschichte der Selbstwerdung*. Freiburg / München: Verlag Karl Alber, 2019, S.47.

〔註126〕 張載：《張載集》，第185頁。

〔註127〕 張載：《張載集》，第205頁。張載指出，「鼓舞」取巫主於動之義：「巫之為人無心若風狂然，主於動而已。」巫處於強烈的身心感受中，其歌舞乃無心自然而為，有心為之皆不能盡其神妙。

三、健順相承——氣化運行的方式

　　一般以為，象在張載哲學裏並不是與神、太虛或性一個層次的概念，尤其是張載明確以「清通而不可象」與「散殊而可象」這兩個標籤區分了神與象。有時候，為了顯明神的高貴之處，張載甚至還說：「凡天地法象，皆神化之糟粕爾。」〔註128〕這樣的話語乍看起來與他所批評的「以山河大地為見病」〔註129〕的佛教觀點可以說所去不多。實際上，為張載所貶低的只是「法象」，即成形之物的形象，所謂「萬物形色，神之糟粕」〔註130〕。像前面我們討論過的形而上的生成之象：健、順、動、止、湛然、浩然等等，張載對它們非常重視。在某種情況下，張載甚至把健順不僅看作是象，還是「天之意」，張載說：

> 太虛之氣，陰陽一物也，然而有兩〔體〕，健順而已。（又）〔亦〕不可謂天無意，陽之〔意〕健，不（耳）〔爾〕何以發散〔和一〕？陰之性常順，然而地體重濁，不能隨則不能順，（則）〔少不順即〕有變矣。有〔變〕則有象，如乾健坤順，有此氣則有此象可得而言；若無則直無而已，謂之何而可？是無可得名。故形而上者，得辭斯得象，但於不形中得以措辭者，已是得象可狀也。今雷風有動之象，須（謂）〔得〕天為健，雖未嘗見，然而成象，故以天道言；及其（發）〔法也〕則是傚也，〔效〕著則是成形，成形則（是）〔地〕道也。若以耳目所及求理，則安得盡！如言寂然湛然亦須有此象。有氣方有象，雖未形，不害象在其中。〔註131〕

太虛之氣是陰陽和合之氣，王夫之也稱之為太和絪縕之氣。太虛之氣具有兩種勢用——「健順而已」。考慮到張載「非象，有意否」的理論，這裡所提到的「健順」既可以指天地之意或陰陽之氣所具有的健順之性，即王夫之所說的「清虛中分致之條理」，也可以指象。健順之象是什麼時候出現的呢？張載說：「有變則有象」。象是於變中產生的，而變發生於陰不能隨順於陽的時候，「少不順即有變矣」。「乾坤合德」的太和之氣中，「健以率順、順以承健」，健順相承相率，就像張載所說的那樣：「陰性凝聚，陽性發散；陰聚之，陽必散之，

〔註128〕張載：《張載集》，第9頁。
〔註129〕張載：《張載集》，第8也。
〔註130〕張載：《張載集》，第10頁。
〔註131〕張載：《張載集》，第231頁。

其勢均散。」〔註132〕《太和篇》第一節形容此為「野馬絪縕」。野馬出於《莊子‧逍遙遊》，初指空中游氣，如唐君毅先生所言：「遊氣之密密無間，即所以狀上文之一施一受之無間之絪縕也。」〔註133〕太和絪縕之氣中陰陽發散與凝聚的勢用均等，張載在《太和篇》中以氣之「塊然太虛」，「升降飛揚」來形容這種一之一之的過程。唯當「其感遇聚散，為風雨，為雪霜」〔註134〕時，才有了變化可言，健順動止湛然浩然之象隨變化一起呈現。張載隨即舉風雷發動的例子來進一步說明。雷風效著成形之前陰不順於陽，「陽在內者不得出」〔註135〕，有凝滯之象，但陽未曾斷絕，亦有奮擊而出之意，此將動未動之動幾乃「靜中之動」。「靜之動也無休息之期」，「靜中之動，動而不窮」〔註136〕，由此顯示出健之象。雷風將動未動，動幾在內而尚未顯於外，為復卦「雷在地中」之象，其時為「動於內以自治，而未震乎物」〔註137〕的階段。復卦之後為天雷无妄，其卦辭曰：「天下雷行，物與无妄，先王以茂對時，育萬物」，其所說意象正是雷「奮擊而為雷霆」〔註138〕，動於外而震於物之時。此時「雷之應候發聲，與時相對，興起萬物而長養之」〔註139〕，有動而浩然之象。總而言之，雷「一陽以感群陰」〔註140〕，群陰皆因陽之動幾而化。以陽感陰，有健、動、浩然等之象，陰承陽而化，有順、止、湛然之象。陽感陰化之後，先前的凝滯之陰被陽發散的作用化掉而為湛然。不過，伴隨著雷霆發聲，效著成形，也會有新的凝聚成形者（如雷電之形）產生，成形不以天道言，而是屬於地道。雖然地道順承天道的結果是新的凝滯之形產生，但並不妨礙再次有新的陽感之幾來化除它。總而言之，陽來感陰有「興」也有「革」〔註141〕，「革」的作用導致了先前的陰之凝聚被化除，「興」的作用則帶來了新的凝聚之形。

〔註132〕張載：《張載集》，第 12 頁。

〔註133〕唐君毅：《中國哲學原論‧原教篇》，《唐君毅全集》第二十二卷，北京：九州出版社，2016，第 69 頁。

〔註134〕張載：《張載集》，第 8 頁。

〔註135〕張載：《張載集》，第 12 頁。

〔註136〕張載：《張載集》，第 112～113 頁。

〔註137〕王夫之：《周易內傳》，《船山全書》第 1 冊，第 230 頁。

〔註138〕張載：《張載集》，第 12 頁。

〔註139〕王夫之：《周易大象解》，《船山全書》第 1 冊，第 712 頁。

〔註140〕王夫之：《周易內傳》，《船山全書》第 1 冊，第 226 頁。

〔註141〕牟宗三先生指出：「乾元主管大始。主觀有兩個作用：興與革。興就是創造，從沒有存在使它存在。革就是把它去掉，它存在，我叫它不存在。」參見牟宗三：《周易哲學演講錄》，上海：華東師範大學出版社，第 44 頁。

陽健而動，其發浩然，此為陽來感陰，生之象，陰順而止，其情湛然，此為陰順陽化，成之象。我們看到，張載所談到的這個例子完全遵循了《太和篇》第一節所言的乾起知、坤效法的模式。這一模式就是神化運行的原理。乾於清虛之中起知、成象，給出相感而變易之始幾，坤即以此幾中所呈之象而效法，將其呈露而成形。健、動、浩然之象為乾施而「感速」之象，順、止、湛然之象為坤順而化之象。〔註142〕這兩種象雖然可以說分屬於乾坤，但後者並不擁有獨立的地位，而是隸屬於前者，一同構成了「乾知」所主導的感化過程的生成之象〔註143〕的總體。

「乾知」是陽感陰化的過程，陽感陰化呈現出健順之象。與一般的法象不同的是，健順之象擬狀的不是形下之物，換言之，它們指示的並非物之「什麼」（Washeit, whatness），而是其生成的方式，即海德格爾所說的「如何」（Wie, how）。因此，在張載哲學中，我們不能將陰陽當作形而下者，而是應當看作主

〔註142〕 這些象都是「於不形中得以措辭」者。因為效著成形之後方可由見聞而及，在此之前，無論是呈象，還是成形，都非見聞所及。在張載看來，能於不形中措辭的人，唯有知幾的聖人：「能窮神化所從來，德之盛者歟」。（張載：《張載集》，第12頁）知幾者能對微渺的變化有所察覺，獲得一種模糊的方向性感知。這種模糊的方向性感知在不同的個體上存在差異。如比起五穀不分的城市人，鄉下的農民對雷霆將動未動情形的感知肯定更加敏銳，張載所說的「德盛仁熟」的聖人顯然比為私欲所限的一般人更能知幾。總而言之，耳目所見只是成形之後的凝聚之物，其無法通達之前的成象、成形過程。「若以耳目所及求理，則安得盡！」

〔註143〕 「乾知」所包含的生成之象其實也是感之象。有的學者將張載所論之象區分為「物象」和「心象」，以不可感而可思的抽象概念或意義詮釋健順、動止、浩然、湛然，將其理解為意向性意識的意識內容。（參見王汐朋：《張載思想的「象」概念探析》，《現代哲學》，2010年第2期）這種理解可以說誤解了張載哲學。總體上看，張載重感而不重思，上述的理解抬高了思維的作用，而把「感」限定為一種感性經驗，從而忽視了在張載哲學中感能貫通有無兩端，為性體本身活動方式的精義。此外，物象和心象的區分也將知識論語境中歐洲近代哲學裏的主客二分結構引入了張載哲學。實際上，考慮到意—象的共在性，象本身就處於心—物之間，心象與物象的區分失之支離，陷入了表象主義的窠臼。關於張載之象並非表象主義，張再林先生論述甚精。（參見張再林：《「死而不亡」如何成為可能？——張載「氣化生死觀」的現代解讀》，《中州學刊》，2012年第5期）健順之象雖不可見，但這並不意味著它們是思維的對應物。這一點，朱利安說地甚好：「的確存在不可見物，但是對於一種或另一種文化而言，這不可見是不一樣的。」（參見弗朗索瓦·朱利安：《迂迴與進入》，杜小真譯，北京：商務印書館，2017，第284頁）上述的詮釋方案顯然是用希臘思想中不可見的理念世界來置換中國傳統氣化生成論中不可以形睹的未分化（幽、無）的階段。

導形而下者生成變化的兩種勢用。我們知道，在程朱理學中陰陽被理解為區別於道的形而下者，如程頤說：

> 一陰一陽之謂道，道非陰陽，所以一陰一陽，道也。〔註144〕

> 陰陽，氣也，氣是形而下者，道是形而上者。〔註145〕

伊川以形上、形下區分了道與氣，並一再肯定道可以主宰陰陽之氣。然而，這種結構上的二分卻使得類似的話語停留為單純的宣稱。〔註146〕因為形上、形下之間缺少連接二者的中介，從理論上根本無法說清道如何主宰陰陽，後世理學家的「死人騎活馬」之疑可謂由來有自。與程頤的理解相反，張載嚴格區分了形、象，健順之象作為清通之神與形下之物的中介溝通了形上形下。陰陽不只是氣，更是神的兩種勢用，因此它們與神都屬於形而上者：「天所以參一，太極兩儀而象之」〔註147〕。

　　我們從張載留存的文本中找不到他對程頤理學上述理論的直接批評，但

〔註144〕程顥、程頤：《二程集》，王孝魚點校，北京：中華書局，1981，第 67 頁。

〔註145〕程顥、程頤：《二程集》，王孝魚點校，北京：中華書局，1981，第 162 頁。

〔註146〕程朱將氣歸為形而下的理路甚至影響了力判程朱為「別子為宗」的牟宗三先生。牟宗三雖然正確地指出了程朱理學之理只是「但理」，缺乏活動性，但卻將活動性只歸給心，而不是氣。他甚至於《心體與性體》專闢一節來指責陽明後學主張心氣同流，將氣形而上的傾向。牟宗三對道與陰陽的關係可以說完全繼承了朱子的觀點，他說：「道不是個形物，上天之載無聲無臭，道是看不見摸不著的東西。但儒家的精神是即用見體，道也離不開形物。所以，『一陰一陽之謂道』就是『即用見體』，非形者即於形之中見出。即用見體是儒、釋、道共同的思想。道與理不同。道是動態的，動態的一定帶一個行程，浩浩大道，行程從經過瞭解。理，是靜態的，理不代表行程，沒有一個經過。所謂道，一定有兩面：氣的一面，神的一面。神是體，氣是用。氣表示動態，氣能帶氣化行程，但能使它所以能夠變化靠的是『神』，動態之所以為動態靠『神』，神之動跟氣之動不一樣。」（參見牟宗三：《周易哲學演講錄》，盧雪昆錄音整理，上海：華東師範大學出版社，第 54 頁）其實，牟先生所說的「非形者即於形之中見出」並不需要依賴某種神秘的直覺（如他所主張的智的直覺），而是依靠形不形之間的象，也就是陰陽。脫離了陰陽，道就是抽象的「但理」。引入心也無法真正解決這一問題。

〔註147〕宗朱者貶低天參為「三角底太極」，如李光地說：「蓋太極雖不離乎陰陽，而實不離乎陰陽，安得與之對而為三哉？……朱子以為如此則三角底太極者，意其源流於此也。」（林樂昌：《正蒙合校集釋》，北京：中華書局，2012，第 100 頁）以橫渠正學為宗的王夫之為避免此類誤解，指出天參是動態的三一結構，並非靜態的三角，他說：「若其在天而未成乎形者，但有其象，絪縕渾合，太極之本體，中函陰陽自然必有之實，則於太極之中，不昧陰陽之象，而陰陽未判，固即太極之象，合而言之則一，擬而議之則三，象之固然也。」（同前）

他有對「釋氏」試圖捨棄陰陽而「欲直語太虛」的做法進行激烈批評。區別於「徇生執有者」執著現成之物為真實實在，張載以「往而不返者」批評佛學耽於空無，導致「物與虛不相資，形自形，性自性，形性、天人不相待而有，陷於浮屠以山河大地為見病之說」〔註148〕。後者雖然沒有落入前者的庸俗之見，而是堅持一種「心—法」一體呈現的相關主義。然而其認為「心生種種法生，心滅種種法滅」，只是看到了「心—法」這一對子始終同起同滅，就妄圖以「心法起滅天地」，直證一離感之寂，離象之空，導致體用、性形相分。張載反對佛教「以萬象為太虛所見之物」的觀點，而是堅持物與虛、形與性相待而有，二者是體用貫通的關係。因此，他雖然一方面以為「凡天地法象，皆神化之糟粕爾」，表現出對現成存在者在價值上的低視，但另一方面他也說：「萬品之流形，山川之融結，糟粕煨燼，無非教也。」〔註149〕換言之，流動的形象，或形象生成變化的方式——融結（聚）、煨燼（散）具有崇高的價值。對於氣之聚散隱現，張載說：「顯且隱，幽明所以存乎象；聚且散，推蕩所以妙乎神。」〔註150〕顯隱是象存在的方式，而聚散則為神推蕩和作用的方式。聚則顯而明，散則隱而幽，聚散隱顯這些氣化運動的生成方式溝通了太虛與萬象。由於認識到太虛與萬象通過健順之象或聚散、顯隱等生成方式溝通，張載明確拒絕了將虛氣關係理解為有所分離的先後關係的觀點。因為，如果虛與氣為先後關係，將導致「體用殊絕，入老氏有生於無自然之論」〔註151〕。正確的理解是認取有無混一，二者不可分離，要以「兼體無累」的方式同時把握二者：「方其形也，有以知幽之因；方其不形也，有以知明之故。」〔註152〕形不形或幽明之間的關楗在於幾。幾中呈現出健順動止等陰陽未形之象，這些象表現了形象之物由幽而明以及由明還幽的「始生」與「終成」環節。由於健順等生成之象不是固定的定象，作為運動變化的「如何」，健順之象也指示著雖不可象卻使變化可能的維度〔註153〕。

〔註148〕 張載：《張載集》，第8頁。
〔註149〕 張載：《張載集》，第8頁。
〔註150〕 張載：《張載集》，第54頁。
〔註151〕 張載：《張載集》，第9頁。
〔註152〕 張載：《張載集》，第8頁。
〔註153〕 張載對幽明關係的思考接近海德格爾對存在顯現和隱匿二重性的思考。海德格爾提出「存在論差異」，把存在解釋為顯隱二重性。存在可以「使……顯現」，但存在本身並不顯現。存在者依賴存在而得以顯現，是顯的層次，是「有」；存在是隱匿的層次，是「無」。存在不是如傳統形而上學設想的那樣

　　因此，對於張載來說，陰陽並非一般所認為的質料方面的兩種基礎材質〔註154〕而是寂然無形之太虛或清通之神的兩種作用方式。唐君毅對陰陽的理解受到了張載的影響，他明確指出陰陽是生成之狀而非生成變化之物，他說：「所謂氣有陰陽者，即依事之隱顯往來而說。故陰陽亦事相之上層概念，所以狀事物之隱現者，亦非謂將事物之形象等抽取所餘之陰氣陽氣也。」〔註155〕

為永恆不變的實體，只有把存在理解為現象學意義上的顯隱二重性，才是對存在的真實認識。張載與海德格爾一樣都反對實體主義，氣在張載哲學中並非凝固的實體，氣虛而實，實而虛，並不能被固定。在張載哲學中，「象」與「明」相當於海德格爾哲學中的現象和顯現，萬象可見為明，神不可見為幽，法象非神不立，神作為氣之聚散的推蕩者，能使萬象不斷地顯現和隱匿，就此而言，神相當於現象學意義上的「使能者」（das Ermöglichende）。此外，需要認識到的是，張載的「幽明」之思雖然旨在對道家的有無進行批判，卻建立在對道家的誤解之上。張載在批評道家時所說的有無相當於西方存在論哲學的存在與非存在，而老子「有無」的原本意義反而與張載的幽明概念一致，即朱利安所說的「和諧的未分化（無）」與「分化著的實現（有）」。（參見弗朗索瓦・朱利安：《迂迴與進入》，杜小真譯，北京：商務印書館，2017，第284頁）存在與非存在是相互排斥的概念，如一物不可能同時存在與非存在，而老子的「有無相生」卻與張載的幽明相生一樣肯定了分化的實在（明、有）與未分化的混沌（幽、無）的密切相關，任一階段都導向另一個。

〔註154〕在《張橫渠之心性論及其形上學之根據》一文中，唐君毅辯駁了以物質或材料解說氣概念的錯誤：「中國傳統思想中所謂氣，與西方科學或哲學中之物質或材料（Matter）之義，亦截然不同。在西方希臘柏拉圖、亞里士多德思想中，所謂物質（Matter）恒是與物體之形式相對的。一物體有形式，但只有形式不成物體。此形式之所依附或實現此形式之材料即物質。但是中國思想中所謂氣，無論是指精神上的志氣或生命的生氣，或物質世界的氣，都是先於形質之概念。形有定相而氣無定相。質有對礙而氣無對礙……質為依形氣而有之後起概念。所謂『氣變而有形，形變而有質』，幾為一中國思想家思索自然宇宙問題之極普遍的思想。至於以亞里士多德所謂原始材料說明中國哲學中氣一名之所以不當，則是因亞里士多德之原始材料（Primary matter）為一絕無形式之潛能。此乃對一物體之概念，加以一邏輯的分析，將其形式抽去後之一剩餘的托底者（Substratum），其本身乃絕對無形之潛能而非現實的存在……故吾人欲瞭解中國思想中所謂氣，吾人決不能只視之為一絕對無形，或形而下之物質或潛能，而當視之為『能動能靜，能表現一定形而又能超此定形，以表現他形』之實有的存在者……其表現一定形，即成一特殊之物，此即氣之聚，氣之陽或陽氣。其超越此定形，而使此定形融解，即氣之散，此即氣之陰或陰氣……故氣可界定為一『涵形之變易於其中的存在歷程（Existential process）』。」（唐君毅：《中國古代哲學精神》，《唐君毅全集》第二十七卷，北京：九州出版社，2016，第331～333頁）

〔註155〕唐君毅：《生命存在與心靈境界》，北京：中國社會科學出版社，2014，第637頁。丁耘教授在梳理了先秦以來歷代的文獻之後亦做出相同的結論：「陰陽為

不僅如此，在唐君毅看來，既然陰陽是「狀事物之隱現者」，張載以氣為至虛之實就不是形上學思辨的建構，而是源於對現實中事物隱顯進行觀察的一種現象學描述（觀法）〔註156〕。

唐君毅區別了兩種觀察事物的方式，即著念於現成之形的因果的觀法與明察事物生成之象的「現觀」的觀法，他舉例說到：

> 如以一葉緣芽生，花緣葉生之例而論。依常人之見，謂葉由芽出，花由葉出，固是妄執。此執，乃由常人之念先著於芽後，方見葉、見花而起。此執固當破。人再自反觀芽中之無葉，葉中之無花，亦自能破此執。然吾人若自始不著念於先見之芽，以觀葉，亦不著念於先見之葉，以觀花；則可自始無此妄執，亦不待對此執更破。則吾人之見芽葉花之相繼而現，亦未嘗不可視此葉如天外飛來，以自降於芽之上；花如天外飛來，以自降於葉之上。循此以觀自然宇宙間一切「雲行雨施，品物流行」之事，無不可一一視為天外飛來，以一一相繼自降於其前之事物之上、之後，而全部宇宙已成已有之事物之生，即皆初是由天外飛來，以為其始。〔註157〕

常人一般秉有因果的觀法，在看芽、葉、花這三種形象相繼出現時以為花生於葉，葉生於芽，三者以母子相生的方式相繼生出。唐君毅指出，這種因果的觀法「乃始於人見物而著念之後，於物更返溯其原於所著念之已成之他物；遂由此以言此已成他物，可為當前之物之因緣」〔註158〕。換言之，這種觀法的成立必須將已化之形象與現在之形象連並而觀，然而實際上，先前所見之芽形當

変化之理、變化之狀（變化自身），非變化之物。」（參見丁耘：《道體學引論》，第226頁）

〔註156〕現象學觀法提出的背景是唐君毅由關注太虛的證成（justification）問題而追問如何以形象之域為把柄而有根據地設立無形而不可見之太虛。唐君毅在詮釋橫渠（濂溪）之學前反思到：對於二子之太極、太虛，如果「扣緊於吾人之道德生活、或心靈生活之性理呈現於心知之健行不息、真實無妄處去講，此尚不難講。此即程朱以後學者之所為。然克就濂溪、橫渠之書言，乃直下說有此一『乾元』或『太極』、『誠』、『太和』為天道，則殊不易講。」（唐君毅：《中國哲學原論·原教篇》，《唐君毅全集》第二十二卷，北京：九州出版社，2016，第32頁）為了避免獨斷論的指責，唐君毅認為須「另尋一思想方向」，從有形象之萬物「直接觀得」無形之太虛或神。

〔註157〕唐君毅：《中國哲學原論·原教篇》，《唐君毅全集》第二十二卷，北京：九州出版社，2016，第34頁。

〔註158〕唐君毅：《中國哲學原論·原教篇》，《唐君毅全集》第二十二卷，北京：九州出版社，2016，第32頁。

中並無現見之葉形，如何能說葉形由芽形所生出？〔註159〕倘若我們在觀葉形出現時不連帶先前的芽形，而是直接「對此所現見者『如何降於吾人之心靈生活之前』」〔註160〕進行一現觀，那麼我們將發現，芽葉花三者相繼而現這一「品物流形」之事的實情是：「葉如天外飛來，以自降於芽之上；花如天外飛來，以自降於葉之上。」〔註161〕現觀不著念於先見之物，而是直面現象的源初顯現，在看物之「什麼」的同時，直接關注其如何發生，關注其生成之象。由此，在觀芽隱葉現之時，葉之「出現」以最引人注目的方式呈現出來：「如天外飛來，以自降於芽之上」。物之發生之所以狀若天外飛來是因為新生物是對已成物的一種無法預測的超出，是具有健象的絕對發生。從現象學的角度來看，唐君毅所說的「天外飛來之物」相當於法國現象學家馬里翁所說的突然發生（不在因果性中）、全無依據地絕對給出的「事件」（événement）或者「降臨」（avènement）：「事件，或（從過去出發）不可預見的、（從現在出發）無法窮盡地理解的、（從未來出發）無法複製的，簡言之，絕對、獨一無二、突然而來的現象。我們也要說：純粹事件。」〔註162〕葉絕對給出的另一種表達在唐君毅這裡就是其「來無來處」，「自先之寂然無形以始以生」〔註163〕。若用張載的術語來說，就是芽氣屈而往幽，葉氣伸而來此。葉形由幽而明升起，為陽伸之道，葉之升起伴隨著先前凝滯之陰——芽形的退隱，即陰氣順陽而化還歸湛然無形。總而言之，形象之此隱彼顯，彼隱此顯的過程就是幽明、虛實相生相蘊，陰陽健順屈伸往來的氣化流行。

〔註159〕龍樹菩薩於《中論·觀因緣品》中所說的「諸法不自生，亦不從他生，不共不無因，是故知無生」就是要破此執。芽中無葉，故葉不由芽生，又不能先有自，所以葉也不由自生。若先有自，不須更生。諸法不他生，不自生，也不共生，但亦由於因緣生，如此可謂如夢如幻。

〔註160〕唐君毅：《中國哲學原論·原教篇》，《唐君毅全集》第二十二卷，北京：九州出版社，2016，第 33 頁。

〔註161〕唐君毅：《中國哲學原論·原教篇》，《唐君毅全集》第二十二卷，北京：九州出版社，2016，第 33 頁。

〔註162〕Jean-Luc Marion, *Étant Donné. Essai d'une phénoménologie de la donation*, Paris: PUF, 2005, p.290.

〔註163〕唐君毅：《中國哲學原論·原教篇》，《唐君毅全集》第二十二卷，北京：九州出版社，2016，第 33 頁。從馬里翁「給出現象學」的視閾來看，「來無來處」正是事件發生的特點。事件具有超出（surpasser）的特徵，它超出原有的處境，並且經由自身的到來重新確立新的處境。（Cf. Jean-Luc Marion, *Étant Donné. Essai d'une phénoménologie de la donation*, Paris : PUF, 2005, p.241～242.）

以現象學的理路來詮釋張載可以說在張載研究中是不多見的，但這種理路確實具有不容忽視的解釋力量。依據現象學家亨利的經典論斷，現象學並不以具體現象而是以現象得以顯現的顯現方式或現象性（phénoménalité）為研究對象〔註164〕，那麼聚焦於聚散、顯隱、幽明等顯現方式以及它們的「推蕩者」（神）為研究對象的張載氣學就其實質而言採取的就是現象學的致思路向〔註165〕。正是對張載哲學的這種特質有所覺察，唐君毅大膽斷言，張載本體—宇宙論式的氣學並非為獨斷論或抽象的概念形而上學，而是「依一純現象學之觀法，以言物之經由此寂無生而還歸於此寂無」，「此一觀法，吾將謂其為人類之一原始的哲學宗教道德之智慧之所存，吾人之所以恒自然的說一切人物由天生、天降之理由之所在，亦周濂溪、張橫渠之可直接由之以建立一天道論者」〔註166〕。

第三節　存神知化——「知」的提升與超越

一、有無一、內外合——「知」的發生學考察

將物觀為由寂無之太虛而來的天降之物意味著不是著眼於橫向的存在者層面就物與物之間的關係來論物之生成，而是在有無縱向流行的方面將其把握為「自先之寂然無形以始以生」。換言之，本質上來說，物不是因為物與物相互作用而生，而是因為天感而生。唐君毅的這個思路可以於張載自己的說法中找到印證。張載說：「自無而有，神之情也。自有而無，鬼之情也。自無而有，故顯而為物。自有而無，故隱而為變，顯而為物者，神之狀也；隱而為變者，鬼之狀也。大抵不越有無而已，物變而已。物雖是實，本自虛來，故謂之神變。雖是虛，本緣實得，故謂之鬼。」〔註167〕可見，在張載看來，「顯而為物」以及「隱而為變」的物之變其實是「神變」，物皆是「自虛來」。這樣的說法完全可以看作唐君毅「自先之寂然無形以始以生」的同義語。

〔註164〕Cf. M. Henry, *Incarnation. Une philosophie de la chair.* Paris : Seuil, 2000, p.7.
〔註165〕通過對《易傳》、《中庸》等儒家原典以及宋明理學家著作的研究，丁耘也認為：「儒家義理學（⋯⋯）走著一條直面運動與事物本身，直接描述運動本身之呈現的『現象學道路』。」（丁耘：《道體學引論》，上海：華東師範大學出版社，2018，第46頁）
〔註166〕唐君毅：《中國哲學原論・原教篇》，《唐君毅全集》第二十二卷，北京：九州出版社，2016，第34頁。
〔註167〕唐君毅：《中國哲學原論・原教篇》，《唐君毅全集》第二十二卷，北京：九州出版社，2016，第34頁。

　　與其他宋明理學家一樣，張載非常重視感。檢視《張載集》，張載有談到「有無相感」，「陰陽相感」，「內外相感」以及「客感」等等。其實，無論是陰陽相感還是有無相感等等，本質上都是「無所不感」的太虛之妙應之感或性之感。張載說：「有無虛實通為一物者，性也……感者性之神，性者感之體。（自注云：在天在人，其究一也）」〔註168〕性是合虛氣、通有無、一屈伸的無對者，性之所以能合種種對立之兩，是因為其能感，所以張載將感的作用定義為「合」：「感即合也，咸也。」〔註169〕天道生萬物即依賴這種無所不感的感應能力。

　　從張載的論述中，我們可以指認出感的兩個特徵：1.感是縱向的由無感（虛）而感，即「寂感」，「天感」；2.感是橫向的不同物的相互作用，即物之相感。關於物之相感，張載舉了「谷響雷聲」「桴鼓叩擊」「羽扇敲矢」「人聲笙簧」之類的「物感之良能」〔註170〕。這些都是兩物之間的相互作用。在《大心篇》，張載在談到了人如何有知時，他說：「人謂己有知，由耳目有受也；人之有受，由內外之合也。」〔註171〕內外之合，萬變相感同樣也是兩個存在者之間橫向的相互作用。那麼，我們是否可以認為只要有橫向的相感人就能有知，聲就能發呢？唐君毅認為不行，他分析到：

> 在一般之見，以天地間之有新生之物，乃由已成物之依因緣或因果關係而生。此在橫渠，亦可說新生之物由已成之物之自依其動靜陰陽，以相感而生。但今若肯定一天之真實存在，則當更說此天對已成物，先有一虛明之照鑒或感知，更自創生新物。不可說在已成物與其相感中，先有此新物。此已成物之聚合或相感，可只視為新物降生之場合。而此新物之有無而有，則當說為其自由幽而明，亦天之自開其幽之所創生者。〔註172〕

唐君毅不否認物物相感的存在，但他反對新生物因物之相感而從已成物生出的觀點。已成物中並非預先有新生物，所以物之間雖然存在橫向的相感，如羽扇敲矢與空氣之間存在相互作用，但就新物之生來說，其只能說是從寂靜無感

〔註168〕　張載：《張載集》，第63～64頁。
〔註169〕　張載：《張載集》，第63頁。
〔註170〕　張載：《張載集》，第20頁。
〔註171〕　張載：《張載集》，第25頁。
〔註172〕　唐君毅：《中國哲學原論·原教篇》，《唐君毅全集》第二十二卷，北京：九州出版社，2016，第73頁。

之幽中流出，已成物的相感僅僅是其降生的場所。如羽扇敲矢之聲的產生固然發生於羽扇敲矢之物上，但所生之「聲」卻是由幽而出，「本自虛來」，只不過這裡的虛是天在地中〔註173〕的物性之虛，而不是超越的、尚未進入氣化進程的「未論陰陽」之虛，所以也可以說是「物感之良能」。

唐君毅對進行發生的、縱向的寂感與作為創生場所的、橫向的物之相感的區分頗有見地。在《大心篇》，張載說人之有知是出於耳目內外之合後，他隨即指出要「知合內外於耳目之外」，而耳目內外之合屬於「天功」而非「己力」〔註174〕。耳目內外之合可以說是橫向的物感，而能合橫向的物感的是耳目之外的「天功」，是不萌於見聞的「德性之知」。回到前文所引的張載對感的說明：「無所不感者虛也，感即合也，咸也。……以其能合異，故謂之感；若非有異則無合。」第一句話指出了感的主體是虛，感的作用是合，第二句話說的則是感的效果——合兩異為一。從「知」發生方面說，由虛而感可以說是縱向的「有無一」，而合兩異為一的「內外合」充其量只是「有無一」〔註175〕的效果。橫向的二物相異只是感發生的條件或場所，兩個相異者的合要依賴太虛所發動的感這一運作。

因此，一切感本質上都是「寂感」，即《繫辭傳》所言的「寂然不動，感而遂通」。對於這句話，張載在《橫渠易傳》中這樣注釋道：

> 一故神，譬之人身，四體皆一物，故觸之而無不覺，不待心使
> 至此而後覺也，此所謂「感而遂通，不行而至，不疾而速」也。……
> 神即神而已，不必言作用。……感皆出於性，性之流也，惟是君子
> 上達、小人下達之為別。〔註176〕

張載明確指出了「感皆出於性」，世人止於聞見之狹只是由於小人下達而已。若上達之君子則能知聞見之感從何而來。「有無一，內外合，此人心之所自來也。若聖人則不專以聞見為心，故能不專以聞見為用。」〔註177〕內外合是物

〔註173〕天自身是清虛一大之太虛，天在地中是此虛內在於地中而為物之虛。參見本章第一節第三部分。

〔註174〕張載：《張載集》，第25頁。

〔註175〕李曉春教授也指出了這兩者的不同，他認為，「有無一即性」，「內外合指知覺」，這兩者的實質是「太虛本體以性為中介感於物」，這是一縱貫的發生，由此才產生人心。（參見李曉春：《張載哲學與中國古代思維方式研究》，北京：中華書局，2012，第301頁）

〔註176〕張載：《張載集》，第200頁。

〔註177〕張載：《張載集》，第63頁。

感層面己身與外物橫向的相聚，無論二者相異還是相同，都只是感發生的場所，這也是張載「感待異」之說中「待」的意思。僅此並不能產生「人心」之來，否則的話，僵死的屍體也有了知。除卻內外合為感的條件，還需要「有無一」這樣縱貫發生的寂感，而內外之所以能相聚合毋寧說也要依賴「寂感」進行「合」的作用。感皆出於虛，是性體之神用。「神即神而已，不必言作用。」這意味著神本身不能再套用體用架構來分析，而是即體即用，為「一」（作動詞看）著的純粹活動，即《大易》篇談到乾之知時所說的「至健無體，為感速」。這種「一」著的「感速」能合耳目與外物相感，這也意味著它在能力上來說超逾了耳目心思。張載說：「天之知物，不以耳目心思，然知之之理，過於耳目心思。」〔註178〕天以「感速」知物，物無不體。張載在《橫渠易傳》就是在這個意義上說「乾知」：「乾全體之而無不遺，故無不知也，知之先者蓋莫如乾……乾以不求知而知，故其知也速。」〔註179〕

　　正如張靖傑博士所指出，作為性之神用，「在張載那裏，『感』具有本體的意義，『感』首先給出了萬物，並且經由『感』，物與物得以關聯起來」〔註180〕。這樣的感在張載和王夫之那裏還有另外一個標籤──「神其幾」。張載說：「見易則神其幾矣。」〔註181〕張載主張見易而後知神，其實質就是知事物之變化皆由「神其幾」而來，即知變化之道是「神之為也」。順此理路，王夫之進一步將「神其幾」當作「天地之心」，以「神其幾」理解心將儒家與「異端」真正區別開來。王夫之說：

　　　　乃異端執天地之體以為心，見其窅然而空、塊然而靜，謂之自然，謂之虛靜，謂之常寂光，謂之大圓鏡，則是執一嗒然交喪、頑而不靈之體以為天地之心，而欲效法之。夫天清地寧，恒靜處其域而不動，人所目視耳聽而謂其固然者也。若其忽然而感，忽然而合，神非形而使有形，形非神而使有神，其靈警應機，鼓之蕩之於無聲無臭之中，人不得而見也。乃因其耳目之官有所窒塞，遂不信其妙用之所自生，異端之愚，莫甚於此。〔註182〕

〔註178〕張載：《張載集》，第14頁。
〔註179〕張載：《張載集》，第147頁。
〔註180〕張靖傑：《從「氣化」到「心知」──張載「知」論的內在理路》，《哲學分析》，2020年第4期。
〔註181〕張載：《張載集》，第18頁。
〔註182〕王夫之：《周易內傳》，《船山全書》第一冊，第228頁。

在王夫之看來，佛道兩家以「虛靜」、「寂光」、「大圓鏡」等言心源自於對天地之體的傚仿。「天清地寧，恒靜處其域而不動」，此為天地之體，寂然不動，虛而無氣。於張載和王夫之，此相當於清虛一大之天，「未論陰陽之道」之虛。在王夫之看來，如此言心是因為兩家洞見到「耳目之官有所窘塞」。然而，兩家雖試圖捨聞見而別求真心，但卻陷入靜而不動的「槁木死灰」之心中，犯了欲捨聞見而「遂不信其妙用之所自生」的毛病。超越聞見的方式不是直接否定它，而是以張載所說的「透徹其所從來」的方式知明而知幽，既不滯於聞見，又不淪於枯寂。有見於此，以王夫之為代表的宋明理學家主張以「動之端」言心，「動之端」既非「恒靜」，也非「動之已亟」，而是不偏靜、不偏動，涵攝動靜於一體的「幾」。世間所有的變合，儘管其「忽然而感，忽然而合」，但它的依據卻是「鼓之蕩之於無聲無臭之中」，不得而見的「神其幾」。

王夫之在談到「幾」時和張載的思路基本一致。稍有差異的是，張載沒有在術語上區別橫向的應物之感和由性體或神所發動的作為「乾之知」的「感速」，而王夫之則喜歡將這兩者作為在「應物」方面對立的兩個出發點呈現給讀者。王夫之說：「感而後應者，心得之餘也。無所感而應者，性之發也。」〔註183〕王夫之區分了「感而後應」以及「無所感而興」兩種應物方式〔註184〕。如若從張載的角度來看，王夫之此舉是將感理解為物感、物應層面橫向的相感而非像張載那樣從縱向流行的方向將感理解為性之神用。不過，在區分存在者層面橫向的相互作用──王夫之稱之為感──和縱向的、不依賴存在者之間橫向的相互作用而直接由性體起用──王夫之稱之為無所感而興──以及將前者奠基於後者之上這些方面，王夫之顯然與張載一致。無所感而興者是「神其幾」，是貫通物我為一體的純粹活動，就像「火之始燃」那樣將原本各柴立於一處、了不相干的存在者點燃，由此氣化流行的大用才得以展開。

還需要補充的是，陰陽相感也不能解為橫向的不同存在者之間的聚合，而是天之知物，也就是「乾知」之為「感速」的流行次序。這是非常容易被誤解的一點。若我們只看張載的這一句話：「天包載萬物於內，所感所性，乾坤、

〔註183〕 王夫之：《思問錄內篇》，《船山全書》第 12 冊，第 414 頁。

〔註184〕 與宋明理學的一般見解不同，王夫之將《繫辭傳》中「寂然不動，感而遂通」算作「感而後應」，是「鬼謀也」，「天化也」，乃「蓍龜之靈」，而「非人道」。王夫之看到了人與天的差異在於人是一進行籌劃的有限存在者，而非天那樣完美的無限存在，因此，人之肖天必須經過「思」與「豫」的中介，那種直接以人為天的做法只是妄言妄為。

陰陽二端而已，無內外之合，無耳目之引取，與人物蕞然異矣」〔註185〕，我們也許會以為陰陽二端相感就像耳目與外物一樣是橫向的對立結構。然而從理論上來說，乾健坤順，陽主陰從，「坤先迷不知所從，故失道；後能順聽，則得其常矣」〔註186〕。「二端」不能理解為橫向對立的並列結構，而是健順相承，陽感陰化的順序流行。張載說：「易言『感而遂通』者，蓋語神也。雖指暴者謂之神。然暴亦固有漸，是亦化也。有所感則化。」〔註187〕可見，感中有神有化，每一感（「乾知」）的發生即是一神化事件的到來。神者，「乾至健而感速」，為暴，化者，「坤至順而不煩」，為漸。以時間順序而言，二者是同時發生，但以本體論的先後而言，感先化後，有所感則有所化。

二、貞明與誠明──「知」提升的目標

（一）貞明與誠明

有內外合而產生的知為「見聞之知」，在張載看來，這種知並非「德性所知」，因為「德性所知，不萌於見聞」〔註188〕。如果我們考察其發生的來源，可以說，「德性所知」與聞見所知完全不同，它們的內容可以說也完全不同。這裡，我們不分析《大心篇》中「德性所知」的內涵〔註189〕，只滿足於指出它是德性所發的「知」。張岱年先生將之解作「是由心的直覺而有之知識……德性所知則是普遍的……如對於神、化、性、道的知識，便都是德性所知」〔註190〕的觀點可謂得其實，而將之理解為道德的知識或理性的知識的做法都是一種誤解。〔註191〕

〔註185〕張載：《張載集》，第 63 頁。
〔註186〕張載：《張載集》，第 81 頁。
〔註187〕張載：《張載集》，第 201 頁。
〔註188〕張載：《張載集》，第 24 頁。
〔註189〕我們將把對張載「德性所知」內涵的分析接榫於對王夫之「乾知」理論的討論。參見第四章第三節。
〔註190〕張岱年：《中國哲學大綱》，北京：中國社會科學出版社，1982 年，第 503 頁。
〔註191〕楊立華教授指出：「用『認識論』這樣的概念把握張載有關知的種種論述，這在方法論上是很成問題的。因為張載關於『知』的種種思考，與認識論的致思方向是有著質的不同的。」參見楊立華：《氣本與神化》，北京：北京大學出版社，2008 ，第 121 頁。許多學者也對這一常有的誤解進行了反思，如田文軍、魏冰娥：《張載的「大心體物」說與儒家的理性傳統》，《孔學堂》，2017 年 02 期；張靖傑：《從「氣化」到「心知」──張載「知」論的內在理路》，《哲學分析》，2020 年第 4 期。

　　既然如此，「見聞之知」和「德性所知」之間是什麼關係，是否存在如某些學者以為的從「『見聞之知』向『德性所知』的提升」〔註192〕？我們認為，從張載自己的說法中並不存在這樣的關係。「德性所知」既然是由德性所發的一種直覺，那麼它就是我們之前所說的由寂靜無感的性體所發的感之神用，也就是由「乾起知」而生的至健無體的「感速」。這樣的「寂感」或「德性所知」是「內外合」（「見聞之知」）的前提，而不是「見聞之知」要提升的境界，從「見聞之知」到「德性所知」並不存在提升和飛躍。毋寧說，它們只可能相互打通，而非由一者（「德性所知」）取代另一者（「見聞之知」）〔註193〕。

　　張載自己的說法支持我們這一論斷。就「見聞之知」與「聞見之知」的打通而言，張載有兩個術語——「貞明」和「誠明」。在《正蒙·天道篇》結尾，張載提到「貞明不為日月所眩」〔註194〕，依照張載《橫渠易說》中的說法：

> 貞，正也，本也，不眩、不惑、不倚之謂也。……日月之明，不眩惑者始能明之。……所以不眩惑者何？正以是本也。本立則不為聞見所轉，其聞其見，須透徹所從來，乃不眩惑。……能如是，不越乎窮理。豈惟耳目所聞見，必從一德見其大源，至於盡處，則可以不惑也。心存默識，實信有此，苟不自信，則終為物役。事千變萬化，其究如此而已，天下之動貞夫一者也。〔註195〕

日、月分照於白天和黑夜，日月之往來形成了一天之中明暗的變化和交替，所謂晝夜之變。在張載哲學中，晝夜並非實指，而是一種隱喻化的表達。氣聚成形則離明得施而為「晝」，氣聚之前則為形之上者，為幽，為「夜」。形下之物

〔註192〕參見張靖傑：《從「氣化」到「心知」——張載「知」論的內在理路》，《哲學分析》，2020 年第 4 期。馮友蘭先生也是這種觀點。他認為「見聞之知」相當於感性認識，而「德性所知」是「哲學認識」，是人認識的飛躍。參見馮友蘭：《三松堂全集》第 10 卷，鄭州：河南人民出版社，2000，第 133～134 頁。

〔註193〕張靖傑主張要將「德性所知」解讀為：「以人與萬物共有的『（德）性』為基礎認知、把握對象。」（參見張靖傑：《從「氣化」到「心知」——張載「知」論的內在理路》，《哲學分析》，2020 年第 4 期）也就是說，他所理解的「德性所知」相當於我們所說的二者相互貫通後最高境界的知，必然包括對外物的認識。我們認為這種觀點缺乏依據，歷代《正蒙》的注釋者都將「德性所知」看作心中性理的「自喻」或「昭著」，並不涉及對外物的認識。參見林樂昌：《正蒙合校集釋》，北京：中華書局，2012，第 374～375 頁。

〔註194〕張載：《張載集》，第 15 頁。

〔註195〕張載：《張載集》，第 210 頁。

不斷地出幽而明並由明反幽〔註196〕，這一生成變化過程可以說是千變萬化。因而，「為日月所眩」可以說是為「事千變萬化」所眩，能於千變萬化中認識到神之貞一則不為變化所眩。從認知的角度而言，事物之千變萬化呈現於耳目所見聞，耳目能見、能聞者惟形而已，形則可以被意欲。因此，眩於日月者實則「為聞見所轉」「滯於形」「滯於意欲」。張載提出了「貞」（正）以立本，不為聞見所轉的方法——不停留於現成的聞見，而是透徹其所從來。〔註197〕聞見之知的所對為屬於「晝」或「幽明」之「明」的形而下之物，而「不萌於見聞」的「德性所知」自然屬於幽。所謂透徹其所從來即是將兩者打通。通幽明而皆明之「明」就是「貞明」，或為張載於他處所說的日月合明之「明」：「照無偏系，則日月合明。」〔註198〕「貞明」即是「神之明」。「神之明」無所不照，「凡在天成象，如日明乎晝，月明乎夜，以及倬彼雲漢為章于天，皆虛明照鑒者也，此即神之明也」（劉璣語）〔註199〕。能兼合晝夜、幽明、陰陽於一明者方為無方無體之神明。

　　與「貞明」一樣，「誠明」也是這種無所不照的「神之明」。「誠者，真實無妄之謂。」〔註200〕如果說在道德修養和人格上，誠代表毋自欺，那麼於存在論上，誠表示的就是本體的真實無妄〔註201〕。依照《中庸》的說法，誠之真實無妄體現在它必然會形著明亮〔註202〕起來，所謂「誠則形，形則著，著

〔註196〕 在《太和篇》張載這樣描述這一過程：「太虛不能無氣，氣不能不聚而為萬物，萬物不能不散而為太虛。循是出入，是皆不得已而然也。」

〔註197〕 其實，「透徹聞見所從來」就是《大心篇》的「必知心所從來」。在該篇中，張載抽絲剝繭，層層倒推，由「人謂己有知」經「耳目有受」再到「由內外合」最後歸結為「合內外於耳目之外」。上一節已經闡明「合內外於耳目之外」的是性之神——「感」，也就是「乾知」。

〔註198〕 張載：《張載集》，第33頁。

〔註199〕 林樂昌：《正蒙合校集釋》，北京：中華書局，2012，第202頁。

〔註200〕 朱熹：《四書章句集注》，北京：中華書局，2011，第27頁。

〔註201〕 就一般用法而言，誠不是與假而是與偽相對言。但「偽者，人為之，非天真也」（《說文解字注》），人為因意而起，張載以意為成心，認為「窮人欲，如專顧影間，區區於一物當中」。如此看來，意就不僅具有人為性，還意味著對物之顯現——即物之真的遮蔽。所以，誠就不只是生存論或道德修養上的術語，誠之之形著明亮具有真理發生的向度，能使物顯現，也就是使之為真。

〔註202〕 早在理學先驅——李翱就把握了誠明的上述特點，李翱指出：誠明之本體「寂然不動，廣大清明，照乎天地，感而遂通天下之故，行止於默，無不處於極也。」（《復性書上》，《李文公集 歐陽行周文集》卷二（四庫唐人文集叢刊），上海：上海古籍出版社，1993，第7頁）「道者至誠而不息者也，至誠而不息則虛，虛而不息則明，明而不息則照天地而無遺，非他也，此盡性命之道也。」

則明」。依照船山的說法，誠體的形著是「有成形於中，規模條理未有而有，然後可著見而明示於天下。故雖視不可見，聽不可聞，而為物之體歷然矣。當其形也，或謂之『言語道斷』，猶之可也；謂之『心行路絕』，可乎！心行路絕則無形，無形者，不誠者也。」〔註203〕「形」即規模條理由未有而逐漸成形的過程，「著」則是這一規模條理進一步發展而達到可見而可明示於天下的過程。前者「視不可見，聽不可聞」，屬於張載所說的「幾者，象見而未形」階段，「明示於天下」則屬於成形之後可見可聞的階段。〔註204〕與貞明一樣，誠明也是通貫幽明與天人的明。依照張載，「天人異用，不足以言誠」，「天人異知，不足以盡明」〔註205〕。誠明的狀態是天人之間種種差異的消弭，為了達到「盡明」需要將天知〔註206〕與人知相互打通，也就是將「天德良知」（「德性所知」）〔註207〕與人的「見聞之知」相互貫通，由此通徹天人，幽明一貫。誠明之光具有成始成終〔註208〕的特徵。正是看到了這一點，王夫之將張載兼言「德性

（同前）「不息」之誠「虛明寂照」，「其心寂然，光照天地，是誠之明也。」（同前，第 9 頁）光照天地的誠明承擔了使物存在的功能，「誠者，物之終始，不誠無物。」

〔註203〕 王夫之：《思問錄》，《船山全書》第十二冊，第 422 頁。

〔註204〕 船山於此拒絕了佛教「心行路絕」的說法，這是因為這種說法實暗含了對真實存在的一種片面理解，即把它理解為脫離形象世界的絕對超越者，人的心知與意識只有在被否定的情況下才能與之契合。儒家的誠明觀念則在體用一如的角度將真實者理解為由微而顯的過程，這一過程是不可遮蔽或掩蓋的：「夫微之顯，誠之不可掩如此夫」。無形則不誠，誠則必然形。

〔註205〕 張載：《張載集》，第 20 頁。

〔註206〕 張載說：「天之知物不以耳目心思，然知之之理過於耳目心思。」（張載：《張載集》，第 14～15 頁）耳目心思屬於人知，天以「感」知物。「天知」可以說即是這樣的「感」，其在本體——宇宙論層面是至健無體的「感速」，在心性論層面則為四端之心這樣的「德性所知」或「天德良知」。

〔註207〕 張載說：「誠明所知乃天德良知，非聞見小知而已」（張載：《張載集》，第 20 頁）按照張載哲學的內在旨趣而言，這裡不宜朝「天德良知」完全不涉及「聞見小知」的方向解讀。理論上講，前者貫通於後者方為誠明。當然，這裡張載尚未提及「盡明」之事。

〔註208〕 張載論誠除了取「實」的含義之外，還著重強調由「實」而具有的終始一貫的性格以及由此衍生出的「長久不已」：「天所以長久不已者，乃所謂誠。」「誠有是物，則有終有始；偽實不有，何終始之有！故曰『不誠無物』。」（張載：《張載集》，第 21 頁）與誠不同，意無端而起，忽然而滅，它的間斷性表明其為「偽」。正如王夫之所言：「人為之偽，意起而為之，意盡而止，其始無本，其終必弑。」（王夫之：《張子正蒙注》，《船山全書》第十二冊，第 115 頁）張載還將性與理與誠與明一一相配：「『自明誠』，由窮理而盡性也；『自誠明』，由盡性而窮理也。」（張載：《張載集》，第 21 頁）誠為性，明為性體

之知─見聞之知」的架構詮釋為既不可陷於聞見之小又不可「徒抱天德良知而偏廢格物窮理」〔註209〕，其云：「多聞而擇，多見而識，乃以啟發其心思而會歸於一，又非徒恃存神而置格物窮理之學也。此篇（按：指《大心篇》）力辯見聞之小而要歸於此，張子之學所以異於陸王之孤僻也。」〔註210〕存神獲得「德性所知」，多聞多見則獲得「見聞之知」，通過「擇」與「識」，即格物窮理之學，我們可以將「德性所知」與「見聞之知」打通。王夫之認為，這是橫渠正學異於陸王之學的本質。

（二）神之明

作為「知」提升的目標，無論是貞明還是誠明都是「神之明」。顯而易見，明是光的特徵。在日常生活中，太陽和鏡子都可以帶來光明。在宋明理學中，理學家和心學家常常用鏡子和太陽作為心體的隱喻，如王陽明將良知本心比作隨感而應的鏡子：「聖人之心如明鏡，只是一個明」〔註211〕，以及無所不照的太陽：「譬如日未嘗有心照物，而自無物不照。」〔註212〕而以鑒空（衡平）喻心更是程朱理學的一貫路數，如小程子以「聖人之心，如鏡，如止水」〔註213〕。虛（空）鑒或止水無過去未來影像，只是隨物而照，「妍者妍，媸者媸，一照而皆真」〔註214〕，其用來說心意在描摹心體「不期不留不繫」，如太虛一般「廓然大公，物來順應」。〔註215〕太陽則具有無物不照，無時不照的特性，為一恒照之「大明」：「良知之明，萬古一日」，其用來說心體意在指示其為一光明性存在。不過，鏡之明與日之明其實是兩種明。太陽是光源，能給出光，鏡子則不是光源，鏡之明來自於它能反射光。磨好的鏡子「內清質以昭明，光輝象夫日月」（西漢昭明鏡銘文）。銅鏡為清，其所具有的反映光而照物的能

展現出的終始條理。無論是自誠明還是自明誠，可以說都是「德性所知」與對外界認識的貫通，這才是「知」最終要提升的境界。

〔註209〕參見陳政揚：《王夫之對張載「心」論的承繼與新詮》，《陝西師範大學學報（哲學社會科學版）》，2017年第2期。
〔註210〕王夫之：《張子正蒙注》，《船山全書》第12冊，第25頁。
〔註211〕陳榮捷：《王陽明傳習錄詳注集評》，重慶：重慶出版社，2017，第49頁。
〔註212〕陳榮捷：《王陽明傳習錄詳注集評》，重慶：重慶出版社，2017，273頁。
〔註213〕程顥、程頤：《二程集》，北京，中華書局，1981，第202頁。
〔註214〕陳榮捷：《王陽明傳習錄詳注集評》，重慶：重慶出版社，2017，第190頁。
〔註215〕陳來先生指出：「廓然大公」、「鑒空平衡」等詞語顯示出心體得「無滯性」，不滯不留，不有不障。參見陳來：《有無之境：王陽明哲學的精神》，北京：北京大學出版社，2013，第189～197頁。

力其實是接受光和保存光的能力。鏡子不留「已往之形」，不設「未照之形」，而是以敞開之「虛」接受和保存事物之光輝。鏡子的這種照物之明顯然不同於太陽作為光源能主動給出的光明，而是一種憑藉接受性和敞開性而產生的因「虛」而「明」。

學界對宋明理學中「日喻」和「鏡喻」（水喻）的研究主要集中於理學與心學〔註216〕，甚少有人在張載哲學中進行相關方面的梳理和探索〔註217〕。實際上，張載在論神與太虛時對日喻和鏡喻以及與此相關的一系列其他喻象的使用可以說是非常嫻熟。在此不妨引述一些張載的相關論述：

> 太虛為清，清則無礙，無礙故神。（《正蒙・太和篇第一》）
> 火日外光，能直而施；金水內光，能闢而受。受者隨材各得，施者所應無窮，神與形、天與地之道歟。（《正蒙・參兩篇第二》）
> 天性在人，正猶水性之在冰，凝釋雖異，為物一也；受光有小大、昏明，其照納不二也。（《正蒙・誠明篇第六》）〔註218〕

可見，在描摹神之性狀（以及神形關係上）時，張載除了直接使用（火）日與水鑒作隱喻之外，更大量使用了「虛」、「清」等水、鏡特有的意象簇以及日與鏡兼有的意象簇——「照」、「明」。

清，「朖也。澄水之貌。朖者，明也。澄而後明，故云澄水之貌。」（《說文解字》）清表示水純淨透明，水清則光可通達無礙。「無所雜者清之極」〔註219〕，清極為神，神之純一就像清水一樣通透光明。「清之極，故明；通之極，故充塞無間」（高攀龍）〔註220〕。水之清明是讓通過的透明性，像鏡子一樣虛涵萬物，能讓事物如其本身的顯現，自己卻保持為不在場的空靈。這是一種虛明，而非火日那樣不可逼視的亮光。清、虛意象的概念實質可以說就是敞開性（接受性），在這方面，張載也常常使用道家谷神的意象：「谷神不死，故能微顯而

〔註216〕 參見陳立勝：《宋明儒學中的鏡喻》，《孔子研究》，2009 年第 1 期，以及鮑永玲：《種子與靈光》，華東師範大學博士論文，2010。上述文章皆沒有涉及張載。

〔註217〕 林樂昌先生在（《張載心學論綱》，《哲學研究》，2020 年第 6 期）認為「虛明一作靜照鑒，神之明也」用到了鏡喻，但沒有展開分析。

〔註218〕 其他論述還有：「燭天理如嚮明，萬象無所隱；窮人欲如專顧影間，區區於一物之中爾。」（《正蒙・大心篇第七》）「人當平物我，合內外，如是以身鑒物便偏見，以天理中鑒則人與己皆見，猶持鏡在此，但可鑒彼，於己莫能見也，以鏡居中則盡照。」（《經學理窟・學大原下》）

〔註219〕 張載：《張載集》，第 28 頁。

〔註220〕 林樂昌：《正蒙合校集釋》，北京：中華書局，2012，第 203 頁。

不撥。」〔註221〕行於空谷者即使小聲說話，其聲音亦可被保存、放大而迴蕩於谷間，這種日常經驗展示了一種完全無礙的敞開性，即使隱微之物亦不被撥障，從而能由微至著地自身顯現。不過，張載在借用谷神虛而無所不受的意象來說明神之敞開性（接受性）的同時也對之有所批評。一方面，張載批評谷神在敞開的量上有限：「谷之神也有限，故不能通天下之聲。」〔註222〕「谷之神」只是一谷之虛，因而「谷之應聲不能及遠」（王夫之語），其「能通近谷之聲，而不能通天下之聲」（華希閔語）〔註223〕，谷神的敞開性遠不如無限的清虛之天；另一方面，谷神只能表達被動的接受性（敞開性），不能展現神主動創造的性格。在《正蒙・有德篇》中，張載說：「谷神能象其聲而應之，非謂能報以律呂之變也。」〔註224〕王夫之解釋道，谷神只能「象其聲，無異響也。以虛應物而能象之，彷彿得其相似者而已。不能窮律呂之變，不能合同於異，盡情理之微也」〔註225〕。谷神以虛應物，只能讓事物如其本身的顯現，妍者妍，媸者媸，但不能好好色，惡惡臭，也就是展現出主宰的性格。在王夫之看來，這種純粹接受性的神是「神之有方者，非能變者也」，只能「應所同而違所異」〔註226〕，只展現了單純的順德，非若太和絪縕之神能不偏於健順，合陰陽之異而盡變。綜合這兩方面，谷之神可以說是「其中無主而量不宏」〔註227〕，這一意象以及其他單純表徵接受性的意象都不足以盡天道之神。

對於張載和王夫之，徒虛不足以論神，論神必然要指明其為一種創造性的、能給出光的光源性存在。在《神化篇》，張載說：「虛明─作靜照鑒，神之明也。」《正蒙》的德譯者準確地把握住了神之明的這兩層意蘊：

> 在第一部分的開頭（按：即《神化》篇開端）使用了光喻
> （Lichtmetapher）來闡明神的純粹同一性。作為無規定的「虛」，神
> 是「光亮」（licht）區域一切規定性的基礎，並因此是純粹的光（reines

〔註221〕張載：《張載集》，第16頁。類似的說法還有：「故聚而有間，則風行而聲聞具達，清之驗歟。不行而至，通之極歟！」（此句通行本校改有誤，依林樂昌《正蒙合校集釋》（參見是書，第58頁）而改）「大率天之為德，虛而善應，其應非思慮聰明可求，故謂之神，老氏況諸谷以此。」（張載：《張載集》，第184頁）

〔註222〕張載：《張載集》，第15頁。

〔註223〕林樂昌：《正蒙合校集釋》，北京：中華書局，2012，第188頁。

〔註224〕張載：《張載集》，第47頁。

〔註225〕王夫之：《張子正蒙注》，《船山全書》第十二冊，第264～265頁。

〔註226〕王夫之：《張子正蒙注》，《船山全書》第十二冊，第265頁。

〔註227〕王夫之：《張子正蒙注》，《船山全書》第十二冊，第265頁。

Licht）。作為給出「光」，也就是產生「光亮」區域和接收「光」，也就是承載「光亮」區域的統一，神類似於「鏡子」（Spiegel），其本身就是光之源泉。神沒有被任何差異所混雜，其無所不在，而且作為所有殊化作用的本源，神也是有形的現實中運動的本質（Inbegriff）。〔註228〕

無論是「虛」、「鑒」還是「明」、「照」都是一種光喻的意象，但它們之間也存在區別。「虛」和「鑒」可看作表徵神之明的敞開性〔註229〕，但「明」與「照」表徵的更多是神之明的給出性和創造性〔註230〕。對此，德譯者準確地指出神是「產生『光亮』區域」與「承載『光亮』區域」〔註231〕的統一體，不僅能「接受『光』」也能「給出『光』」。為了強調神「給出『光』」的特性，王夫之在《張子正蒙注》中明確地將張載所說的「神之明」解作日之「大明」，他說：「太虛不滯於形，故大明而秩序不紊。」〔註232〕太虛不滯於形，這指出了太虛或天的超越性。聯繫張載這句話的下文「無遠近幽深，利用出入，神之充塞無間也」〔註233〕，王夫之以「貞明」和「大明」解「神之明」並無問題，即一種兼幽深遠近皆照的「明」，正如劉璣所說：「近固此明矣，而遠獨非此明乎？幽固此明矣，而深又非此明乎？」〔註234〕需要明確挑明的一個關鍵點是，無滯性在理學中常由鏡喻來傳達，是純粹敞開性一個典型特徵，而王夫之這裡將之歸屬為「大明」，也就是日的特性。這是否意味著主動性的創造之光可以兼有敞開性？

〔註228〕 Chang Tsai, *Rechtes Auflichten. Cheng-meng*, Hamburg: Felix Meiner, 1996, S.163.

〔註229〕 陳立勝指出：「鏡子畢竟是一個『死物』，鏡之虛明固然可以朗現心體之公、虛、靜之一面，然而儒家之良知、性體終究不是空空如也的鏡照之心，其內稟之性所含藏的生理、生機、生意與活趣恰恰是明鏡所無法指喻的。」他同時認為：「種子之喻可以克服明鏡之『冷性』之蔽。」（參見陳立勝：《宋明儒學中的鏡喻》，《孔子研究》，2009年第1期）張載自己的補救辦法是突出主動性的「明」與「照」。

〔註230〕 王植認為：「『虛明照鑒』，只形容一『清』字意。」（林樂昌：《正蒙合校集釋》，北京：中華書局，2012，第202頁）筆者認為有失偏頗，這忽略了「明」與「照」的主動性的意象，尤其是張載談及「誠明」時，「明」的主動性更是表露無疑。

〔註231〕 所謂「承載『光亮』區域」指的是「天體物而不遺」的性格。「萬物取足於太虛」，物於太虛中聚散出入，無不為太虛所容納、接受和保存。

〔註232〕 林樂昌：《正蒙合校集釋》，北京：中華書局，2012，第202頁。

〔註233〕 張載：《張載集》，第16頁。

〔註234〕 林樂昌：《正蒙合校集釋》，北京：中華書局，2012，第202頁。

　　王夫之與張載的相關論述指引我們接受這一結論。對於二者，由「太虛不滯於形」所表出的「虛」首先不是鏡因空無一物而產生的敞開之虛，而是「至健無體」的健動之虛，即一種流行於形器之間而主宰之的純粹活動〔註235〕，具有超越於形器、意欲的超越性。因此，無滯性首先代表神或虛的超越性，如王夫之在《周易內傳》注解《繫辭傳》「知崇禮卑，崇效天，卑法地」時，即以不滯於意欲說明知與天的超越性：「無私意私欲之累而達於化，知之崇所以崇德也。」〔註236〕其次，它也表示了超越之神的主宰性，能夠不偏滯於一端，而是成終成始，「秩序不紊」。

　　超越之神的主宰之明在張載這裡被稱為「通知」與「知崇」。張載說：「知崇，天也，形而上也。通晝夜之道而知，其知崇矣。」〔註237〕知崇如天，其達於形而上而不滯於形而下。可以說，「不滯於形」與「大明」之間的聯繫在於「不滯於形」意味著不滯於幽明之明，能通幽明晝夜而知，其明有恆。「不偏滯於晝夜之道，故曰通知。」〔註238〕通知則知不陷於聞見之表，能達於崇高之境。

　　從喻象上來看，鏡所表徵的純粹接受性（敞開性）只是器和物的特性，並不能喻指這種通貫幽明的創造性的光。張載在上文所引中也指出了這一點：「受者隨材各得，施者所應無窮，神與形、天與地之道歟。」神施形受，二者是給出與接受的「照納」關係。單純的接受性屬於物，並不能盡神。神固然在某種意義上也可受，但所採用的隱喻必須首先表達出它主動性的性格。因此，神之明雖然可區分開「產生光亮區域」（給出性）和「承載光亮區域」（敞開性、接受性）兩重意蘊，但必須區分開主次，神之明首先表現為主動性的剛健之明〔註239〕，敞開性的虛明則被包含於其中。前者為「知崇」、「通知」，後者則可以說為「周知」，即「聖人之神惟天，故能周萬物而知」這句話中「周萬物而知」（簡稱為周知）。周知可以說是橫向的、廣度的無限敞開之虛，通知則是縱貫的由幽生明，光明之施，二者一體。舉例而言，惻

〔註235〕王門後學中，王龍溪也指出良知虛而不滯，正是「剛健之象」，乾道也，「以坤體言虛」則先迷失道，辜負乾坤。參見王畿：《答季彭山龍鏡書》，《王畿集》卷九，吳震編校，南京：鳳凰出版傳媒集團，2007，第213頁。

〔註236〕王夫之：《周易內傳》，《船山全書》第一冊，第534頁。

〔註237〕張載：《張載集》，第191頁。

〔註238〕張載：《張載集》，第186頁。

〔註239〕否則的話就無法與佛道兩家相區分。

隱之仁具有感通人物的效果，甚至可以如天一般體物而不遺，這是一種周知。但如果我們問惻隱從何而來？那它只能來自於性體所發的神用。〔註240〕「感者性之神」，惻隱之感來自於寂靜無感的「性之淵源」。因此，給出性的剛健之明是就縱貫的發生而言，敞開性的虛明是就橫向的效果而言。前者兼有後者。〔註241〕

三、知義用利──「知」提升的手段

依照上一節，通幽明一貫的「神之明」是「知」提升的目標。在《正蒙》中，張載明確將這種提升命名為「窮神知化」。「窮神知化」可謂張載工夫的總綱和目標，張載說：

> 大而位天德，然後能窮神知化。大可為也，大而化不可為也，在熟而已。易謂「窮神知化」，乃德盛仁熟之致，非智力能強也。大而化之，能不勉而大也，不已而天，則不測而神矣。先後天而不違，順至理以推行，知無不合也。〔註242〕

從這段文字中可以看出，「窮神知化」涵蓋了「無我而後大」的「大心」工夫，

〔註240〕 在注釋《大心篇》的「由象識心」時，王夫之談到了這兩個角度的「惻隱」：「乍見孺子入井，可識惻隱之心，然必察識此心所從生之實而後仁可喻。若但據此以自信，則象在而顯，象去而隱，且有如齊王全牛之心，反求而不得者矣。」（王夫之：《張子正蒙注》，《船山全書》第十二冊，第145頁）惻隱之心發動，物與我相感通，如同齊王對於牛「不忍其觳觫」（《孟子・梁惠王上》），有與之一體之感。將此惻隱擴而充之，則與天地萬物相感通，即周萬物而知。但如此只是停留於惻隱之效用之上，不識惻隱之所生，因此「象在而顯，象去而隱」，知明而不知幽，不能達到通知的高度。王夫之此論非其一人之見，張載也有這樣的看法：「豈惟耳目所聞見，必從一德見其大源，至於盡處，則可以不惑也。心存默識，實信有此，苟不自信，則終為物役。」（張載：《張載集》，第210頁）惻隱為現見之一德，張載要求不僅知此「一德」，還得「見其大源」，也就是「察識此心所從生之實」，達到知幽而知明的通知。不如此就「終為物役」，知不能崇。

〔註241〕 王夫之認為單純的接受性是一種中虛之「照」，是「物動而已隨」，而天之明是主動性的「動而濟之」之明。王夫之說：「天不聽物之自然，是故絪縕而化生。乾坤之體立，首出以屯。雷雨之動滿盈，然後無為而成。若物動而已隨，則歸妹矣。歸妹，人道之窮也。雖通險阻之故，而必動以濟之，然後使物莫不順帝之責。若明於險阻之必有，而中虛以無心照之，則行不窮而道窮矣。莊生齊物論，所憑者照也，火水之所以未濟也。未濟以明測險，人道之窮也。」（王夫之：《思問錄內篇》，《船山全書》第十二冊，第402頁）

〔註242〕 張載：《張載集》，第17頁。

涵蓋了「熟」與「不勉」的「化」的工夫。「先後天而不違，順至理以推行，知無不合」表明它也包含了「窮理」的工夫。當然，「窮神知化」還不是具體的工夫，只是總綱，我們能否找到一種根本工夫，就像陽明的「致良知」為「頭腦」那樣將張載的所有工夫一網打盡？本文認為，這樣的根本工夫是「知義用利」。於《神化》篇說完上面一端文字之後，張載提出了他的根本工夫：「見幾則義明，動而不括則用利，屈伸順理則身安而德滋。窮神知化，與天為一，豈有我所能勉哉？乃德盛而自致爾。」〔註243〕

需要闡明的是，「知義用利」如何與「窮神知化」相關呢？對於這個問題，我們先來考察知神和存神。人之知如要提升為「神之明」就必須知神。如何知神呢？張載認為：「神不可致思，存焉可也；化不可助長，順焉可也。存虛明，久至德，順變化，達時中，仁之至，義之盡也。」〔註244〕依此可以說，神不可致思，也就是不可以知知，換言之，「立心求之，則不可得而知之」〔註245〕。總的來說，張載重感而不重思，他常常將思與「意」、「必」、「固」、「我」聯繫在一起，把它當思慮或對象性思維來看。而神是絕對者，一切屬於我的「思」與「勉」都不能通達神，只有經過「無我而後大」，與「大而化之」，也就是「能不勉而大也，不已而天，則不測而神矣」的階段，才能在「熟」之後與神合一。神不可思而可存，這裡，「存神」說的當然不是於意向的瞄準當中將神作為某種對象把握，更不意味著要喪失覺知於「空」與「靜」當中，後者「遺物而獨化」，「過乎大中之表」〔註246〕，也就是「溺於空，淪於靜，既不能存夫神，又不能知夫化矣」〔註247〕。既不可思又不可如槁木死灰那樣不知不覺，那麼神究竟該如何去通達呢？

對於這個問題，張載於《神化篇》的論述有兩點值得注意。首先，不存在直接性的「知神」或與神相融合的辦法。張載認為：「見易而後能知神」，「見易則神其幾」〔註248〕。換言之，只有以「知化」或「見易」為中介，才能反過來「知神」。工夫論上的致虛守寂〔註249〕預設了在本體論上將神理解為區別

〔註243〕　張載：《張載集》，第 17 頁。
〔註244〕　張載：《張載集》，第 17 頁。
〔註245〕　張載：《張載集》，第 17 頁。
〔註246〕　張載：《張載集》，第 185 頁。
〔註247〕　張載：《張載集》，第 17 頁。
〔註248〕　張載：《張載集》，第 17 頁。
〔註249〕　張載的「虛心」工夫尤其不能理解為要專門去「虛寂」。張載之所以提「虛心」

於動變的「靜」與「寂」，而按照張載體用圓融、幽明不分的本體論觀點，天下之動都要看作是「神鼓之也」〔註250〕。動、變、化皆神所為，因此，「知神」以「見易」，也就是見「神其幾」為前提。其次，張載言及「存神」時說到了「存虛明，久至德」〔註251〕。上一節我們已經指出，作為「神之明」，虛明既涉及對意欲澄治之後心體的無滯——在這一方面，可以說，「虛者，仁之原」——又涵蓋意欲不生之後的「自啟其明」，即「神其幾」的發動。因此，存虛明中包含兩個工夫，即澄治意欲而不為之所累的存虛工夫以及察識神之明或神之動幾的存明工夫。合而言之，這兩步工夫即前文所說的「無我而後大」，而「久至德」則是將無我工夫操持熟練的熟化過程。〔註252〕接下來，我們將分別考察「存神」所要求的這幾步工夫的步驟。

耳目心思不能通達於神，因此，在作存神工夫的時候就要求清除耳目心思的干擾以便迎接神之動幾的發動，也就是既要有澄治意欲的存虛工夫還要有察識神之動幾的存明工夫。一言以蔽之，存神的工夫在於如何「知幾」。以易象而言，神之動幾處與動靜、有無之間，相當於復卦之象。復卦雷在地中，陽自幽而出，一陽初發，為剛長之幾。依照張載與王夫之：

> 靜之動也無休息之期，故地雷為卦，言反又言復，終則有始，循環無窮。入，指其化而裁之耳。〔註253〕

> 自幽而出見曰「出」；入乎積陰之下，而上與陰相感曰「入」。……一陽初發，為天心始見之幾，致一無雜，出無疾也；一陽以感群陰，陰雖暗昧，而必資陽以成化，情所必順，入無疾也。〔註254〕

復卦卦辭可以說主要就其初爻而立言。一陽自幽而出見，為靜之動。復卦「一

是為了針對「成心」或「存象之心」從而讓「虛明」之心得以完全呈現。對於這一點，參閱林樂昌：《張載心學論綱》，《哲學研究》2020年第6期。

〔註250〕張載：《張載集》，第16頁。

〔註251〕張載：《張載集》，第17頁。

〔註252〕在這一方面，王夫之的理解非常到位，對於「神不可致思，存焉可也」，「存虛明，久至德」以及隨後提到的「知微知彰，不捨而繼其善」，他分別注釋說：「心思之貞明貞觀，即神之動幾也，存之則神存矣。捨此而索之於虛無不測之中，役其神以從，妄矣。」「澄心攝氣，莊敬以養之，則意欲不生，虛而自啟其明。以涵泳義理而熟之，不使間斷，心得恆存而久矣。」「知微知彰，虛明而知幾也。不捨而繼其善，久至德而達時中也。」（王夫之：《張子正蒙注》，《船山全書》第十二冊，第90～91頁）

〔註253〕張載：《張載集》，第112頁。

〔註254〕王夫之：《周易內傳》，《船山全書》第一冊，第226頁。

陽初發」，為「始見之幾」，其當剛反之時而未及剛長，至於彖辭所說的「『利有攸往』，剛長也」是就其未來的發展而言。彖辭還就此陽之初幾言「天地之心」，之所以不言「天地之情」，還是因為未當剛長之時，動幾在內而尚未表現於外。〔註255〕。天地以生物為心，「雷復於地中，卻是生物」〔註256〕。復卦如何體現生物之心呢？天之生物可以說就是陽感陰化的過程。復卦五陰在上，凝固之勢尚重，「陰猶極盛，疑有咎焉」，而卦辭之所以言「朋來无咎」全賴此靜動之幾以一陽入於群陰之下，群陰皆為此一陽所感而化。此陽之初幾動於內而能化陰，故為天地之心。擬之於人而言，復卦初九陽之動幾相當於「一念」初動，王夫之說：「推之於心德，一念初動，即此而察識擴充之，則條理皆自此而順成。」〔註257〕「一念初動」即是乾元剛健之初幾。王夫之認為作聖合天之功就是要察識此一念初動之幾，察識之後，再「以剛直擴充之」〔註258〕。存神工夫或者說存神之動幾工夫的實質就在於此。

　　我們知道，對於張載以及王夫之，幾是太虛之神由無入有的中間環節，它昭示出了進一步變化的徵象，從而規定了人之行動適宜的方向和道路。因此，知幾就是要知曉和領會其所昭示的「義」，即《神化篇》所言的「見幾則義明」〔註259〕。面對義這樣由神於「神其幾」中所昭示的行動之所宜，人必須以「豫」的態度才能感知或接受這一行動的可能性並進而將這一可能性實現出來。這就是張載說的「『精義入神』，豫之至也」〔註260〕的意思。德譯者指出，張載這裡使用「豫」這個概念與易經中的豫卦有關：

　　　　在這個卦中，第二位的陰爻與該卦中的任何其他可以規定或限制它的爻都無關，代表了了人面對神之純粹真實的完美而平靜的敞開性（Offenheit）。由於這種敞開性，人們有可能把握任何新出現的差異化而不會被有形的現實分心或限制，因此他們能夠將「幾」中所捕捉的「精義」轉化為現實。如果他將「幾」引向其理想的實現，那麼神將不受限制地成為「純用」（reinem Nutzen）。以這樣的方式

〔註255〕　正如張載所言：「心，內也，其原在內時，則有形見，情則見於事為，故可得而名狀。」（張載：《張載集》，第113頁）
〔註256〕　張載：《張載集》，第113頁。
〔註257〕　王夫之：《周易內傳》，《船山全書》第一冊，第230頁，第231頁。
〔註258〕　王夫之：《周易內傳》，《船山全書》第一冊，第230頁，第230頁。
〔註259〕　張載：《張載集》，第17頁。
〔註260〕　張載：《張載集》，第18頁。

越來越不受外部「粗糙」的現實困惑，他就能「安身」，這反過來使
他越來越對「幾」開放。他的效用將因此變得越來越「神」，他將越
來越從天德出發來行動。〔註261〕

這一段文字梳解的是《神化篇》的「見幾則義明，動而不括則用利，屈伸順理
則身安而德滋」〔註262〕。德譯者指出了這句話中值得注意的幾個要點。首先，
豫在張載這裡代表對「神其幾」以及「義」的接受和敞開，此即『精義入神』，
事豫吾內，求利物外」〔註263〕之事。其次，見幾行義，不加撓阻反過來可以
培養豫所代表的敞開性，此為「『利用安身』，素利吾外，致養吾內」〔註264〕
之事。原則上來說，「知幾」既是「利用」的前提──張載說：「不知來物，不
足以利用」〔註265〕──也必然要求「利用」的實現。既然豫代表面向「神其
幾」的敞開性，那麼它就不能停留為知的狀態，而是必須將所知之「義」推而
行之，此即張載所說的「動而不括則用利，屈伸順理則身安而德滋」。若用心
學的術語來說，就是察識之後必須擴充，如此不捨而繼其善，才能「成性」。
如若不然，知幾義明而不「徙義」則無所謂知於幾，明於義〔註266〕。義在張
載哲學中與理以及命相通，具有「合宜」這樣不得不然與所當然的含義，義內
在的要求去實現，這一要求不被滿足自然就身不能安，更遑論心保持為虛靜。
惟有知義而「徙義」才能身安而心靜，豫所代表的「完美而平靜的敞開性

〔註261〕 Chang Tsai, *Rechtes Auflichten. Cheng-meng*, Hamburg: Felix Meiner, 1996, S.167
～168.

〔註262〕 張載：《張載集》，第 17 頁。

〔註263〕 張載：《張載集》，第 17 頁。

〔註264〕 張載：《張載集》，第 17 頁。

〔註265〕 張載：《張載集》，第 35 頁。

〔註266〕 張載所說的「精義入神」之「精」指的正是知幾明義之後立即徙義。這一點，
觀《至當篇》「將致用者，幾不可緩；思進德者，徙義必精」（張載：《張載集》，
第 36 頁）以及《中正篇》對精義必然要求徙義的強調──「將窮理而不順
理，將精義而不徙義，欲資深且習察，吾不知其智也」（同前，第 29 頁）─
─可知。因此，德譯者對精義的理解是不準確的。後者對「精義」的理解如
下：「『幾』標誌了超越於關係性的神產生出某種樣態的關係之點，一種『感』
的發生，動與靜的無區分統一體由此過渡到了動。在這樣的『幾』中，人們
可以在未來『事件』實際呈現『象』（Bild）或『形』（Gestalt）之前，也就是
在簡單的形式進行疊加前，就可以通達將來『事件』的『義』（Sinn）。這種
直接從神之『太虛』中產生的『義』是『精義』。人們如果想從『精義』中把
握實在，就必須與神融合，也就是『與天為一』。」（Cf. Chang Tsai, *Rechtes
Auflichten. Cheng-meng*, Hamburg: Felix Meiner, 1996, S.167）

（Offenheit）」也因這一反射的迴向而得到了滋養〔註267〕。

如德譯者所言，張載這裡提到的「豫」確實以《易》為據，張載在《橫渠易說》中對豫卦的注釋印證了這種觀點。他說：「六二以陰居陰，獨無累於四，故其介如石，雖體柔順，以其在中而靜，何俟終日，必知幾而正矣。體順用中，以陰居陰，堅介如石，故在理則悟，為豫之吉莫甚焉，不以悅豫而流也。」〔註268〕豫卦上雷下地，一陽居四而失位，其所象徵的情形為「方靜之極而忽動以快其所為，此非常之事。」〔註269〕此非常之事自然非「靜昧其幾，動乘於變，遽思快志者」〔註270〕所能勝任。因此，豫卦爻辭多有不吉，主要因為各爻大都未能度時審幾而順乎四爻陽動。唯有六二居於下體之中，不應，不承，不乘，不遠，「獨無累於四」。六二爻辭曰：「介於石，不終日，貞吉。」六二中而正，其代表了面對陽之動幾（九四）正確的順應態度：「在中而靜，知幾而正」。

復、豫兩卦俱由三畫卦中的震與坤所組成，只不過順序正好相反，二者形成一對綜卦。在王夫之看來，這表明：「豫與復同道，而豫動於上，天道也；復動於下，人道也。以天道治人事，必審其幾，故歎其『時義』之大；以人道合天德，必察其微，故歎其『見天地之心』也。」〔註271〕復卦初九為「靜之動」，「動之微」，人作聖合天的工夫必須自察識此幾微而始。天地之心不易識，須於「審其幾」中察識。豫卦「坤在下以立動之基，震在上以致動之用，靜函動之理，其動也皆靜中之所豫，前定而不窮，內順乎心而外順乎物，則己志大行而物皆順應，此其所以可豫也」〔註272〕。靜函動之理由豫之六二集中體現，六二「中而靜」，其靜非「靜而不動」，而是靜而善動，「虛靜以聽陽之時起而

〔註267〕王夫之對張載思想的這一理路把握地非常準確。他將知幾解作察事物所以然之理，明義為順事物之理見機而決，知義以徙義為靜正養心之法，精義為與神同其動止。「察事物所以然之理，察之精而盡其變，此在事變未起之先，見機而決，故行焉而無不利。」（王夫之：《張子正蒙注》，《船山全書》第十二冊，第95頁）「如其行義不果，悔吝生於所不豫，雖欲養其心以靜正，而憂惑相擾，善惡與吉凶交爭於胸中，未有能養者也。」（同前，第90頁）「義精則與神同其動止，以神治物，冒天下之道，不待事至而幾先吉，非立一義以待一事，期必之豫也。」（同前，第95頁）

〔註268〕張載：《張載集》，第102頁。
〔註269〕王夫之：《周易內傳》，《船山全書》第一冊，第176頁。
〔註270〕王夫之：《周易內傳》，《船山全書》第一冊，第177頁。
〔註271〕王夫之：《周易內傳》，《船山全書》第一冊，第177頁。
〔註272〕王夫之：《周易內傳》，《船山全書》第一冊，第176頁。

建功，隨所行而無不順也」〔註273〕。由此可見，張載（王夫之）的「存虛明」之學雖然也要求虛靜，但與異端致虛守寂之學的不同之處就在於前者不是為了虛靜而虛靜，而是把虛靜當作順陽而動的準備和手段。〔註274〕「存神然後妙應物之感」，由豫以知幾行義，而後者只是「溺於空，淪於靜」〔註275〕，陷於靜而不動的槁木死灰之中。總而言之，張載的「存虛明」之學是保持完美敞開性的「豫」道。不是經由致虛守寂而是在神之動幾產生時「迎其幾而默識之」，對神所產生的「精義」保持完全的開放性，知幾而義明，由此「入神」與「知神」。

需要注意的是，對於張載來說，「存神」只是工夫的起點，還不代表能與神融合為一，「窮神知化」才是「與天為一」的圓滿完成。張載說：「易謂『窮神知化』，乃德盛仁熟之致。」〔註276〕換言之，與神為一不是於瞬間的頓悟中完成，知幾也不能只停留為知一事一物之幾，唯有必須經歷持續的存神與順化，也就是「存虛明」和「順變化」，或者說「見幾則義明」和「動而不括則用利」的內養外利的工夫，才能「養盛自致」。這是一個自然的過程，主觀的思慮和勉強只能成為干擾。

窮神知化雖不可思勉而至，但下學上達之功當從此時此刻開始，此即是人的「神化之事」。張載說：

> 其在人也，知義用利，則神化之事備矣。德盛者窮神則知不足道，知化則義不足云。天之化也運諸氣，人之化也順夫時，非氣非時，則化之名何由？化之實何施？〔註277〕

對於張載的這段話，可與王夫之的注解合看，王夫之注曰：

> 非氣則物自生自死，不資於天，何云天化；非時則己之氣與物之氣相忤，而施亦窮。乃所以為時者，喜怒、生殺、泰否、損益，皆

〔註273〕王夫之：《周易內傳》，《船山全書》第一冊，第177頁。

〔註274〕正如王夫之所說：「天地順其度，聖人順於理也。其所以順者，靜而不廢動之誠，則動可忽生，而不昧其幾也。坤之為德，純乎虛靜。虛者私意不生，靜者私欲不亂，故虛而含實、靜而善動之理存焉。虛靜以聽陽之時起而建功，隨所行而無不順也。」（王夫之：《周易內傳》，《船山全書》第一冊，第177頁）虛靜所以順理，如此才能「不昧其幾」。

〔註275〕張載：《張載集》，第18頁。

〔註276〕張載：《張載集》，第17頁。

〔註277〕張載：《張載集》，第16頁。所引文字據《正蒙合校集釋》（參見是書，第210頁）校改。

陰陽之氣一闔一闢之幾也。以陰交陽，以陽濟陰，以陰應陰，以陽
應陽，以吾性之健順應固有之陰陽。〔註278〕

道家以物自爾獨化，自生自死，並無外在的主宰。與此不同，張載與王夫之秉
有不同的物論，主張物之生成變化都依賴於天。天化包含兩個必不可少的環
節：氣與時。這裡的氣顯然是在與形質相區別的意義上來說，指的是有體性未
成形的陰陽健順之氣。張載建立了以鬼神施受之性言物之生滅的理論〔註279〕，
王夫之予以全盤繼承。鬼神以「氣之出入」言，「物之所生即是神，及其終則
歸也」〔註280〕。王夫之進一步伸明張載之義，其云：「物各為一物，而神氣往
來於虛者，原通一於絪縕之氣。」〔註281〕如此看來，物變本質上皆是神變，
即天以陰陽、鬼神健順施受的過程。神氣往來而化物必然有「時」可言，但這
裡的「時」不能在時間的意義上來瞭解，而應該理解為「到時」（zeitigen）意
義上的「時機」（moment），即天之氣於某一「幾」（時機）中至而伸或反而屈。
天化物以氣，氣至（反）以「時」，這一過程是自然而然的自在發生，不依賴
於主體的預先籌劃或意向瞄準，反而要求主體去順從。「化不可助長，順焉可
也」，「順變化，達時中」〔註282〕。

　　天以氣運而成化，而人之神化之事則以知幾義明為先，屈伸順理為後。知
幾義明所以求窮乎神，順理利用所以求善乎化。一言以蔽之，神化之事的實質
就是「盡屈伸之道」而已。在《至當篇》，張載詳說此義：

知幾為能以屈為伸……無不容然後盡屈伸之道，至虛則無所不
伸矣。

「君子無所爭」，知幾於屈伸之感而已。〔註283〕

前文指出，無論是知幾還是進一步的利用都以豫道之虛靜為基礎。「幾者，動
靜必然之介」〔註284〕，有物來而伸於此。人若滯於意欲或「據現在之境遇而

〔註278〕林樂昌：《正蒙合校集釋》，北京：中華書局，2012，第210頁。
〔註279〕張載說：「物之初生，氣日至而滋息；物生既盈，氣日反而游散。」（張載：
　　　　《張載集》，第19頁）
〔註280〕張載：《禮記說》，《張子全書》，林樂昌編校，西安：西北大學出版社，2015，
　　　　第380頁。
〔註281〕王夫之：《張子正蒙注》，《船山全書》第十二冊，第105頁。
〔註282〕張載：《張載集》，第17頁。
〔註283〕張載：《張載集》，第36頁。
〔註284〕王夫之：《張子正蒙注》，《船山全書》第十二冊，第105頁。

執之」〔註285〕，則是不屈而虛，陷於張載所說的「不知來物」的狀況。如此則與物處於相靡、相勝和相爭的狀況。這裡，張載還點出虛不只是順，還有健而伸之義：「至虛則無所不伸」。知幾之所以達成「以屈為伸」，是因為吾不恣意而伸，而是待「彼屈」，如此則「吾不伸而伸矣」〔註286〕。因此，君子無所爭，只留心於屈伸之感。虛而知幾則順理而伸，又何需求伸。

因此，作為屬於人的神化之事，知義用利意味著要踐行豫道，不絕物，不去物，屈伸順理而身安德滋。這與「異端」所代表致虛守寂之學可以說完全不同。致虛守寂者正確地看到了物的虛無本性，但卻以「卻物」的方式反而肯定了物之實在，正如王夫之所說：「欲卻物而物不我釋，神亦終為之不寧。」〔註287〕張載說：「大人者，有容物，無去物；有愛物，無徇物」〔註288〕萬物並育於天地之間，天無物不體，無所擇於靈蠢、清濁，只是以直養之，順物之理而應之。對於外物不能以排斥的方式加以否定，而要通過將之「化」掉的辦法來確證，此即是張子所說的「過化」之義。對此，王夫之解釋道：「化，因物治之而不累也。君子之於物，雖不徇之，而當其應之也必順其理，則事已靖，物以安，可以忘之而不為累。」〔註289〕物來為伸，「不徇之」則彼伸而我不伸，屈而以虛應物，明於物之理（明義）而「徙義」，隨物之伸而伸。事靖之後，於物不留，身安德滋。此屈伸之感極易與老子「以柔勝剛」之論混淆，王夫之分判道：「老氏遂奉此以為教，欲伸故屈，以柔勝剛，與至虛能容之誠相違遠矣。」〔註290〕王夫之指出，儒家的屈伸之道與老子欲伸固屈這樣帶有目的性的機巧不同，而是一種「至虛能容之誠」。虛則無所不容，豫知來物，誠則明由性發，見幾義明。因此，「敬持以凝其神」絕非道家末流閉鎖心靈的「卻物」之學，而是保持完美敞開性的豫道，這也是《大心篇》所言的體天下之物的大心之學，唯有保持完美的敞開性才能「視天下無一物非我」〔註291〕。

〔註285〕 王夫之：《張子正蒙注》，《船山全書》第十二冊，第 207 頁。
〔註286〕 張載：《張載集》，第 36 頁。
〔註287〕 王夫之：《張子正蒙注》，《船山全書》第十二冊，第 105 頁。
〔註288〕 張載：《張載集》，第 35 頁。
〔註289〕 林樂昌：《正蒙合校集釋》，北京：中華書局，2012，第 536 頁。
〔註290〕 王夫之：《張子正蒙注》，《船山全書》第十二冊，第 214 頁。
〔註291〕 張載：《張載集》，第 24 頁。

本章小結

　　本章對張載「乾知」理論的展示可概括如下：張載以「天參」架構為根本模式實質性的建立了本體—宇宙論方面主導氣化生生流行的清通之神與「乾起知」、「坤效法」兩端。其中，「乾起知」所涉及的「乾知」是清通無象的太虛之神向氣化流行過渡的開端之「幾」。「乾知」表現為陽感陰化的生成現象，這一發生過程伴隨著健順之象。健順之象是區別於形下之器的形上之象，構成了不可象的清通之神與形質之間的中介。從現象學的視閾中看，張載哲學中的象形之別是可感而不可見的「主觀事實」與可見的「客觀事實」的不同，象、氣與感（Gefühl）存在內在的一致性。就知的發生而言，人之知產生於橫向的「內外合」與縱向的「有無一」。前者是知所發生的場合，後者是所生之知的源頭，其作為性體所生之神用是「至健無體」的「感速」，也就是「乾知」。張載進而主張以「存神順化」的方式將局限於形象領域的聞見之知提升為「通幽明而知」的貞明與誠明。不過，神不可致思，只能以「豫」之敞開性察識「神其幾」再進行推擴。可以說，「見幾則義明，動而不括則用利」是張載於《正蒙》中所主張的修養實踐上「窮神知化」的渡津之筏。

第三章 良知即「乾知」——陽明學視域下的「乾知」說

第一節 在何種意義上良知即「乾知」

在現當代學者中，當屬牟宗三先生最為重視陽明學的「乾知」說，他認為「乾知」和「坤能」這兩個概念對於中國哲學來說非常重要。牟先生指出：

> 「乾知大始，坤作成物。乾以易知，坤以簡能」。（《繫辭上傳》第一章）這幾句話包含重要觀念。乾卦代表創造原則，坤卦代表終成原則……創造原則是籠統的講法，形式的講、客觀的講。創造之所以為創造的具體的意義在「知」……終成之所以為終成，凝聚之所以為凝聚在「能」，這個「能」在作成物。[註1]

在牟先生看來，《繫辭傳》的這句話建立了乾所代表的創造原則，以及坤所代表的終成原則或凝聚原則。這兩個原則是儒家「道德的形上學」最基本的兩個原則。其中，乾之創造性的具體意義就在於「知」。不過就對「知」的理解來說，牟先生是反對以知之本義訓「乾知大始」這句話裏的「知」的，他認為這裡的「知」實際是「主」的意思。但他同時也認為王學的「乾知」說自有其義理所在，即提出了一種區別於「橫列的，知道的」「知」的，縱貫的、存有論的具有「主」之意味的「知」[註2]。這種「知」就是王學中作為「乾坤

〔註1〕牟宗三：《周易哲學演講錄》，盧雪崑錄音整理，上海：華東師範大學出版社，2004，第93頁。

〔註2〕牟宗三：《周易哲學演講錄》，盧雪崑錄音整理，上海：華東師範大學出版社，2004，第94頁。

萬有基」的絕對意義上的良知。牟先生說:「我們所尊之大之的那個東西（總名曰乾健之德），其內容的（非外延的）意義全在心知處見也。」這種體現乾健之德的心知即是「乾健之天心之知」。如羅近溪所言，這樣的天心之知之所以能「知」大始，是因為「夫始曰大始，是至虛而未見乎氣，至神而獨妙其靈，徹天徹地，貫古貫今，要皆以一知以顯發而明通之者也」〔註3〕。依此，「乾知」本身是「至虛而未見乎氣」，是「寂」，而天地古今所有的事物都賴乾以「知」的活動來顯發和明通。牟宗三先生指出，近溪此義即是王陽明「心外無物」說的義理:「物之存在即在心體顯發而明通中存在……王陽明說『明覺之感應為物』，即此義也……在此渾一的顯發與明通中，知體呈現，物亦呈現……寂是心體之自寂，感是心體之自感。具體的知體明覺自如此。並不是有一個既成的天地萬物來感而後應之也。」〔註4〕

從牟先生的分析中，我們可以看出良知何以能是「乾知」。所謂「乾知」，就是說乾元以一種縱貫的方式表現其創造性，由此產生萬事萬物，而這一縱貫發生的實際含義要在「心知」上看出。具體來說，良知的「感應」能力可以「明通」於萬物，也就是讓物來呈現。然而，單純就「讓……呈現」談「感應」並不能顯出其創造性，因為一般所說的「見聞之知」或感性覺知也具備讓物呈現的能力，但它們卻根本談不上具有創造性。因此，作為「乾知」，良知不只具有「呈現義」也具有「創造義」，它的創造性在於它首先是「虛」，是「寂」，而後萬事萬物皆隨其「感」而一體呈現。與張載的「乾知」理論一致，良知之為「乾知」的原因同樣在於其是虛氣貫通的環節，或者說是「寂感」。

我們先來看良知與「太虛」的關係。自從張載提出了「太虛」這一個概念，並以之為心之實，也就是心之本體，宋明理學家大都以太虛來形容本心，陽明亦不例外。如果說在朱熹等人那裏，太虛尚是一個狀詞〔註5〕，並非如張載那樣以之為最高本體，那麼在陽明這裡，他不僅談及張載意義上的「天之太虛」，

〔註3〕牟宗三:《現象與物自身》，《牟宗三先生全集》第 21 冊，臺北:聯經出版出版事業有限公司，2003，第 100 頁。

〔註4〕牟宗三:《現象與物自身》，《牟宗三先生全集:21》，臺北:聯經出版出版事業有限公司，2003，第 101～102 頁。

〔註5〕朱子只說心如太虛，並沒有將心等同於張載意義上的太虛。例如，朱子說:「設使此心如太虛然，則應接萬務，各止其所，而我無所與」。（朱熹:《朱子語類（一）》，《朱子全書》第 14 冊，上海古籍出版社與安徽教育出版社，2002，第 536 頁）心如太虛說的尚是心的虛靈不滯義，而心即太虛則是直接將心上提為最高本體。

還將良知之虛等同於太虛。〔註6〕陽明說：

> 良知之虛，便是天之太虛；良知之無，便是太虛之無形。日、月、風、雷、山、川、民、物，凡有貌色形象，皆在太虛無形中發用流行，未嘗作得天的障礙。聖人只是順其良知之發用。天地萬物，俱在我良知發用流行中。何嘗又有一物超於良知之外，能作得障礙？〔註7〕

佛老喜言虛與無，但陽明認為聖人之虛實際上相較於佛老要更虛。佛老之虛無或出於重生之心（養生），或出於厭離之心（出離生死苦海），其所求之虛無自然也受各自的初心限制，而聖人如天一般無一物不容，未嘗有絲毫去物和貴己的意思，所以能完「虛無的本色」。「良知之虛」包含有兩重意蘊：第一，良知的絕對性。無一物能作得良知障礙，良知之虛具有對形色之物的超越性。第二，良知的內在性。陽明於他處這樣說道：「良知本體原來無有，本體只是太虛。太虛之中，日月星辰，風雨露雷，陰霾噎氣，何物不有？」〔註8〕何物不有，這意味著良知之虛無不能離萬事萬物而存在，而是與之同為一體。這不是就良知之「寂」而言，而是就其必然「感」而「明通」於物而言。由於良知明通於物是與物一體呈現，所以陽明也如此說道：「心無體，以天地萬物感應之是非為體。」〔註9〕良知本心無隔絕孤立之自體，其必然展現為感應活動，牟先生認為種感應活動的實質是「即存有即活動」的「寂感」：「寂感不是分成兩段，即寂即感，同時是寂同時是感。先秦儒家的古義是即存有即活動……從存有性方面說，它是理……從活動性方面說，它是神、是心。這樣它才有活動性，才

〔註6〕張載與陽明心學之間的這些關聯歷來被忽略，林樂昌先生於《張載心學論綱》（《哲學研究》2020年第6期）一文中有所涉及：「值得注意的是，陽明晚年對張載的『太虛』概念曾多次援引。」

〔註7〕王守仁：《王陽明全集》，吳光、錢明、董平、姚延福編校，上海：上海古籍出版社，2011，第117頁。（案，下引陽明文獻凡出自這一版本，後文中只標注頁碼）

〔註8〕王守仁：《王陽明全集》，第1317頁。陽明在以太虛說良知時，總是就「何物不有」與「無物能為之礙」兩個角度來說，如在另一處：「夫惟有道之士，真有以見其良知之昭明靈覺，圓融洞澈，廓然與太虛同體。太虛之中，何物不有？而無一物能為太虛之障礙。蓋吾良知之體，本自聰明睿知，本自寬裕溫柔，本自發強剛毅，本自齊莊中正、文理密察，本自溥博淵泉而時出之，本無富貴之可慕，本無貧賤之可憂，本無得喪之可欣戚、愛憎之可取捨。」（王守仁：《王陽明全集》，第224～225頁）

〔註9〕王守仁：《王陽明全集》，第119頁。

有作用，要不然它沒有作用。」〔註10〕可見，陽明的良知之虛與張載的太虛概念具有一樣的特質──良知不僅超越於形色之上，也內在於形色之中。〔註11〕張載與王夫之所說的天包地外而又在地中的思理在陽明這裡也同樣適用，正如陽明所言：「無往而非天。三光之上，天也。九地之下，亦天也。天何嘗有降而自卑？」〔註12〕

良知的超越性說的是其不與形色、意欲、思慮相雜，「無所偏倚」而與天理為一，良知的內在性是其自然的表現。換言之，有寂則有感。現在看以下幾段文字：

> 汝若於貨色名利等心，一切皆如不做劫盜之心一般，都消滅了，光光只是心之本體。看有甚閒思慮？此便是「寂然不動」，便是「未發之中」，便是「廓然大公」。自然「感而遂通」，自然「發而中節」，自然「物來順應」。〔註13〕

> 問：「寧靜存心時，可為未發之中否」？先生曰：「今人存心，只定得氣。當其寧靜時，亦只是氣寧靜。不可以為未發之中」。曰：「未便是中。莫亦是求中工夫」？曰：「只要去人欲，存天理，方是工夫。靜時念念去人欲，存天理。動時念念去人欲，存天理。不管寧靜不寧靜。若靠那寧靜，不惟漸有喜靜厭動之弊。中間許多病痛，只是潛伏在。終不能絕去，遇事依舊滋長。以循理為主，何嘗不寧靜？以寧靜為主，未必能循理」。〔註14〕

> 澄問：「仁義禮智之名，因已發而有」。曰：「然」。他日澄曰：「惻隱羞惡辭讓是非，是性之表德邪」？曰：「仁義禮智也是表德，性一而已。自其形體也，謂之天。主宰也，謂之帝。流行也，謂之命。賦於人也，謂之性。主於身也，謂之心。心之發也，遇父便謂

〔註10〕 牟宗三：《周易哲學演講錄》，盧雪崑錄音整理，上海：華東師範大學出版社，2004，第79～80頁。

〔註11〕 陳立勝也指出：「良知這種既內在又超越（『內在』：萬物均在良知發用流行之中；『超越』：無一物能作得良知之障礙）之性質即是良知『虛無』之本色。」（陳立勝：《入聖之機：王陽明致良知工夫論研究》，北京：三聯書店，2019，第249頁）

〔註12〕 王守仁：《王陽明全集》，第26頁。三光之上的天即是張、王所言的清虛一大之天，九地之下的天即是張、王所言的與地相配的在地中之天。

〔註13〕 王守仁：《王陽明全集》，第25頁。

〔註14〕 王守仁：《王陽明全集》，第15～16頁。

之孝，遇君便謂之忠。自此以往，名至於無窮，只一性而已。〔註15〕

王陽明認為，絕滅聲色名利之心後就是「未發之中」「寂然不動」「廓然大公」的境界，這也就是天理，天理「無所偏倚」。陽明喜以全體瑩徹的明鏡來形容此無欲之心。在陽明看來，只有心體如明鏡一般「全體瑩徹」，廓然無塵，才是「未發之中」的純然天理境界。不過，良知之虛不僅表現為無聲無臭的未發之中，也表現為「感而遂通」「發而中節」「物來順應」。前者是良知的超越性，也即近溪所言的「至虛而未見氣」的階段，後者則為良知的內在性，也就是與物感通，氣化流行的階段。當然，陽明也提請我們注意，良知之寂非寧靜之靜。胸中寧靜在陽明看來只是氣定的狀態，不僅可能有「病痛」潛伏未發，更是混淆了經驗生活中狀態上的一時之靜與良知超越的「寂」「定」「不動」。良知之不動是就超越的天理而言，陽明說：「定者心之本體，天理也。動靜，所遇之時也。」〔註16〕動與靜說的只是一時的狀態，無論動靜，良知與天理皆為定，為主宰。這種超越於動靜之上的「定」即是心之本體──性：「性即是理，性元不動，理元不動。」〔註17〕當然，良知作為天理並不只有寂定之義，良知在主宰的同時也為流行，故而，陽明也指出天理不是固定的規矩，而是隨時變易之「易」：「中只有天理，只是易。」〔註18〕需要注意的是，對於良知的這種流行，陽明於上述文字中也說為「心之發」，但與一般意義上將「心之發」理解作意之動不同，這裡的「心之發」指的是惻隱羞惡辭讓是非這樣的四端之心，其與作為天理的心之本體──性之間是「一」與無窮之「表德」的關係，並沒有形成異質異層的分別，而是一個東西的不同樣態，換言之，良知之寂與良知之感。

第二節　良知是「造化的精靈」

一、「誠」「幾」「神」──「乾知」的三重形態

雖說良知之寂與良知之感之間不存在異質異層的區別，那麼可否退一步說，二者是同質異層的關係？關於良知作為「寂體」和「明覺」或「主宰」

〔註15〕王守仁：《王陽明全集》，第17～18頁。
〔註16〕王守仁：《王陽明全集》，第15頁。
〔註17〕王守仁：《王陽明全集》，第28頁。
〔註18〕王守仁：《王陽明全集》，第21～22頁。

與「流行」為一為二的問題在陽明後學中曾爆發過一場有關「現成良知」（或「見在良知」）的爭論。爭辯雙方的主角是王龍溪與聶雙江、羅念庵。依照張衛紅教授的研究，雙方爭論的實質並不是「見在良知」，也即赤子之心、孩提之愛敬這樣的「心之發」是否與良知本體在質上具有同一性。〔註19〕換言之，「乍見孺子入井」無論對於龍溪還是念庵、雙江都是真心，只不過，龍溪進而認為「乍見孺子入井與堯舜無差別」，「毫釐金即萬鎰金」〔註20〕，此即是神感神應、不學不慮的自然之良，不能於此自然之良上疊床架屋，復求所以主「知」者。〔註21〕在龍溪看來，惻隱之心這樣的「心之發」本身就是即寂即感的「天機」。此「機」與心之本體──性不可區分，同質同層。由此，工夫之著力點因而完全在於「保守此一念」，「不起於意」〔註22〕。與龍溪的看法不同，念庵認為：「乍見孺子，乃孟子指點真心示人……其後擴充，正欲時時是此心，時時無雜念，方可與堯舜相對。」〔註23〕也就是說，一念善端只是寂然大公之本體的所發，「謂良知之端緒之發見可也，未可即謂時時能為吾心之主宰也」〔註24〕。未發與已發，「源頭與現在終難盡同」〔註25〕，二者實際上是同質異層的關係。換言之，在（中期的）念庵〔註26〕看來，良知之

〔註19〕 參見張衛紅：《羅念庵的生命歷程與思想世界》，北京：三聯書店，2009，第5章。唐君毅先生也認為：「雙江、念庵之歸寂主靜，所見得之寂體，亦為一通感之寂體。於此龍溪與雙江念庵之同此寂感、發與未發之名，而其所指者之有不同。」「念庵之學，始於求識一般意念之感前之寂、感中之寂，以歸至於即此虛寂而知幾之神，以成其感通，而識得之內外一體之仁。」參見唐君毅：《中國哲學原論・原教篇》，《唐君毅全集》第二十二卷，北京：九州出版社，2016，第327頁。

〔註20〕 羅洪先：《松原志晤》，《羅洪先集》，徐儒宗編校整理，南京：鳳凰出版社，2007，第696頁。

〔註21〕 「自然之良即是愛敬之主，即是寂，即是虛，即是無聲無臭、天之所為也……孟子曰，凡有四端於我知皆擴而充之，若火之始然，泉之始達。天機所感，人力弗得而與。不聞於知之上復求有物以為之主也。」王畿：《致知議辨》，《王畿集》，吳震編校，南京：鳳凰出版社，2007，第137～138頁。

〔註22〕 王畿：《桐川會約》，《王畿集》，吳震編校，南京：鳳凰出版社，2007，第53頁。

〔註23〕 羅洪先：《松原志晤》，《羅洪先集》，徐儒宗編校整理，南京：鳳凰出版社，2007，第696頁。

〔註24〕 羅洪先：《夏遊記》，《羅洪先集》，徐儒宗編校整理，南京：鳳凰出版社，2007，第72頁。

〔註25〕 羅洪先：《答王龍溪》，《羅洪先集》，徐儒宗編校整理，南京：鳳凰出版社，2007，第209頁。

〔註26〕 關於念庵哲學的分期，參見張衛紅教授《羅念庵的生命歷程與思想世界》一書的研究。

已發常常摻雜於意念，所以對於常人來說，「良知雖在，而未必發；即發而未必能自覺其發；即自覺其發，亦未必能至於發之無礙，而充量地發」〔註27〕。在這種理欲摻雜的情況下，此一念善端「非時時能為吾心之主宰」，只有在擴充之後，「時時是此心」，才能復復即寂即感的良知本體，而在此之前只有於意欲中頭出頭沒的良知之端緒。正是有見於此，念庵辭氣激烈的反駁龍溪道：「世間那有現成良知？良知非萬死工夫，斷不能生也，不是現成可得。」

　　陽明後學中這場關於良知之寂感、動靜的討論，其實於陽明那裏已然有所發端。在《答陸原靜書》中，陽明對此問題作了詳細的解答。陽明說：

　　　　未發之中，即良知也，無前後內外，而渾然一體者也。有事、無事可以言動、靜，而良知無分於有事、無事也。寂然、感通可以言動、靜，而良知無分於寂然、感通也。動靜者，所遇之時。心之本體，固無分於動靜也。理無動者也，動即為欲。循理則雖酬酢萬變，而未嘗動也；從欲則雖槁心一念，而未嘗靜也。「動中有靜，靜中有動」，又何疑乎？有事而感通，固可以言動，然而寂然者未嘗有增也；無事而寂然，固可以言靜，然而感通者未嘗有減也。「動而無動，靜而無靜」，又何疑乎？

　　　　無前後內外而渾然一體，則至誠有息之疑，不待解矣。未發在已發之中，而已發之中未嘗別有未發者在，已發在未發之中，而未發之中未嘗別有已發者存。是未嘗無動、靜，而不可以動、靜分者也。……周子「靜極而動」之說，苟不善觀，亦未免有病。蓋其意從太極「動而生陽，靜而生陰」說來。太極生生之理，妙用無息，而常體不易。太極之生生，即陰陽之生生。就其生生之中，指其妙用無息者而謂之動，謂之陽之生，非謂動而後生陽也；就其生生之中，指其常體不易者而謂之靜，謂之陰之生，非謂靜而後生陰也。若果靜而後生陰，動而後生陽，則是陰陽、動靜，截然各自為一物矣。陰陽一氣也，一氣屈伸而為陰陽。動靜一理也，一理隱顯而為動靜。春夏可以為陽為動，而未嘗無陰與靜也；秋冬可以為陰為靜，而未嘗無陽與動也。春夏此不息，秋冬此不息，皆可謂之陽、謂之

動也。春夏此常體，秋冬此常體，皆可謂之陰、謂之靜也。〔註28〕
陽明這裡提出了多對動靜，為了分疏明白，陳立勝建議以事相上的動靜為「動靜 I」，以良知自身的貞定之體與流行之用為「動靜 II」，以與天理完全無涉的欲之動，也就是「理無動者也，動即為欲」這句話中的動為「動 III」〔註29〕。照此，這段話中的「循理則雖酬酢萬變，而未嘗動也；從欲則雖槁心一念，而未嘗靜也」是就「動靜 III」而言。這裡，我們關注的不是循理與從欲意義上的「動靜 III」，而是有事無事，為良知所遇之時的「動靜 I」，與良知自身「妙用無息」並「常體不易」意義上的「動靜 II」之間的關係。陽明指出，寂然與感通是有事與無事時的「靜 I」與「動 I」，良知本身無分於此種動靜。顯然，陽明這裡所說的寂感與本節上一部分的引文中就「光光只是心之本體」所說的「未發之中」「寂然不動」與其自然而然的「發而中節」「感而遂通」不同。我們可以採用陳立勝的方法，將無事寂然，有事感通這種寂感稱為「寂感 I」，將與「未發之中」與「發而中節」相應的「寂然不動」與「感而遂通」稱為「寂感 II」，「寂感 II」相當於「動靜 II」。

當陽明說：「良知無分於寂然、感通」時，這裡的「無分」是無分別義，即無論「寂然 I」還是「感通 I」皆未嘗觸及良知本身，只是事相上的分別。「寂然不動 I」時，良知並非是靜止不動的狀態，就像秋冬就其於事相上的顯現雖然為靜但「未嘗無陽與動」；「感而遂通 I」時，良知也並非動而不靜的狀態，就像春夏就其於事相上的顯現雖然為動但「未嘗無陰與靜」。這裡，「可以為」的動靜陰陽顯然是「動靜 I」（「寂感 I」）意義上的，而「未嘗無」的那個

〔註28〕 王守仁：《王陽明全集》，第72～73頁。
〔註29〕 參見陳立勝：《入聖之機：王陽明致良知工夫論研究》，第272～278頁。可以補充的是，與欲之動相對的理之不動，我們可以稱其為「靜 III」。「動 II」、「靜 II」顯然都屬於「靜 III」。念庵收攝保聚，主靜以長養的在一般意念所發之前的「寂」與「靜」即是這裡的「靜 III」。念庵說：「周子所謂主靜者，乃無極以來真脈絡。其自注云：無欲故靜。是一切染不得，一切動不得，無染歆羨，無然畔援，莊生所言混沌者近之，故能為立極種子。」（羅洪先：《答門人》，《羅洪先集》，徐儒宗編校整理，南京：鳳凰出版社，2007，第403頁）正因為中期的念庵論寂與靜取「靜 III」之義，論感則取「時動時靜」的「動靜 I」之義，所以念庵認為不論感前還是感中都有寂：「自其後念之未生，而吾寂然者未始不存，謂之感前有寂可也。自其今念之已行，而吾寂然者未始不存，謂之感中有寂可也。感有時而變易，而寂然者未始變易。感有萬殊，而寂然者惟一，此中與和，情與性所由以名也。」（羅洪先：《答陳明水》，《羅洪先集》，徐儒宗編校整理，南京：鳳凰出版社，2007，第201頁）若套用陽明的用語，可以說，在「靜 III」意義上的寂「無分於寂然、感通」。

動靜陰陽則是「動靜 II」（「寂感 II」）意義上的。可以說，「動靜 I」是經驗層次遵循時間順序的橫向演變。就橫向的時間先後來說，良知自然有時為寂然，有時為感通。就一日而論，陽明認為「人平旦時起坐，未與物接」之時，此心具有「清明景象，便如在伏羲時游一般。」〔註30〕人平旦不與物接即是寂然之時，「清明景象」，但我們不能將此限定了時間（「平旦時」）的「清明景象」理解為作為良知本然的未發之中，如此則與陽明所說的未發之中為「無前後內外而渾然一體」不符，也犯了陽明所說的「至誠有息」的錯誤。但清明景象若是就良知自身之寂定而言，那麼不論是平旦與物未接還是白日酬酢應感，此清明景象都是恒在的。對於時序上的寂然之時，我們充其量可以說，清明景象於此時特別顯著，即使是常人也能有所默會。

不過，相對於事相上的與物感通，此時序上的寂然之時也有大用處。當平旦不與物接這樣的「寂然 I」之時，不僅外緣不生，內在的意欲也有所停歇，此乃日常生活中難得的「無欲」之時〔註31〕。當此「寂然 I」之時，「貨色名利等心」不待消而自消，良知本體可以自然呈露，「寂然 I」因而具有著「靜可以見其體」〔註32〕的意義。陽明及其後學（如陽明龍場悟道，雙江於獄中證悟，念庵靜久大覺）多有從靜中悟道者，即是承接此義。至於雙江、念庵等在工夫上主張歸寂主敬，則是為了進一步澄清念慮，時時營造此寂然之景象。念庵云：「非經枯槁寂寞之後，一切退聽，天理炯然，未易及此。」〔註33〕這種退聽工夫的本質實為擴充之功，即令良知時時「流行發見，常如孩提之時」，「孟子所謂日夜所息與愛敬之達」與「陽明公之龍場」莫不如是。〔註34〕因此，歸靜主寂的工夫雖然不是像龍溪「一念自反」的「先天正心」之學那樣直接即本體而為工夫，不免有「待時」之弊，但也不是時時在意念上打轉的、第二義的後天誠意之功〔註35〕，而是「去心之障蔽」的「消極的去病之方」，「可使念慮澄清，

〔註30〕王守仁：《王陽明全集》，第 25 頁。

〔註31〕當然，我們不否認此時有欲根病痛潛藏。

〔註32〕「先生曰：『心不可以動靜為體用。動靜時也。即體而言用在體。即用而言體在用。是謂「體用一源」。若說靜可以見其體，動可以見其用，卻不妨』。（王守仁：《王陽明全集》，第 36 頁）

〔註33〕羅洪先：《寄謝高泉》，《羅洪先集》，徐儒宗編校整理，南京：鳳凰出版社，2007，第 254 頁。

〔註34〕參見羅洪先：《寄謝高泉》，《羅洪先集》，徐儒宗編校整理，南京：鳳凰出版社，2007，第 254 頁。

〔註35〕如念庵之學之第二轉即是自覺「知善知惡之知，隨出隨泯」，「中無所主」，「知有未明」，於是主張「收攝保聚」，將妄動之雜念一概滅絕，而後「感無不正」。

使此心之虛靈本體之量，日益充滿」〔註36〕。

　　雖然在良知本身所遇之時的事相上，「寂然 I」與「感通 I」是可以分別的，但就良知自身而言，無論「寂然 I」還是「感通 I」又都沒有分別。不過，雖然事相上的分別不涉及良知本身，但依然可以說良知本身「未嘗無動、靜」。陽明說：「未發在已發之中，而已發之中未嘗別有未發者在，已發在未發之中，而未發之中未嘗別有已發者存。」〔註37〕可以肯定的是，這裡所說的是「動靜 II」，在這個意義上良知「未嘗無動、靜」，未發即「靜 II」，已發為「動 II」。關於未發與已發，或者說「寂 II」和「感 II」，前文引過的陽明之說——「此便是『寂然不動』，便是『未發之中』……自然『感而遂通』，自然『發而中節』」這句話中的「自然」可以說肯定了「寂 II」對於「感 II」的先在性。不過，這並非時間的先在性，「未發在已發之中……已發在未發之中」這樣的句式保證了良知自身的動靜兩態不是時間方面的先後關係。良知本身常寂常感，常「妙用無息」，常「常體不易」，無時間先後可言。

　　不過，即使沒有時間上的先後，寂感仍然可以先後言，寂對於感的先在性可以在邏輯上與本體論上來瞭解。從邏輯上看，未發之「未」邏輯上先於已發之「已」。從本體論上看，良知之「妙用無息」展現為由無到有，由寂到感的生生。就縱貫的發生次序而言，寂感必然有先後可言。實際上，無論是龍溪還是晚期的念庵都在強調即寂即感的前提下肯認了寂對於感的先在性。龍溪說：

　　　　參見羅洪先：《甲寅夏遊記》，《羅洪先集》，徐儒宗編校整理，南京：鳳凰出版社，2007，第 81～82 頁。

〔註36〕參見唐君毅：《中國哲學原論·原教篇》，《唐君毅全集》第二十二卷，北京：九州出版社，2016，第 299 頁。習靜之功不善運用難免會患有念庵後來所自覺到的「重於為我，疏於應物」（羅洪先：《甲寅夏遊記》，《羅洪先集》，徐儒宗編校整理，南京：鳳凰出版社，2007，第 82 頁），喜靜厭動的毛病。但正如唐君毅所言，「至於由此習靜之功，是否致喜靜厭動，則原無一定。而由心之本體能致得虛明，亦自然能照能應，則原不當有此病也……人固可無此著，則亦理當無此病也。」（《中國哲學原論·原教篇》，第 299 頁）念庵之主靜不是龍溪所想的那樣於自然之明覺之外「別求一個虛明不動之體以為主宰」，而是放退雜念，靜以見性的工夫。從遣慮息緣，靜而窺見本來虛寂之體的意義上，此一時之靜相當於牟宗三所言的「超越的體證」。參見牟宗三：《心體與性體（三）》，《牟宗三先生全集》第 7 冊，臺北：聯經出版事業有限公司，2003，第 222～223 頁。

〔註37〕類似的說法還有：「萬象森然時亦沖漠無朕，沖漠無朕，即萬象森然。沖漠無朕者一之父。萬象森然者精之母。一中有精。精中有一。」（王守仁：《王陽明全集》，第 28 頁）

「寂之一字，千古聖學之宗。感生於寂，寂不離感。」〔註38〕念庵也在限定語義的基礎上說：「夫謂感由寂發可也……謂寂在感先可也。」〔註39〕無論二者多麼強調寂感不離，「感生於寂」「感由寂發」的說法必然肯認了寂對於感的先在性。陽明學諸子在說此種先在性時，也喜以「明」在「照」先而言，如龍溪說：「譬之明鏡之照物，鏡體本虛而妍媸自辨，妍媸者，照之用也。以照為明奚啻千里？」〔註40〕「明」固然要表現為「照」，但不可「以照為明」，二者誰輕誰重自不待言。

　　無論是不離感之寂，還是不捨寂之感，所說的都是一種寂感一貫的流行活動。在陽明學中，學者們也稱這種生生之流行為「幾」（「機」）。如（晚期）念庵云：

　　　　寂然不動者，誠也，言藏於無也；感而遂通者，神也，言發於有也；動而未形，有無之間者，幾也，言有而未嘗有也。三者皆狀心也。常有而不使其雜於有，是謂研幾。真能不雜於有，則常微常幽，而感應之妙，是知幾之神。謂幾為一念之始，何足以知此。〔註41〕

龍溪也以類似的角度這麼說：

　　　　周子云：「誠、神、幾，曰聖人。」良知者，自然之覺，微而顯，隱而見，所謂幾也。良知之實體為誠，良知之妙用為神，幾則通乎體用，而寂感一貫。故曰：有無之間者，幾也。〔註42〕

　　　　「生生之謂易，生生即天機。一念萬年，無一息非念，寂感皆念也。」〔註43〕

「幾」不是善惡意念的開始（「一念之始」），而是良知的體用貫通態。寂然不動偏重於良知之虛、之無，是良知的凝聚態，感而遂通偏重於良知之神、之有，

〔註38〕王畿：《致知議辨》，《王畿集》，吳震編校，南京：鳳凰出版社，2007，第133頁。

〔註39〕羅洪先：《甲寅夏遊記》，《羅洪先集》，徐儒宗編校整理，南京：鳳凰出版社，2007，第82頁。當然這裡所說的寂與感不應當摻雜「處」與「時」的經驗概念，也就是說，它們不是事相上的動靜而是良知本身的體用動靜。

〔註40〕王畿：《艮止精一之旨》，《王畿集》，吳震編校，南京：鳳凰出版社，2007，第184頁。

〔註41〕羅洪先：《書萬日忠扇》，《羅洪先集》，徐儒宗編校整理，南京：鳳凰出版社，2007，第669頁。

〔註42〕王畿：《致知議辨》，《王畿集》，吳震編校，南京：鳳凰出版社，2007，第137頁。

〔註43〕王畿：《水西經舍會語》，《王畿集》，吳震編校，南京：鳳凰出版社，2007，第59頁。

是良知的發用態〔註44〕。無不離有，神不離虛，寂然不動必然展現為感而遂通，感而遂通必然通微於寂然不動，二者實乃同出而異名。無論從哪一端來說，良知都是一個純粹的生生之流行。「幾」這一具有態勢感（或矢向感）的詞語可以說完美地表達出這種有無之間、寂感一體的純粹流行。此純粹流行原本就是活動，「非因動而後見也」〔註45〕。此生生之天機即是陽明學中常言的「獨知」，龍溪說：

> 予惟君子之學，在得其幾，此幾無內外，無寂感，無起無不起，乃性命之原，經綸之本，常體不易而應變無窮。……恒寂恒感，造化之所以恒久而不已。若此幾之前，更加收斂，即滯，謂之沉空；此幾之後，更加發散，即流，謂之溺境。沉與溺，雖所趨不同，其為未得生機，則一而已。……獨知者，本來不息之生機也。〔註46〕

生生之幾無前後內外，貫通寂感而不可以寂感分，其「恒寂恒感」，是造化之恒久而不已的動力來源。陽明學中，良知之所以為「造化的精靈」即以此不息之生幾立言。說良知或本心尚局限於屬於人的心性論領域，而說生生之幾則將整個宇宙總體涵蓋在內。故而，陽明可以將這個意義上的良知稱為乾坤萬有之基：「無聲無臭獨知時，此是乾坤萬有基。」〔註47〕

除了以良知的貫通態──「寂感真幾」說「乾知」，王門學者也喜就良知的凝聚態以及發用態言「乾知」，如羅近溪所說的「至虛而未見氣」是就前者而言，而龍溪所言的「良知者，氣之靈，謂之乾知」〔註48〕以及「神知即是良知……神知即是神明」〔註49〕是就後者而言。除此之外，還可以就良知的主觀

〔註44〕凝聚態和發用態的說法源自陽明。陽明說：「向晦宴息，此亦造化常理。夜來天地混沌，形色俱泯，人亦耳目無所睹聞，眾竅俱翕，此即良知收斂凝一時；天地既開、庶物露生，人亦耳目有所睹聞，眾竅俱闢，此即良知妙用發生時。可見人心與天地一體。故『上下與天地同流』……日間良知是順應無滯的，夜間良知即是收斂凝一的。」（王守仁：《王陽明全集》，第 120 頁）

〔註45〕王畿：《答季彭山龍鏡書》，《王畿集》，吳震編校整理，南京：鳳凰出版社，2007，第 27 頁。

〔註46〕王畿：《周潭汪子晤言》，《王畿集》，吳震編校整理，南京：鳳凰出版社，2007，第 58 頁。

〔註47〕王守仁：《王陽明全集》，第 870 頁。

〔註48〕王畿：《大象義述》，《王畿集》，吳震編校整理，南京：鳳凰出版社，2007，第 648 頁。

〔註49〕王畿：《致知議辨》，《王畿集》，吳震編校整理，南京：鳳凰出版社，2007，第 139 頁。

義──知善知惡之知而言「乾知」，東林學派的高攀龍沒有放過此種意義上的「乾知」，他說：

> 凡了悟者皆乾也，修持者皆坤也。人從迷中忽覺其非，此屬乾知；一覺之後，遵道而行，此屬坤能。皆乾、坤之倪而非其體，乍悟復迷，乍作覆止，未足據也。必至用力之久，一旦豁然，如大畜之上九，畜極而通，曰何天之衢，乃如是乎。心境都忘，宇宙始闢，方是乾知。知之既真，故守之必力，細行克矜，小物克謹，視聽言動，防如關津，鎮如山嶽，方是坤能。譬之於穀，乾者陽，發生耳，根苗花實皆坤也。蓋乾知其始，坤成其終，無坤不成物也，故學者了悟在片時，修持在畢世。〔註50〕

乾以知言，坤以能言，所以了悟屬乾，修持屬坤。這一點與馬一浮先生以「知」為「見地」的說法一致。在高攀龍看來，知善知惡之知（從迷中忽覺其非）常與不善之意念相雜處，頭出頭沒，這個意義上的「乾知」是「乾之倪」，也就是「乾知」於意欲中呈露的一個端緒，「一隙之天光」，而「非其體」。高攀龍認為這種「乾知」「乍悟復迷」，「未足據也」。只有在意欲澄清，「心境都忘」，「宇宙始闢」的情況下「方是乾知」。高攀龍對「乾之倪」與「方是乾知」的分別與念庵分別「良知之端緒」與「源頭」的做法一致。總的來看，這種勝義「乾知」偏重於就良知的凝聚態而言。

二、「乾知」之流行充塞為氣

正如陳立勝所反思到，在對陽明學良知的研究中歷來有一種傾向，即將「心」、「良知」這樣的心學範疇「與近代主體性哲學、意識哲學接榫」〔註51〕，似乎良知只於意識領域而非存在領域發揮作用。但實際上，良知與氣之間也有著深刻的關聯，良知所包含的氣的向度決定了良知不只是在人的道德生活和意識生活中發揮作用，也擁有了天道論方面主宰氣化流行的力量。

〔註50〕黃宗羲：《東林學案一》，《明儒學案》，沈芝盈點校，北京：中華書局，第1413頁。
〔註51〕陳立勝：《入聖之機：王陽明致良知工夫論研究》，第280頁。也有一些學者致力於揭示氣在意識論與心靈論方面對於傳統儒家哲學的重要意義。如沈順福在《試論傳統儒家意識產生的機制》（《社會科學研究》2019第4期）一文中指出對於古代儒家，意或意識是氣的活動的結果。即使是「思」這樣現代人以為是理智性的思維活動對於儒家來說也主要是一種生存性的情緒性活動。（參見沈順福、趙玫：《思：思維還是生存？──論中國傳統哲學中「思」的概念》，《西南大學學報（社會科學版）》2020第2期。）

陽明說：

> 所謂心即理者，以其充塞氤氳，謂之氣；以其脈絡分明，謂之
> 理；以其流行賦畀，謂之命；以其稟受一定，謂之性；以其物無不
> 由，謂之道；以其妙用不測，謂之神；以其凝聚，謂之精；以其主
> 宰，謂之心；以其無妄，謂之誠；以其無所倚著，謂之中；以其無
> 物可加，謂之極，以其屈伸消息往來，謂之易。其實則一而已。今
> 夫茫茫堪輿，蒼然隤然，其氣之最粗者歟？稍精則為日月星宿風雨
> 山川，又稍精則為雷電鬼怪草木花卉，又精而為鳥獸魚鱉昆蟲之屬，
> 至精而為人，至靈至明而為心。故無萬象則無天地，無吾心則無萬
> 象矣。故萬象者，吾心之所為也，天地者，萬象之所為也。天地萬
> 象，吾心之糟粕也。〔註52〕

在陽明看來，氣、理、命、性、道、神、精、心、誠、中、極、易所指為
一 ——「其實則一而已」——而立言分際不同。就氣、神、精而言，精以良
知之凝聚而言，氣與神皆以良知之流行而言。分別來看，氣是良知流行之盛大
充塞，而神言良知流行之妙用。在另一處陽明也說：「夫良知一也，以其妙用
而言謂之神，以其流行而言謂之氣，以其凝聚而言謂之精，安可形象方所求
哉？真陰之精，即真陽之氣之母；真陽之氣，即真陰之精之父。陰根陽，陽根
陰，亦非有二也。」〔註53〕陽明這裡說的「真陰之精」「真陽之氣」是隨順問
者而以道教的術語來說，用陽明自己的話來說，良知之凝聚態即是太極生生之
理的「常體不易」，為其陰之靜，良知的流行態即是太極之理的妙用無息，為
其陽之動。陰陽與太極因而不是程朱那裏不即不離的關係，要更接近張載的
「天參」結構。陽明說：「太極生生之理，妙用無息，而常體不易」，其中妙用
無息即是「陽之生」，即是氣之伸，常體不易即是「陰之生」，即是氣之屈。氣
伸為動、為陽，氣屈為靜、為陰，「一氣屈伸而為陰陽」，動為由無至有而顯，
靜為由有還無而隱，故而動靜一理，「一理隱顯而為動靜」。太極之理的「妙用
無息」為良知之動，為神，太極之理的「常體不易」為良知之靜，為精。雖然
動靜無端，陰陽無始，良知之凝聚態與它的流行態不以時間之先後言，但就縱
貫的、從無到有的發生而言，凝聚在先，流行在後，不凝聚則無以流行，而流

〔註52〕黃宗羲：《南中王門學案一》，《明儒學案》，沈芝盈點校，北京：中華書局，
　　　　2019年，第585～586頁。
〔註53〕王守仁：《王陽明全集》，第70頁。

行不是發散，正所以「通微」。與此相應，陽明區分了「精一」〔註54〕與「精神」，前者可以說是良知之凝聚至極，即心之體——「寂」、「誠」、「理」或性：「理一而已。以其理之凝聚而言則謂之性。」〔註55〕後者則為良知從凝聚轉向妙用的開端，陽明說：「『精一』之『精』以理言，『精神』之『精』以氣言。理者氣之條理，氣者理之運用。無條理則不能運用，無運用則亦無以見其所謂條理者矣。精則精，精則明，精則一，精則神，精則誠；一則精，一則明，一則神，一則誠。」〔註56〕理是就氣之運用的條理而言，條理在先〔註57〕，故「無條理則不能運用」，理因而具有了對氣化的主宰之能〔註58〕。就理之主宰而言有心之義：「理一而已……以其凝聚之主宰而言則謂之心。」〔註59〕運用在後，是條理自身的顯現，故「無運用則亦無以見其所謂條理者矣」，運用中所見的條理之顯現為氣化之「脈絡」：「以其脈絡分明，謂之理。」理與氣因此處於縱貫發生的連續進程中：「精則神」，「一則神」，有「精一」之理則有氣化妙用之神，理與氣的關係因而不能理解為朱子意義上的「理掛搭於氣上」。

對於陽明來說，理自身就是動理，所以自身即能運用，並不需要掛搭到別的能動的東西上，而氣是就理之運用而「充塞氤氳」而言。理與氣不能為二，只有精（凝聚）與粗（充塞）的區別。〔註60〕氣有「虛靈」與「條理」，二者在人為心與性，是氣之「清」。氣之「清」精，「濁」則粗。從最粗處開始說起，陽明認為蒼然之天，隤然之地為「氣之最粗者」。蒼然隤然者屬於所見之象中

〔註54〕萬廷言即以此意義上的「精」言說「乾知」：「精者常存之實體，神者感物之妙用。……精者天下之至靈，而知，靈明之謂也。……夫乾之所以中正純粹，而知太始者如此，其所貴可知已。」（萬廷言：《萬廷言集》，張昭煒點校，北京：中華書局，2015，第 99 頁）

〔註55〕王守仁：《王陽明全集》，第 86 頁。性是就流行之理凝聚於人物而言，所以陽明說：「以其稟受一定，謂之性。」

〔註56〕王守仁：《王陽明全集》，第 70 頁。

〔註57〕非時序上的先，而是本體論和邏輯上的先。

〔註58〕陽明說：「天地氣機，元無一息之停。然有個主宰。故不先不後，不急不緩。雖千變萬化，而主宰常定。人得此而生。若主宰定時，與天運一般不息。雖酬酢萬變，常是從容自在。所謂『天君泰然，百體從令』。若無主宰，便只是這氣奔放。」（王守仁：《王陽明全集》，第 34～35 頁）

〔註59〕王守仁：《王陽明全集》，第 86 頁。

〔註60〕正如高攀龍所言：「天地間渾然一氣而已。張子所謂『虛空即氣』是也。此是至虛至靈，有條有理的。以其至虛至靈，在人即為心；以其有條有理，在人即為性。澄之則清，便為理；淆之則濁，便為欲。」（黃宗羲：《東林學案一》，《明儒學案》，沈芝盈點校，北京：中華書局，第 1431 頁）

條理脈絡最不分明者。根據陽明「無條理則不能運用」的說法，條理少因而就運用少，靜多而變化少。天地間氣化之變有萬千，而蒼然隤然者恒靜而不動，缺少條理，所以為「最粗者」。作為天之垂象，地之效法，「日月星宿風雨山川」相對於蒼然隤然者有流行運用可言，所以為「稍精」者。「雷電鬼怪草木花卉」以及「鳥獸魚鱉昆蟲之屬」則擁有更多變化的可能性，所以為「又稍精」和「又精」者。以上皆屬於充塞絪縕之氣所顯現的萬象，而萬象之顯現皆賴吾心之感應，此即良知學「以其明覺之感應而已則謂之物」〔註61〕的義理。從「理之凝聚」之為性，再到「凝聚之主宰」之為心，再到「主宰之發動」而生發意、知與感應，物可以說是理之流行運用的最終端——所感應者。在一理流行而成物的意義上，可以說：「萬象者，吾心之所為也。」〔註62〕

　　高攀龍說：「氣之精靈為心，心之充塞為氣，非有二也。」〔註63〕此言可謂得陽明學之肯綮。萬象皆吾心之所為，吾心可以說「與天地萬物一體」，「一物有外，便是吾心未盡處」，吾心靈明「充天塞地」。陽明說：「可知充天塞地中間，只有這個靈明……天沒有我的靈明，誰去仰他高？地沒有我的靈明，誰去俯他深？鬼神沒有我的靈明，誰去辨他吉、凶、災、祥？」〔註64〕天高，地深，鬼神之吉、凶、災、祥，這些天地間的萬象都與我的「靈明」切身相關，為其所感。有象則有「靈明」在，這一點如果聯繫張載的「乾知」理論很好理解：象是由「乾知」於寂感之幾中「呈象」而來，所以萬象皆為「乾知」之所感與所顯。而「只在感應之機上看」的話，萬象實與我同一感應，也就是「同體」，是可知「充天塞地」皆有我的「靈明」，「乾知」之流行充塞既為氣。就「靈明」之充塞而言謂之氣，我與物處於「感應之幾」中，所以是「一氣流通的」。高攀龍還有一個說法有助於理解陽明性、心、氣「其實則一」的含義，他說：「心氣分別，譬如日，廣照者是氣，凝聚者是心，明便是

〔註61〕王守仁：《王陽明全集》，第86～87頁。

〔註62〕就物為末，心為源而言，也可以說：「天地萬象，吾心之糟粕也。」念庵與龍溪也都指出：「來教云：『良知之體本虛，而萬物皆備。』物是良知凝聚融結出來的，可謂真實的當矣。」（羅洪先：《答王龍溪》，《羅洪先集》，徐儒宗編校整理，南京：鳳凰出版社，第210頁）此外，陽明所言的「心失其正，則吾亦萬象而已」很容易讓人想到張載所說的「存象之心亦象」。對於二者來說，宇宙之萬象只是心之發動而所感應之物，心之本體是凝聚之性，須以至靈至明而為心，不可以存物象之心為心。

〔註63〕黃宗羲：《東林學案一》，《明儒學案》，沈芝盈點校，北京：中華書局，第1431頁。

〔註64〕王守仁：《王陽明全集》，第122頁。

性。」〔註65〕我們可以傚仿陽明的措辭這樣說，「明」一而已。以其凝聚而為光源而言為日，以其散佈於天壤間而為「廣照」而言為日光。明喻理（性），光源喻主宰性的心，「廣照」喻氣，三者「其實則一」。

第三節　「乾知」的自反性

一、從生生之幾到「復以自知」──唐君毅對近溪「乾知」說的詮釋

從凝聚之理到流行運用之氣，莫不為良知所貫徹。陽明說：「良知是造化的精靈。這些精靈生天生地，成鬼成帝，皆從此出。」〔註66〕良知如何能成為「造化的精靈」呢？這正是因為其為一自無而有、由寂而感的生生之機。陽明後學中，龍溪和近溪尤善言此義：

> 良知是造化之精靈，吾人當以造化為學。造者，自無而顯於有；化者，自有而歸於無。不造，則化之源息；不化，則造之機滯。吾之精靈，生天生地生萬物，而天地萬物復歸於無。〔註67〕

> 故天地之間，萬萬其物也，而萬萬之物，莫非天地生物之心之所由生也。天地之物，萬萬其生也，而萬萬之生，亦莫非天地之心之靈妙所由顯也。〔註68〕

良知之為「造化的精靈」是因為對於「天地之物」而言，其「萬萬之生」「莫非天地之心之靈妙所由顯」。「造」為自無而顯於有，「化」為自有而返於無。良知不斷地有無而有，由寂而感，此生生之幾不斷地引生新物，感化舊物，所以羅近溪認為宇宙創生的發動是「皆一知以顯發而明通之者」〔註69〕。

〔註65〕黃宗羲：《東林學案一》，《明儒學案》，沈芝盈點校，北京：中華書局，第 1432 頁。

〔註66〕王守仁：《王陽明全集》，第 119 頁。陳立勝指出，陽明學中良知的這一義項「放在天道創生義這一大的思想背景下加以理解，實是儒道兩家『生生』思想之通義」。（陳立勝：《入聖之機──王陽明致良知工夫論研究》，北京：三聯書店，2019，第 283 頁）

〔註67〕王畿：《東遊會語》，《王畿集》，吳震編校整理，南京：鳳凰出版社，2007，第 85 頁。

〔註68〕羅汝芳：《近溪子集》，《羅汝芳集》，方祖猷等整理，南京：鳳凰出版社，2007，第 199 頁。

〔註69〕羅汝芳：《近溪子集》，《羅汝芳集》，方祖猷等整理，南京：鳳凰出版社，2007，第 79 頁。

　　雖然同以良知為「乾知」，但王龍溪與羅近溪各自的側重點還是略有不同。在唐君毅看來，龍溪以「心知之空寂」為第一義，所以他言「乾知」時必推至混沌初開，無中生有處──「乾知即良知，乃混沌初開第一竅，為萬物之始」。龍溪當然也承認寂體中必有生感之幾，「寂感一幾」，「此幾之運，不容自己」，所謂「虛寂原是良知之體，明覺原是良知之用，體用一原，原無先後之分」〔註70〕。而近溪進於龍溪的地方在於：「心知之空寂，於近溪則為第二義」，近溪直接以「仁為第一義」，將良知理解為仁之「生生不息」的狀態，以良知為「明之本」與「生之本」。〔註71〕唐君毅復以兩重意蘊來論說「近溪」之「乾知」：

　　1. 乾知之感通無間即生生之仁貫徹無間。唐君毅認為：「《易傳》始言乾知。《易傳》之言乾知，蓋初自天地萬物之交感上見。」感則明，不感則不明，「有明即可言有知」，故由天地之交感即可以說一「大明之終始不息」，也可以說一「統體之乾知」明明不已。唐君毅進而指出：「吾人於此，如復能更進而深體悟之良知靈明，涵蓋彌淪於自所感通之天地萬物，而未嘗忍與相離之義，……天地萬物之相與感通之事，皆吾之良知之感通中之事。吾人與此，如復能不自軀殼起念，以私據此良知之流行為我有，再由之以識我與天地萬物共同之本根，則可會良知即乾知之義矣。」〔註72〕唐君毅所揭示的「乾知」之感通無礙顯然以陽明「大人者，以天地萬物為一體者也」之說〔註73〕為背景。良知之感應是無封限的，從感應之几上看，天地萬物都與我同體，因此天地萬物之感通之事皆吾分內事。因此，以良知為一體之仁實則是將良知當作一感應能力來看，由此仁不只是道德修養的一個德目，而是「造化生生不息之理」，「彌漫周遍，無處不是」。生生之事即是感通之事，吾心無時不生知，吾身無時不

─────────────────────────

〔註70〕 王畿：《滁陽會語》，《王畿集》，吳震編校整理，南京：鳳凰出版社，2007，第132頁。

〔註71〕 參見唐君毅：《中國哲學原論‧原教篇》，《唐君毅全集》第二十二卷，北京：九州出版社，2016，第334～335頁。

〔註72〕 唐君毅：《中國哲學原論‧原教篇》，《唐君毅全集》第二十二卷，北京：九州出版社，2016，第335頁。

〔註73〕 陽明云：「是故見孺子之入井，而必有怵惕惻隱之心焉，是其仁之與孺子而為一體也；孺子猶同類者也，見鳥獸之哀鳴觳觫，而必有不忍之心焉，是其仁之與鳥獸而為一體也；鳥獸猶有知覺者也，見草木之摧折而必有憫恤之心焉，是其仁之與草木而為一體也；草木猶有生意者也，見瓦石之毀壞而必有顧惜之心焉，是其仁之與瓦石而為一體也。」（王守仁：《王陽明全集》，第1066頁）

生感，知生與感生是就「我」這邊而言，而以良知的一體呈現義衡量，知之生同時就是物之生。正是有見於此，近溪直接以生言心：「宇宙間其一心矣乎？夫心，生德也。活潑靈瑩，融液孚通，天此生，地亦此生也，古此生，今亦此生也。無天地無古今而渾然一之者也。」〔註74〕

近溪言良知之仁與生別有特色。近溪之學主張先悟入「性地」，其悟入本體的工夫，與江右羅念庵主靜歸寂的風格不同，而是重視在「當下」用功。用牟宗三先生的術語來說，這種工夫當歸為「內在的逆覺體證」〔註75〕。近溪極善於即身言仁，茲從其語錄中錄一則公案來分析：

> 辛巳，外父張司空心吾（諱檟）公訪子從姑……竊言曰：「吾髫年相待，即已從事良知之教，及登科入仕，歷任中外，其一切措施，一切建白，俱以此知應用，而頭頭了了，似無可疑，但恐終屬照用，而未透心體。今年將衰，且幸戚末，在某固當極意求教，在翁亦宜盡心教之。」……子時不應，惟把臂示之曰：「君能信此渾身自頭至足，即一毛一髮，無不是此靈體貫徹否？」
>
> 外父曰：「佛家固有芥子納須彌之說，但某質魯，終看他不見。今翁既云一毛一髮，渾是靈體貫徹，當下何以使我便能見得？」
>
> 子時即於外父腦背力抽一髮，外父連聲叫痛，手足共相戰動，子問君之心果痛否？
>
> 外父曰：「既痛，為何不覺。」
>
> 子曰：「君之心神微渺，如何一髮便能通得？手足疏散，如何一髮便能收得？聲音寂靜，如何一髮便能發得？細細看來，不止一身，即床榻亦因震撼，蒼頭俱為怖驚，推之風雲互入，霄壤相聞，而即外窺中，可見頭不間足，心不間身，我不間物，天不間人，滿腔一片精靈，精靈百般神妙，從前在心而為君之知，在身而為君之事，在生而為君之少而壯、壯而老，莫非此個靈體。乃一向悶瞞，莫惻底衷。譬如寄養兒童，於親身父母偶遇人言說破，則識認歡欣，

〔註74〕羅汝芳：《敬恕堂說》，《羅汝芳集》，方祖猷等整理，南京：鳳凰出版社，2007，第587頁。

〔註75〕牟先生提出的「逆覺體證」，可分為超越的和內在的兩種。對其總體性介紹可參見林永勝：《中文學界有關理學工夫論之研究現況》，《儒學的氣論和工夫論》，楊儒賓、祝平次編，上海：華東師範大學出版社，2008，第232~264頁。

其情不可想耶。」〔註76〕

從其所自述中，近溪的外父從事良知之教而未得透見心體，只是照管了念頭。其向近溪請教，正求近溪能向他指點本體之消息。實際上，良知明覺，不僅遍體不遺，還是渾淪於天地間的一團生意，常人只因蔽於見聞而不能體會。外父顯然多聞於良知之教，並不是不熟悉其理論，只不過與常人一樣囿於知解，不得真知。因此，近溪並未對他言及抽象的理論，而是發揮其平常簡易而又篤實踐履的泰州學派的門風，於日用間指點良知發見，通過突然的行動造成聞見之知全然用不上的處境，讓其得以體會當下發生的感應之幾。借助突然於「腦背力抽一髮」的方式，近溪成功造成外父「只在感應之几上看」。可以說，拔一髮而知痛不僅通過「手足共相戰動」的現象證明了「痛癢自覺」的仁體貫測全身，此感應之幾還進一步超出了吾之一身，順著此身的「戰動」搖動了床榻，驚怖了奴僕，令整個霄壤相聞。拔一髮雖為日常生活中的常有之事，但其依然揭示了全體都在感動中的「一體感應」現象，向我們指明了「手不間足」「我不間物」「天不間人」的一體之仁。

2.「復以自知」則「乾知」統乎坤能。在近溪看來，徒生不足以言仁，必須進至以「生生」而言仁，他說：「夫不止曰『生』，而必曰『生生』，『生生』云者，生則惡可已也。」〔註77〕之所以徒生不能言仁，蓋有所仁則有所生，有所生則有所成，正如唐君毅所言：「若生而不復生，則生限於其所成。生限於其所成，而不能越過其所成，則不仁。」〔註78〕以「生生」言仁則無此弊，生不徒生，其中蘊含生而又生的生幾之不已。以「生生」言良知，必不止於就乾自身而言知，而是必須連帶上坤之能，明「乾知」能「透過坤能所成」而「更有所明」「更有所生」之性。近溪說：

> 乾坤之德只是「知」、「能」兩字，其實又只是「知」之一字。
> 蓋生天生地、生人生物，透體是此神靈為之變化，以其純陽而明故
> 也。然陽之所成處即謂之陰，而陰陽皆明以通之，所以並舉而言則
> 曰「乾以易知，坤以簡能」，又曰「乾知太始，坤作成物」……究竟

〔註76〕羅汝芳：《羅汝芳集》，方祖猷等整理，南京：鳳凰出版傳媒集團，2007，第411～412頁。

〔註77〕羅汝芳：《近溪子續集》，《羅汝芳集》，方祖猷等整理，南京：鳳凰出版社，2007，第277頁。

〔註78〕唐君毅：《中國哲學原論·原教篇》，《唐君毅全集》第二十二卷，北京：九州出版社，2016，第337頁。

陽之初動為復，而曰「復見天地之心」，是天之復則明統乎地之始；
曰「復以自知」，是坤之能則又果屬乎乾之知也已。〔註79〕

　　生之謂仁，生而一之謂心。心一則仁一，仁一則生無弗一也。
是故一則無間矣。無間者，此心之仁之所以純乎其運也。一則無外
矣。無外者，此心之仁之所以溥乎其施也。會而通之，吾茲有取於
《易》之乾坤矣。夫易，生生者也。乾之與坤，易之生生所由以合
德者也。乾一坤也，坤一乾也，未有坤而不始於乾，亦未有乾而不
終於坤者也。〔註80〕

易之生生的流行過程由乾坤這兩端構成。生為始於乾而終於坤，即「乾一坤」，
陰非與陽對立之物，而是「陽之所成」。陽不僅生而成陰，更透過此所成更有
所生，如此「陰陽皆明以通之」。由此，坤能又屬「乾知」，即「坤一乾」。「乾
知」透過坤能而更有所生，這一情形於易象為地雷復。關於近溪「復以自知」
的思想，唐君毅論之甚精：「由天之生幾不已以觀，則其成終即成始，見其由
生而成，由成而生，若有主宰乎其間著；而統一此成與生，使前之所生與後
之所生，不得相間隔而為二者。乃即於此生而『一』之『一』上，見天地之
心之實。此『一』，即由生幾或生生之幾而見，即由天之復而見。」〔註81〕觀
生之所成處復起之生幾即是「復見天地之心」，由此前之所生與後之所生得以
被統合。心即從此「生而一之謂心」，也就是生生之仁不間斷而「純乎其運」
處見。〔註82〕

　　唐君毅復論及「復以自知」所蘊含的心之「自覺」義，此可依近溪的「兩
個炯然」之說而論。《盱壇直詮》中載有一則公案：

〔註79〕羅汝芳：《近溪子集》，《羅汝芳集》，方祖猷等整理，南京：鳳凰出版社，2007，
　　　　第82頁。

〔註80〕羅汝芳：《敬恕堂說》，《羅汝芳集》，方祖猷等整理，南京：鳳凰出版社，2007，
　　　　第587～588頁。

〔註81〕唐君毅：《中國哲學原論·原教篇》，《唐君毅全集》第二十二卷，北京：九州
　　　　出版社，2016，第337頁。

〔註82〕龍溪亦以知仁不二言「乾知」，他說：「天地間，一氣而已。易者，日月之象，
　　　　陰陽往來之體，隨時變易，道存其中矣。其氣之靈，謂之良知。虛明寂照，無
　　　　前後內外，渾然一體者也……知者，良知也……天地之道，知仁而已。仁者，
　　　　知之不息，非二也。痿痹則為不仁，靈氣有所不貫也。」王畿：《易與天地準
　　　　一章大旨》，《王畿集》，第182～183頁。以仁為知之不息，這說明龍溪與近
　　　　溪一樣亦打通了知與仁。

　　　祖弟汝貞問：「白沙先生云：『須從靜中養出端倪』，又云：『此
　　心虛朗炯然』，在中炯然者，可即是端倪否？」

　　　祖曰：「是也」。

　　　曰：「汝貞用功許久，而炯然端倪尚未有見，請求指示。」

　　　祖曰：「此個工夫，亦是現在。且從粗淺處指於汝看。」祖乃
　　遍呼在坐曰：「汝此去家各遠，試反觀其門戶、堂室、人物、器用，
　　各炯然在心否？」眾曰：「炯然在心。」良久，忽傳報貴客將臨，
　　祖復遍呼在座曰：「汝等此時皆覺得貴客來否？」眾曰：「皆覺得。」
　　祖曰：「亦待反觀否？」眾曰：「未嘗返觀，卻自覺得。」祖乃回顧
　　汝貞曰：「此兩個炯然，各有不同。其不待反觀者，乃本體自生，
　　所謂知也；其待反觀者，乃工夫所生，所謂覺也。今須以兩個炯然
　　合成一個，便是以先知覺後知，而知乃常知；是以先覺覺後覺，覺
　　乃常覺矣。常知常覺，是為聖人，而天下萬世皆在其炯然之中矣。」
〔註83〕

聞客來即覺並不只是說「我覺客來」這一簡單的對象意識，其完整的表達是：
我覺知（我覺客來），這是一種典型的自感現象（非自身意識）〔註84〕，當下
即知，不需事後反思。「其不待反觀者，乃本體自生，所謂知也」指的正是這
一現象總體中必不可少的、直接性的自身性維度——「我覺知」。「本體自生」
則表明良知心體自然如此，這一自身覺知是自發的。若用張載的術語來說的
話，此個「炯然」源於「天功」，而非出於「反觀」這樣的「己力」。「反觀」
是另一個「炯然」，在這個例子中指的是對所記憶之事的反思，一種出於「己
力」的反身性的心靈活動，近溪稱之為「覺」。通常把反思理解為一種後發的、
回顧性的追查，但這裡顯然與近溪所要求的體悟當下天機顯現的精神不符合。
近溪這裡所謂的兩個合成一個，從形式上看為「自感+反觀」，而非反觀（自感）。
換言之，這不是說要在事後重新將之前發生的某一自感現象再度當下化，而是
在這一自感現象呈現的當下，自知其知，即通過「覺」或「反觀」將先後呈現
的本體自然之知——「先知」和「後知」連貫起來，此即近溪所說的「先知覺
後知」的義理。

〔註83〕黃宗羲：《泰州學案三》，《明儒學案》，沈芝盈點校，北京：中華書局，2019，
　　　第773頁。

〔註84〕關於良知與自身意識的關係，參見本節下一部分。

　　進一步考察的話，人之自覺可以說即是人之生幾之不已，前知後知一而不二之處。唐君毅說：「常言人心，見於自覺。自覺者，自知其知。凡有知，即有知之生。則自知其知，即自生其生。自知其知者，生生不息之前知後知之貫徹無間隔而已。」〔註85〕照此，「覺」或者「自知」這樣的自反性活動便與西方哲學中主體的反思相區別開來。〔註86〕在近溪看來，像「我思故我在」這樣的自身確定性或自身明證（evidence）只是人一任反觀所產生的「光景」〔註87〕：「當下心中炯炯，卻赤子原未帶來。……蓋渾非天性，而出自人為。」近溪指出，心體的實質其實是純粹的感應活動，即「寂感」。就這一點而言，天地間只有「一團靈氣」，「只一心字亦是強立」。然而，可惜的是：「後人不省，緣此起個念頭，就會生做見識，因識露個光景，便謂吾心實有如是本體，實有如是朗照，實有如是澄湛，實有如是自在寬舒。不知此段光影原從妄起，必從妄滅；及來應事接物，還是用著天然靈妙渾淪的心。」〔註88〕在近溪看來，當時學者常常言說的「如是朗照」、「如是澄湛」等等只是一段「原從妄起」的「光影」。天地間原是一團萬感萬應的靈氣，即使是良知心體，原本也是就此感應之幾立言，「心」字終屬「強立」。光景的形成，不是因為人們識心之功不勤，流散其靈明於物而造成，反而是因為人自惜其明，以自私之心停此靈明通物之用，遂反緣前念之明，以靈光反照此靈光，遂構成一片光景。人欲自握持此當下炯炯之靈明，反而絕其自然感物之用，結果遏制了靈明生生之用，造成靈明之膠結與凝固，宛如自造一硬殼。〔註89〕近溪認為，「反觀」這樣的自反性活動要「以

〔註85〕唐君毅：《中國哲學原論‧原教篇》，《唐君毅全集》第二十二卷，北京：九州出版社，2016，第 337 頁。

〔註86〕吳震先生也指出，這裡「天之知」與「人之知」是「本體之知的兩種不同的狀態」，後者是對前者的「自知」。參見吳震：《羅汝芳評傳》，南京：南京大學出版社，2005，第 244～250 頁。

〔註87〕牟宗三先生亦在類似的意義上說作為先驗主體性的認知主體是「平地起土堆」似的：「知體明覺之自覺地自我坎陷即是其自覺地從無執轉為執……這一執就是那知體明覺之停住而自持其自己……它一執持，即不是它自己，乃是它的明覺之光之凝滯而偏限於一邊，因此，乃是它自身之影子，而不是它自己，也就是說，它轉成『認知主體』。故認知主體就是它自己之光經由一停滯，而投映過來而成者，它的明覺之光轉成認識的了別活動，即思解活動。」「那停住而自持其自己的認知主體對那知體明覺之真我而言，亦是一現象。」牟宗三：《現象與物自身》，《牟宗三先生全集》第 21 冊，第 127～128、131 頁。

〔註88〕黃宗羲：《泰州學案三》，《明儒學案》，沈芝盈點校，北京：中華書局，2019，第 768 頁。

〔註89〕參見唐君毅《中國哲學原論‧原教篇》，《唐君毅全集》第二十二卷，北京：九

天理之自然者為復」，而不應該「獨於心識之炯然處求之」，否則即是「天以人勝，真以妄奪」〔註90〕。唐君毅先生指出：「心之所以為心，雖必待復以自知而後知，此自知，亦非另有一心以知此心。……蓋心由自然之外用，而滯於形跡，原是由於天聰天明，不能不明通於物。即人原來之天知，不能不順而外出。順而外出，乃滯於形跡，不免滋生物慾。故又不可不逆此自然之外用而滯跡之勢，以復其本來。然則逆知之為逆，乃對滯跡之勢而為逆，非逆其聰明之用。此所謂逆其滯跡之勢者，不外使此順而外出之天知，自跡折回而自照，不復陷溺欲物慾，乃得更顯其天聰天明之大用耳。故人之逆知，雖逆乎『自然順出之天知』之『滯跡』；正所以迎迓天知之大用而順承之。」〔註91〕因此，「反觀」或「復以自知」之「復」的實質是一種返回，從每一發出之念返回生念之前的心體，形成如下的狀態：「心→念→心→念→心→念……」。〔註92〕這裡的念雖

州出版社，2016，第344～345頁。關於光景，古清美先生指出：「光景就是光和影子；然而，究是何物之光，何物之影？還是那個萬理融具、至靈又至實的心體。這心體本是當下時時湧出，但在人起意執求時，它便反而隱身在那個執求的意念後面、隱身在層層理論文字的包裹後面，使人但見其影而不見其真；此影雖因心而生，不離於心，但卻不即是真心；欲證見心體者，卻以此為真，加以想像、追求、描畫，自是愈求愈遠，終不可得了。近溪便是在此處點破，令學者覺知此乃是光是影，是妄非真，故須破除。此處一悟，覺照之智顯發，執求之意與所求之光影頓時如層層凍冰，渙然消融無跡；真心自然呈現，生生之仁也自周流無滯了。」（參見古清美：《羅近溪悟道之意涵及其工夫》，《慧庵論學集》，臺北：大安出版社，2004，第111～150頁）

〔註90〕羅汝芳：《近溪子集》，《羅汝芳集》，方祖猷等整理，南京：鳳凰出版社，2007，第223頁。這裡所言的「人」與「妄」不僅包括人情慾望，一般所言的知識也涵蓋在內：「蓋雷潛地中，即陽復身內，幾希隱約，固難從情意取必，又豈容以知識同窺？」（是書，第222頁）

〔註91〕唐君毅《中國哲學原論‧原教篇》，《唐君毅全集》第二十二卷，北京：九州出版社，2016，第340～341頁。

〔註92〕這一圖示來自彭國翔：《良知學的展開——王龍溪與中晚明的陽明學》，北京：三聯書店，2005，第144頁。陳曉傑也指出：「『復』……提升到了本體論的高度，而不再限於『貞下起元』的這一瞬間。『天地之心』不是懸空的一個實體，而就是天之『生生』，『生而惡可已』，則『生而復生』，『復』即是『生→成→生→成→∞』的無窮循環」，人之回返之念「並非是後悔自己的過失，而恰恰是要知道無論是弊於『意見』還是『物慾』，都本來是順著天的生生之德而來，不過是因為此順承進一步留戀於『光景』或者外物，逐之不返而已。若人當下即領悟到此心被遮蔽，也是因為此（天）心自迷，自知自己之心被遮蔽，依然是由於天心之映照，就能『逆而反之』，使此自覺之「復」合於天心之『復』，此即是『復以自知』」。（參見陳曉傑：《「復者道之動」——論羅近溪的「復」思想》，《周易研究》2017年第4期）

由心體發出，但並沒有成為常人那種滯留於物慾的「二念」，而是王龍溪所言的「即念而離念」的狀態，所以其雖然與良知心體有寂與感的區別，但不是異質異層的分別。這一串係因而可以省略中間的念：「心→心→心→……」，此即近溪所言的「先知覺後知」這樣前知後知貫通無二的狀態。

二、兩種自反性：「明德」與「明明德」

由羅近溪「復以自知」的理論所主題化的通貫前知與後知的「自知」現象並不是良知學中「自覺」或「自知」現象的全部。為了說清前者的實質，我們必須討論清楚後者。

近年來，良知的「自知」現象隨著現象學家耿寧（Iso Kern）的發現逐漸引起學界關注。耿寧認為：王陽明「凡意念之發，吾心之良知無有不自知者」〔註93〕這一類說法表明：良知的省察活動與意念行為的發生是同步的、現時的、當下的，每一個意念都具有被（良知）意識的維度。〔註94〕由此看來，良知其實是一種現象學意義上「自身意識」（Selbstbewusstsein）。自身意識概念所指涉的是超越層的良知與經驗層的意念「異質層面之同時並動現象」〔註95〕。在嚴格意義上來說，這只是良知對意念的審查意識，雖然良知在審查意念時必然伴隨有對自己審查活動的自知，但耿寧先生的論述卻沒有清楚地指出這一點。在牟宗三「逆覺體證」理論〔註96〕的啟發下，陳立勝進一步推進了耿

〔註93〕王守仁：《王陽明全集》，第 1070 頁。

〔註94〕參見耿寧（Iso Kern）：《人生第一等事——王陽明及其後學論「致良知」》，北京：商務印書館，2014，第 13 頁。

〔註95〕陳立勝：《「以心求心」、「自身意識」與「反身的逆覺體證」：對宋明理學通向「真己」之路的哲學反思》，《哲學研究》，2019 年第 01 期。

〔註96〕牟宗三說：知體明覺在隨時呈露中（如乍見孺子將入井，人皆有怵惕惻隱之心），其自身之震動可以驚醒吾人……此謂本心之「自我震動」。震動而驚醒其自己者即自豁然而自肯認其自己，此謂本心之自肯……本心之自我震動而返照其自己，此無能覺與所覺，乃只是自己覺自己。（牟宗三：《現象與物自身》，長春：吉林出版集團有限責任公司，2010，第 86 頁）本心的「明覺」是以「a⊃a」的方式自身相關，能覺即是所覺，根本沒有能所的區分。「自感」所涉及自身關聯是直接性的，感與所感並不存在距離，是「本心之明覺覺情之自我震動」。「它不只是一種感受的情，而且就是一種『覺情』……孔子由『不安』說仁，孟子由不忍之心或惻隱之心說仁，就是這樣的一種覺情，是即心即理的……程明道以不麻木說仁（此即函以萬物一體說仁），謝上蔡承之，復以覺訓仁，亦就是這樣一種覺情。至王陽明以精誠惻怛說知體明覺，亦仍是這樣一種覺情。」（牟宗三：《智的直覺與中國哲學》，《牟宗三先生全集》第 21 冊，臺北：聯經出版事業有限公司，2003，第 73 頁）從這種自身感受的覺情中，牟宗三

寧的觀點，他指出：由四端之心所產生的「『不安』、『不忍』之感」可帶來本心的「自省、自知、自證其自身」〔註97〕，這種「知」是一種非對象化的自知。依照哲學歷史詞典（*Historische Wörterbuch der Philosophie*），這種伴隨著自我震動之感的自知並不是自身意識，而是意念產生之前的「自感」（Self-affection，Selbstaffektion）。自感是「主體通過自己本身直接的被觸及的存在（Affiziertsein）」，是「自身的自身自涉」（Sichselbstangehen des Selbst）。〔註98〕舉凡（孩提）知愛知敬等「真誠惨怛」之情皆屬於自感現象。可以說，自感現象是嚴格意義上良知本身前反思的、非對象化的自身覺知，其與耿寧所說的自身意識的區別在於：前者聚焦於良知的「自知」，後者側重於意念的「被知」。這一點所關甚大，劉宗周說：「知善知惡與知愛知敬相似，而實不同。知愛知敬，知在愛敬之中；知善知惡，知在善惡之外。知在愛敬中，更無不愛不敬者以參之，是以謂之良知。知在善惡外，第取分別見，謂之良知所發則可，而已落第二義矣。」〔註99〕所謂知在善惡外，指的正是良知與意念「異質層面之同時並動」，此時良知（對自己審查活動）的自知顯然被善惡意念的「被知」蘊含（遮蔽），因此，在劉宗周看來，這種良知對意念的「知」只是良知所發，容易導致「知為意奴」。反之，在愛敬這樣的「覺情」中的「知」並不存在異質異層的分別，而是良知心體的自我感發。程門以「知得痛癢」為「識仁」之方，陽明後學王龍溪、羅近溪以孝悌慈為良知之「自然明覺」的說法所依據的都是這種最基礎的自感現象〔註100〕。

言及「智的直覺」：「明覺之自我立法，其立之，即是覺之，它是在覺中立。它立之，它即感受之，它是在立中感受。它覺，它感受，即在此覺與感受中，轉出『智的直覺』。」（牟宗三：《智的直覺與中國哲學》，《牟宗三先生全集》第21冊，臺北：聯經出版事業有限公司，2003，第81頁）

〔註97〕陳立勝：《「以心求心」、「自身意識」與「反身的逆覺體證」：對宋明理學通向「真己」之路的哲學反思》，《哲學研究》，2019年第01期。

〔註98〕*Historische Wörterbuch der Philosophie*, herausgegeben von Joachim Ritter, Karlfried Gründer und Gottfried Gabriel, Bd.9, Basel: Schwabe AG Verlag, 1971～2010, S.319～320.

〔註99〕劉宗周：《良知說》，《劉宗周全集》第二冊，吳光主編，杭州：浙江古籍出版社，第317頁。

〔註100〕以馬里翁（馬禮榮）、亨利為代表的法國現象學家揭示了自身感受或「感受性」（affectivité）作為源初現象性的奠基地位，馬里翁認為：意識不是通過表象或者意向性來思，「意識根本上通過自身感受進行思或自思」。（Jean-Luc Marion, *Questions cartésiennes. Méthode et métaphysique* Ⅰ, Paris, PUF, 1991, p.167）「如果我不能由於一種激浪……而首先自身感覺到自我本身，自身感覺到在感覺，

　　值得注意的是，陳立勝所指出的（良知的）自感現象也並非良知之自知或自反性（reflectivity）的全部意蘊。耿寧曾談即陽明學派有一種「在簡單而純淨的『思』中的自身回轉（自返）」〔註101〕的理論，但惜乎未曾展開，這種在「思」中的「自身回轉」並非前反思、直接的自感〔註102〕現象中，而是必須獲得「思」的中介。這種有所中介的自反就是上一節中提到的羅近溪的「反觀」或者「覺」，其可以說是良知直接的自反性的更充分實現。在王龍溪看來，前反思的自知不慮而知，不學而能，是直接給出的、「能所合一」的自然明覺，赤子百姓雖莫不皆有此「明德」，但卻日用不知：「百姓日用不知，迷也；賢人日用而知，悟也。」〔註103〕成就聖德的工夫實踐為了除「迷」得「悟」則要進一步地明此明德，明此明德之明與明德之明不同，是良知借助於工夫而達成的更高階的自反性（high-order reflectivity），羅近溪首座弟子楊起元（字貞復，號復所）對此論之甚透：

> 明德之明，一明也；明明德之明，又一明也。明德之明，明之出乎天者也；明明德之明，明之繫乎人者也。繫乎人者，必由學問之力以求其明。學問一毫之未至，即其明亦未徹。若其出於天者，則虛靈之體，人人完具，聖非有餘，凡非不足，豈容一毫人力哉？人之有是明德也，猶其有是面貌也。由學問以求明，猶欲自識其面貌者援鏡以自照也。一照之後，不過自識其面貌而已，不能以分毫加之。〔註104〕

那麼我就不會感覺到任何其他東西（除了自我之外）：自身─感受獨獨使異質─感受成為可能。」（馬禮榮：《情愛現象學》，黃作譯，北京：商務印書館，2014，第 212～213 頁）「首先自身感覺到自我本身」這種自身感受是第一位的，其不僅先於所謂的異質感受也先於使異質感受成為可能的、與之相伴隨的對異質感受的感受，後者即耿寧所說的自身意識。自感越純粹，外感就越不受限：「我的肉環繞、遮蓋、保護和微微開啟了世界──而不是相反。我的肉越感覺，越自身感覺到在感覺，世界就越開啟。肉的內在性是世界的外在性的條件，而非與後者對立，因為自身─感受獨獨使異質感─受成為可能，後者與前者相稱地增長。」（馬禮榮：《情愛現象學》，黃作譯，北京：商務印書館，2014，第 214 頁）理學家們也指出惻隱之心若不受後念影響的話，就能推而擴之，與天地萬物為一體。

〔註101〕耿寧：《人生第一等事──王陽明及其後學論「致良知」》，北京：商務印書館，2014，第 13 頁。
〔註102〕在後文中，我們還將指出另一種良知的自知現象，即耿寧所說的「寂靜意識」，其與自感皆屬於前反思的自知。
〔註103〕王畿：《悟說》，《王畿集》，吳震編校整理，南京：鳳凰出版社，第 494 頁。
〔註104〕黃宗羲：《泰州學案三》，《明儒學案》，沈芝盈點校，北京：中華書局，2019，第 809 頁。

明德本明（前反思的自知），耿、陳二先生對此論之甚詳，明明德為「援鏡自照」的作聖之功，但此種借助某種中介（援鏡）而達成的自知尚為學界在討論良知的自反性時忽視。雖然「本明之德，實不因明而有所增」，但是在「習染漸深，知識漸起，求欲漸廣」的情況下，單純的明德之明卻有可能被中斷和遮蔽，缺少明明德之鏡，則吾人於苦樂關津難以度越。可以說，明明德之明實為良知本體在人這裡自繼自顯、生生而不可已的保證。

對明德之明與明明德之明二者關係的分析需要配合心學「心—意—知—物」的架構來討論。按照龍溪《意識解》一文的說法，知與意的關係存在兩種可能。龍溪云：

> 直心以動，自見天則，德性之知也。泥於意識，始乖始離。夫心本寂然，意則其應感之跡；知本渾然，識則其分別之影。萬欲起於意，萬緣生於識。意勝則心劣，識顯則心隱。故聖學之要，莫先於絕意去識。絕意非無意也，去識非無識也。意統於心，心為之主，則意為誠意，非意象之紛紜矣。識根於知，知為之主，則識為默識，非識神之恍惚矣……若有影跡留於其中，虛明之體反為所蔽，所謂意識也。〔註105〕

《意識解》表面上看只討論了心性論層面上的「心—意—知」，而略脫了存在論層面的「物」。然而，這一脫落並非缺陷而是出於理論上的必然。就意與物的關係而言，龍溪繼承了陽明「心外無物」的洞見，反對朱子格物論「未有是意，先有是物」的觀點：「格物之物，是意之用處，無意則無物矣。」〔註106〕因此，龍溪所談之物就不是兀然自在的外在之物，而是「意之用」、「意之在」或者說為「意」的相關項。總體上看，陽明學所談之意相當於現象學所揭示的意向性意識，即意識總是關於某物的意識。既然物與意始終在一種相關主義的視角中得以理解，那麼，有意才有物，無意則無物，「念不正則為邪物，念正則為正物，非若從其在外而不由心也」〔註107〕。意相對於物擁有著存在論的優先性，物以被意所構造的方式在意中顯現，無意則物無以顯現，如此一來，

〔註105〕 王畿：《意識解》，《王畿集》，吳震編校整理，南京：鳳凰出版社，2007，第192頁。

〔註106〕 王畿：《格物問答原旨》，《王畿集》，吳震編校整理，南京：鳳凰出版社，2007，第142頁。

〔註107〕 王畿：《格物問答原旨》，《王畿集》，吳震編校整理，南京：鳳凰出版社，2007，第143頁。

被界定為原本無意的心知就可以說因無物顯現而為渾然、寂然。雖然心原本為寂然，但它可產生意與識，這兩者是它的「應感之跡」與「分別之影」，順此可進一步產生「欲」與「緣」。龍溪的這一論述確立了一條發生性的意識生成鏈：心（知）→意⋯（欲⇔緣）。前兩者是體用關係，心（知）必然因感生意，意為心（知）的「應──感」活動，「欲⇔緣」這一對子則僅僅為意的衍生物。

「心本寂然」，「知本渾然」。在陽明學派，此渾然無意之知即是寂然不動的心之本體，陽明學對此有各種各樣的說法，如「誠」，「精」，「寂體」，「獨知之體」等等。龍溪說：「獨知之體，本是無聲無臭。」〔註108〕心之本體渾然、寂然，昭昭靈靈，其「非念動而後知」，因而可以說，其可不依賴一般意義上的意識而自知自覺。耿寧先生以「寂靜意識」這一術語形容此「在一切意向活動之前、在寂靜的、純粹的心之本體中的沉浸」，這一寂靜不是黑暗或無意識，而是「清晰、覺醒的意識」〔註109〕。然而，無論陽明還是龍溪，都把這種渾然無意之知看作是良知之靜態或凝聚態，良知本身「靜未嘗不動，動未嘗不靜」〔註110〕，「寂不離感」，「離感而守寂謂之泥虛」〔註111〕。寂感一如之知不可能沒有「應感」之意，將意規定為良知之「應感而動者」〔註112〕的觀點出自陽明，龍溪的推進在於明確指出了意有兩種模態：「誠意」與「意識」。就前者而言，如果說讓物得以顯現的意與原本無意的心（知）存在顯與隱、感與寂的區分，那麼統於心且根於知的「誠意」就是二者更高的統一。關於（心）知──意──物的關係，龍溪在另一篇文章裏還有一原理性的說明：「知是寂然之體，物是所感之用，意是寂感相乘之機。」〔註113〕這裡對意的規定與《意識解》中「意則其應感之跡」的說法就有所不同，強調意為知之體用貫通。如所周知，「機」或「幾」這一概念是龍溪學問的主腦：「先天之學，天機也。」〔註114〕

〔註108〕 王畿：《答洪覺山》，《王畿集》，吳震編校整理，南京：鳳凰出版社，2007，第262頁。
〔註109〕 參見耿寧：《心的現象──耿寧心性現象學研究文集》，北京：商務印書館，2012，第466～472頁。
〔註110〕 王守仁：《王陽明全集》，第103頁。
〔註111〕 王畿：《致知議辯》，《王畿集》，吳震編校整理，南京：鳳凰出版社，2007，第133頁。
〔註112〕 王守仁：《王陽明全集》，第53頁。
〔註113〕 王畿：《格物問答原旨》，《王畿集》，吳震編校整理，南京：鳳凰出版社，2007，第143頁。
〔註114〕 王畿：《南遊會紀》，《王畿集》，吳震編校整理，南京：鳳凰出版社，2007，第154頁。

「體用顯微只是一機」，體、用或顯、微貫通方為「幾（機）」。龍溪還用這個概念來刻畫良知和仁：「良知者，自然之覺，微而顯，隱而見，所謂幾也。」〔註115〕「仁者與物同體，炯然油然、生生不容已之機，所謂仁也」〔註116〕。換言之，良知本身寂感一貫，隱顯一體，因此，作為「寂感相乘之機」的意不可能是與良知異質異層為其所審查的意念而應當為良知的寂感貫通態以及發用流行態，即「誠意」。「誠意」則「意統於心」，「識根於知」。就意發生於知而言，每一從無意之中剛產生的意念必然根於知而統於心。在其文集裏，龍溪有大量關於「最初一念」或「最初無欲一念」〔註117〕的說法，如：「怵惕惻隱之心，乃其最初無欲一念，所謂元也。」〔註118〕「怵惕惻隱之心」作為「最初無欲一念」其實就是自感，寂然心體與「最初無欲一念」雖然有寂與感的不同，但都是良知不同階段直接性的自知，此時尚沒有產生與良知「異質異層」的意念。

　　初念只是「良知之自然明覺」（即自感），但按照「心（知）→意⋯（欲⇔緣）」的發生鏈條，初念可進一步產生「欲」，有欲之意就不再屬於「天機」（良知的體用貫通態），而是成為與良知異質異層的「意識」。與「誠意」相反，「意識」可反蔽虛明之體。意為知的應感活動，其讓物得以顯現而成為「所感」之跡。倘若這一跡留而不化，則會出現紛紜之意象遮蔽「虛明之體」的狀況。紛紜之意象自然由紛紜之意所構造，因此，「意識」可以看作是將諸多意統合在一起的綜合者，龍溪又名此為「二意」，感應之跡之所以留而不化正是由此「二意」將過去之意象執定到現在。「意識」不根於知、統於心，其可以說處於「無根」的狀態，正因為此，「意識」也擁有相對於心（知）的獨立性，其可導致「意勝則心劣，識顯則心隱」的狀況。「意識」的這種獨立性在於意可以自己執著自己，所謂「泥於意識」實則是意自泥而成「意識」〔註119〕。如若我們

<hr>

〔註115〕王畿：《致知議辯》，《王畿集》，吳震編校整理，南京：鳳凰出版社，2007，第137頁。

〔註116〕王畿：《復陽堂會語》，《王畿集》，吳震編校整理，南京：鳳凰出版社，2007，第8頁。

〔註117〕與龍溪強調初念一致，近溪也主張要動念：「克念狂作聖，罔念聖作狂。可見念之動初，乃心之精神，能動精神謂聖，不能動精神即狂。聖可以不作，精神可以不動乎？」（羅汝芳：《羅汝芳集》，方祖猷等整理，南京：鳳凰出版社，2007，第328頁）

〔註118〕王畿：《南雍諸友雞鳴憑虛閣會語》，《王畿集》，吳震編校整理，南京：鳳凰出版社，2007，第112頁。

〔註119〕從意的執著中牟宗三先生看出了西方主體性哲學所討論的「超越的我」或「自我意識」，此乃「紛紜恍惚的意識自身中之恆常者」。參見牟宗三：《認識心批

單純考量意，其既可根於知而為「誠意」也可離根而為「意識」，陽明四句教的第二句「有善有惡意之動」雖已顯示出實踐領域「意」善惡兩歧的自由活動能力，龍溪「誠意」與「意識」的分疏則揭示了意對於知的若即若離，這一若即若離就是良知之「不遠」。意的這種若即若離既是其往而不反淪為「意識」的可能性條件，也是「復」歸良知本體而為「誠意」，從而構成良知自反性環節的契機，即明明德。可以說，誠意的可能性完全在於往而不返淪為意識這一運作的不可能。「顏子有『不善未嘗不知、知之未常復行』」，龍溪認為：「此德性之知，謂之『屢空』，空其意識，不遠之復也。」〔註120〕不善之意與良知異質異層，對之未嘗不知則是耿寧所說的自身意識現象，這種對不善意念的「知」已經處於良知的「遠」處。但顏子在知之之後能做到「空其意識」就意謂著他能在異質異層之意念的開端止住，從「不遠」處「復」歸心體。龍溪在另一處說：「良知者，造化之靈機，天地之心也。復之六爻，皆發此義。初復者，復之始，才動即覺，才覺即化，一念初機，不待遠而後復。」〔註121〕既要動「一念初機」，又要從此「不遠而復」，「復其心體之本然」要在意上見分曉。學聖工夫「莫先於絕意去識」，但「絕意去識」不是強行無意無識（這違背自然），而是不要「轉念」，不讓「初念」流於「意識」，從而再度返回於心（知），「復」所代表的良知的高階自反性就建立在此既順而出之又逆而反之的一出一反上。

　　總而言之，良知的自反性可分為三個階段：「虛寂之體」──「最初無欲一念」──「復」，前兩者屬於明德之明，「復」屬於明明德之明。

三、思：「乾知」所以為貞明之故

　　無論是虛寂之體，抑或是最初無欲一念這樣的「自然之明覺」，皆屬於順而出之的明德之明，屬於「天功」。就心識的流轉演變而言，初念可進一步往而為欲，若依常情而論，此亦為自然之事。與此相對，龍溪所說的「一念自反」之「復」的活動方向卻是逆而反之。更何況，其「存乎其人」，必須有「己力」的參與。無論就二者的方向還是它們的性質而言，看起來都會出現了一個理論難

判（上）》，《牟宗三先生全集》第 18 冊，臺北：聯經出版事業有限公司，第 93～101 頁。

〔註120〕王畿：《意識解》，《王畿集》，吳震編校整理，南京：鳳凰出版社，2007，第 192 頁。

〔註121〕王畿：《建初山房會籍申約》，《王畿集》，吳震編校整理，南京：鳳凰出版社，2007，第 50 頁。

題：如果由意生欲乃自然之事，那麼，自反之功則成了人為之強制，反而違背了本來之自然。要解決這個難題必須追問自然（本體）與工夫的關係究竟如何。

「一念自反」要反於寂然不動的獨知之體。龍溪說：「獨知便是本體，慎獨便是工夫……只此便是未發先天之學」〔註122〕。對於龍溪，「一念自反」的先天工夫就是「慎獨」之功。「慎獨」這一術語包含「戒懼」（工夫）與自然（本體）兩項，認良知為獨知的觀點固然可以說為王門共法，然而「慎」或「戒懼」的詞語則不免讓人聯想到人為有意地去主宰控制。在當時學界有著自然與戒懼的優先性之爭，耿寧將這種爭論的實質精闢地歸結為自發性（自然性）與有意控制之間的關係問題。〔註123〕與龍溪同屬浙中王門的季本（號彭山）認為：「自然者，順理之名也。理非惕若，何以能順？舍惕若而言順，則隨氣所動耳，故惕若者，自然之主宰也……故聖人言學，不貴自然，而貴於慎獨，正恐一入自然，則易流於欲耳。」〔註124〕顯然，季彭山理論的一個前提與常情一致，即以自然為「順」，如此隨氣而動，由意「流於欲」就算作自然。這種觀點影響很大，連王畿的學生張元忭（字子藎，別號陽和）也對之頗為同情：「果以敬義之功，謂於本體上尚隔一塵，不及自強不息之直達本體，則堯、舜、禹之孜孜戒勉，曰欽、曰慎、曰兢業，皆敬也。是亦不得為乾道耶？自良知之說一出，學者多談妙悟而忽戒懼之功，其弊流於無忌憚而不自知。忭竊於彭山《龍惕》之說有取焉，亦救時之意也。」〔註125〕可以看出，張元忭主要從工夫的層面理解警惕，認為其不可或缺，可挽救自然（順氣而動）之弊〔註126〕。關於元忭之疑，龍溪以「學者談妙悟而忽戒懼，至於無忌憚而不自知，正是不曾致得良知，非良知之教使然也」〔註127〕來作答，在承認戒懼工夫不可或缺的

〔註122〕 王畿：《答洪覺山》，《王畿集》，吳震編校整理，南京：鳳凰出版社，2007，第 262 頁。

〔註123〕 參見耿寧：《人生第一等事——王陽明及其後學論「致良知」》，北京：商務印書館，2014，第 538 頁。

〔註124〕 黃宗羲：《浙中王門學案三》，《明儒學案》，沈芝盈點校，北京：中華書局，2019，第 273 頁。

〔註125〕 王畿：《和陽和張子問答》，《王畿集》，吳震編校整理，南京：鳳凰出版社，2007，第 124 頁。

〔註126〕 季本自己不僅從工夫上論「惕」，更是「直就本體（本心）言『惕』」。參見王巧生、黃敏：《「龍惕說」及其爭論》，《河南師範大學學報（哲學社會科學版）》，2008 年 04 期。

〔註127〕 王畿：《和陽和張子問答》，《王畿集》，吳震編校整理，南京：鳳凰出版社，2007，第 124 頁。

前提下指出流於「無忌憚」乃人病而非法病。對於季本的觀點，龍溪一方面重新為自然正名，指出「良知者，自然之明覺」〔註128〕，「蓋自然之所為，未嘗有欲」〔註129〕，「習懶偷安」正是「錯認自然」〔註130〕；另一方面則於本體論與工夫論的層面進一步反駁對方，申說己意：

> 其意若以乾主警惕，坤貴自然，警惕時未可自然，自然時無事警惕，此是墮落兩邊見解，《易》道宗原，恐未可如是分疏也。夫學當以自然為宗，警惕者，自然之用。戒慎恐懼，未嘗致纖毫力，有所恐懼則便不得其正，此正入門下手工夫。〔註131〕

對於季本乾坤分主警惕與自然的觀點，王畿指出：將二者分作乾坤兩邊不相統屬的觀點是一種二元論邊見〔註132〕。自然不是像季本所想的那樣任情識流轉，而是與精明警惕一體，而警惕也不意味著要有意控制，否則「其失也滯」。龍溪指出，警惕為良知「自然之用」，真正的戒懼之功應當「未嘗致纖毫力」，不是有意為之，若是犯手安排，則有所恐懼，不得其正。也就是說，「自發性」要優先於「控制」（更優先於有意控制），甚至後者來源於前者。

龍溪指出，良知為自然之明覺，虛而不滯，正是「剛健之象」，乾道也。「慎之之者，非是強制之謂，只是兢業保護此靈竅」，「慎獨即是廓然順應之學」〔註133〕，此乃「坤道也，非乾道也」〔註134〕。「以自然為宗」實則以先天心體為宗，「即本體以為工夫」，季本以「惕若」為本體的觀點在龍溪看來是

〔註128〕 王畿：《和陽和張子問答》，《王畿集》，吳震編校整理，南京：鳳凰出版社，2007，第 124 頁。

〔註129〕 王畿：《和陽和張子問答》，《王畿集》，吳震編校整理，南京：鳳凰出版社，2007，第 125 頁。

〔註130〕 王畿：《答季彭山龍鏡書》，《王畿集》，吳震編校整理，南京：鳳凰出版社，2007，第 213 頁。

〔註131〕 王畿：《答季彭山龍鏡書》，《王畿集》，吳震編校整理，南京：鳳凰出版社，2007，第 212 頁。

〔註132〕 鄒守益（號東廓）也持有這種見解，他說：「警惕變化，自然變化，其旨初無不同者，不警惕不足以言自然，不自然不足以言警惕，警惕而不自然，其失也滯，自然而不警惕，其失也蕩。」（鄒守益撰：《心龍說贈彭山季侯》，《鄒守益集》，董平編校，南京：鳳凰出版傳媒集團，2007，第 457 頁）較東廓自然、警惕相互蘊含觀更激進，王畿旗幟鮮明地主張「學以自然為宗」。

〔註133〕 王畿：《答王鯉湖》，《王畿集》，吳震編校整理，南京：鳳凰出版社，2007，第 264 頁。

〔註134〕 王畿：《和陽和張子問答》，《王畿集》，吳震編校整理，南京：鳳凰出版社，2007，第 124 頁。

「以坤體為虛」，「不惟辜負自然，亦辜負乾坤矣」〔註135〕，有將工夫充當本體之嫌。在《天根月窟說》一文中，龍溪將本體與工夫各自的意義說的更加清楚。龍溪指出：「乾，陽物也；坤，陰物也。陽主動，坤主靜。坤逢震，為天根，所謂『復』也；乾遇巽，為月窟，所謂『姤』也⋯⋯根主發生，鼓萬物之出機；窟主閉藏，鼓萬物之入機，陽往陰來之義也。」〔註136〕比於人而言，「復」相當於「一念初萌」之「出機」，即良知明覺自然發動，「姤」相當於「當念攝持，翕聚保合，不動於妄」，即念反於心之入機。出機為先，「知姤而不知復，則獨陰易滯而應不神」。息心以求靜者正是不知此，所以才一意求靜，陷入槁木死灰、有死機而無生機的境遇。但如若「知復而不知姤，則孤陽易蕩而藏不密」。此為流俗所犯之病，常人「思慮內營，聲利外汩」，生機喪而神疲。非「兢業保護」、「廓然順應」此「先天之靈竅」的坤道（姤道），則明覺流散於動而不能翕聚，明德之明不能自繼自顯。只有「知復知姤，乾坤互用」，才能「動靜不失其時」〔註137〕。在這一點上，近溪與龍溪一致，他說：「《易》曰『極深而研幾』，又曰『幾者，動之微，知幾其神乎！』未有不知其微妙之幾而能得夫姤復互根之體，亦未有不得其互根之體而能通乎陰陽不測之神者也。」〔註138〕「工夫不識性體、性體若昧自然，總是無頭學問。細細推來，則自然卻是工夫之最先處，而工夫卻是自然之已後處。故某嘗云：『為學必須通《易》，通《易》必在乾坤。』若乾坤不知合一而能學問有成者，萬萬無是理矣！」〔註139〕「《易》首乾坤而乾則又統乎坤也。若昧坤之詞而不本之乾，則其德非順而事亦不謂之代終矣。」〔註140〕近溪以本體配乾，工夫配坤，乾統乎坤，自然為工夫之先導，是工夫的「最先處」，而工夫存在的意義是為之

〔註135〕 王畿：《答季彭山龍鏡書》，《王畿集》，吳震編校整理，南京：鳳凰出版社，2007，第213頁。

〔註136〕 王畿：《天根月窟說》，《王畿集》，吳震編校整理，南京：鳳凰出版社，2007，第186頁。

〔註137〕 王畿：《天根月窟說》，《王畿集》，吳震編校整理，南京：鳳凰出版社，2007，第186頁。

〔註138〕 羅汝芳：《近溪子集》，《羅汝芳集》，方祖猷等整理，南京：鳳凰出版社，2007，第72頁。

〔註139〕 羅汝芳：《近溪子集》，《羅汝芳集》，方祖猷等整理，南京：鳳凰出版社，2007，第50頁。

〔註140〕 羅汝芳：《近溪子集》，《羅汝芳集》，方祖猷等整理，南京：鳳凰出版社，2007，第48頁。

「代終」，即順承性體自然之用而不違。〔註141〕因此，良知本體在人，雖千古一日，永不加損，但若沒有順承者來翕聚保合，則良知明覺之光終將汩沒於意欲中，不得呈現。作為入機，工夫之攝持保任雖然與出機的方向相反，但它卻能讓原本直接性的良知本體不為意欲遮蔽，時時自繼自顯，達到高階的自覺。

　　警惕出於自然，其實質是什麼呢？意與警惕皆為良知內外之際的自然之用，但二者有所不同，如果說意指向物而為「出」，那麼戒懼、警惕指向的就是心體而為「反」。東廓區分了「戒懼於事」「戒懼於念」「本體戒懼」三種戒懼。〔註142〕王畿支持東廓「本體戒懼」的觀點，他說：「不睹不聞者德性之體……戒慎恐懼而謹其獨，所以致之也。」〔註143〕事為念慮為末，良知為本，戒懼於事、念則不識本體。「本體戒懼」不是說換一個念之外別的關注對象，而是性質上完全不同的心靈活動。「不睹不聞者」並非意所在之物（對象），戒懼於本體實則無所戒懼，只是保持「視於無形，聽於無聲，洞洞屬屬，執玉捧盈，精神見在，兢業不暇」〔註144〕的狀態。因此，「本體戒懼」實則是一種精神脫離與世界（事為、念慮）的關聯而向自身本源的回反，心體所發之意正是通過這種回返才不淪為往而不返的「意識」，因此，戒懼之功要在寂感相乘之時「謹其獨」，不能等到欲起之後，龍溪說：

　　　　意根於心，心不離念，心無欲則念自一，一念萬年，主宰明定，
　　無起作、無遷改，正是本心自然之用，艮背行庭之旨。〔註145〕

　　　　一念者無念，即念而離念也。〔註146〕

〔註141〕牟宗三先生認為這是即本體而為工夫，是「無工夫的工夫，亦即弔詭的工夫」。（牟宗三：《從陸象山到劉蕺山》，見《牟宗三先生全集》第8冊，臺北：聯經出版事業有限公司，2003，第240頁）

〔註142〕「戒慎恐懼之功，命名雖同，而血脈各異。戒懼於事，識事而不念念；戒懼於念，識念而不識本體。本體戒懼，不睹不聞，常規常矩，常虛常靈，則沖漠無朕，未應非先，萬象森然；已應非後，念慮事為，一以貫之。」（黃宗羲：《明儒學案》，沈芝盈點校，北京：中華書局，2019，第344頁）

〔註143〕王畿：《漫語贈韓天敍分教安成》，《王畿集》，吳震編校整理，南京：鳳凰出版社，2007，第468頁。

〔註144〕鄒守益：《復濮工部致昭》，《鄒守益集》，董平編校，南京：鳳凰出版傳媒集團，2007，第536頁。

〔註145〕王畿：《答季彭山龍鏡書》，《王畿集》，吳震編校整理，南京：鳳凰出版社，2007，第212頁。

〔註146〕王畿：《趨庭謾語付應斌兒》，《王畿集》，吳震編校整理，南京：鳳凰出版社，2007，第440頁。

心本無欲,欲起於意。意有欲則罔動而為離根之「意識」,無欲則自然警惕,這說明:一方面,在良知因感生意但尚未起欲之時,良知有自然的回返作用——警惕(戒懼);另一方面,這種自然的回返作用並不發生於欲或意念產生之後,由念起念滅的「二意」回返先天之良知需要多做一層工夫(第二義的「後天誠意」工夫〔註147〕)。這就不再是「未嘗致纖毫力」的自然境界,有陷入劉宗周所說的「知為意奴」的危險。因此,「一念自反」的先天工夫只適用於「一念」時,「一念」處於「即念而離念」的狀況,論「出」,「一念」生根於寂然之心體,論「反」,「一念」因戒懼於不睹不聞而「離念」。總而言之,王畿肯定了在良知因感生意之時(而非由意生欲之時)有一種自發的回反良知本身的力量。這一回反「未嘗致纖毫力」,乃明覺之自然警惕。〔註148〕

雖然「戒慎恐懼」為源自良知本身的自然的回反作用,也就是「天功」,但它同時也屬於「己力」,且正是由於沒有懈怠「己力」,才能為「天功」本身。上文中,龍溪指出「戒慎恐懼」為「艮背行庭之旨」。「艮,止也,艮其背,止其所也」〔註149〕,換言之,「戒慎恐懼」可讓意有所止,達到「不起意」的效果。念為思慮憑自身不能止,止之功其實依賴於「思」,龍溪說:

> 艮之大象,復以「思不出其位」發之,其旨尤微……艮非無心,同於木石。心之官以思為職,所謂天職也。位為所居之位,不出其位,猶云「止其所」也。不出位之思,謂之無思之思,如北辰之居其所,攝持萬化而未嘗動也;如日月之貞明而常止也。思不根於心,則為憧憧,物交而引,便是廢天職。〔註150〕

〔註147〕 參見彭國翔:《良知學的展開——王龍溪與中晚明的陽明學》,北京:三聯書店,2005,第三章。

〔註148〕 龍溪的這一觀點出自陽明,有弟子問王陽明:「夫子昨以良知為照心。竊謂:良知,心之本體也;照心,人所用功,乃戒慎恐懼之心也,猶思也。而遂以戒慎恐懼為良知,何歟?」陽明回答道:「能戒慎恐懼者,是良知也。」(王守仁:《王陽明全集》,第65頁)耿寧先生認為陽明此語表明「『本原知識』(『良心』)本身也具備自身『實現』的力量源泉……它是在本己的心的善、惡意向面前的『審慎與畏懼』,『良心』通過它們而獲得明見,並因此獲得力量……這種『審慎與畏懼』屬於『本原知識的實現』。」參見耿寧:《人生第一等事——王陽明及其後學論「致良知」》,北京:商務印書館,2014,第259頁。

〔註149〕 王畿:《艮止精一之旨》,《王畿集》,吳震編校整理,南京:鳳凰出版社,2007,第183頁。

〔註150〕 王畿:《艮止精一之旨》,《王畿集》,吳震編校整理,南京:鳳凰出版社,2007,第184頁。

照此，「戒慎恐懼」實則為「思」。將「思」與「戒懼」等同的說法出自陽明。〔註151〕陽明區分了「在事上茫茫蕩蕩去思」與精思良知兩種思，與此相應，龍溪也區分了「不出位之思」與不根於心的思。不過，既然「心之官以思為職」，憧憧而思，物交而引，此正是放心而不思，因此，莽蕩之思索並非真正的思，戒懼於事為、念慮正是放失心體，實則沒有戒懼。思不出其位方為真思，本體戒懼才是真戒懼。近溪也認為：「夫人之思，出於心田，乃何思何慮之真體所發，若少有涉於思索，便非思矣。」〔註152〕「思」字從心從田，在近溪看來，這正表明，思為「何思何慮之真體所發」，因而真正的思必然是龍溪所說的「無思之思」，反之，一般而言的思索「乃用心之思，非心田之思也」〔註153〕。王夫之也說：「物引不動，經緯自全，方謂之思」，「思之本位」乃形而上不睹不聞處。〔註154〕「無思之思」除了可釋作無思無慮良知心體所發之思外，這裡的「之」還表示修飾和限制的意思，即無所思的思〔註155〕。有所思之思實為意向於物的意念，無所思之思則思於不睹不聞，其活動不是指向外物而是返歸心體良知。劉宗周雖對於龍溪之學有所不滿但他也十分重視「思」，並談到「化念歸思，化思歸虛」的工夫，認為此為「學之至也」：「當是事有是心，而念隨焉，即思之警發地也，與時而舉，即與時而化矣，故曰：今心為念」〔註156〕。劉宗周這裡所提到的「今心為念」的思想與龍溪「一念自反」的理路一致。劉宗周清楚地指出此「反」實則就是思之所為，心發為念，此為思之警惕時，思可化念歸心，不讓念淪為「二念」。因此，思與念不

〔註151〕　陽明云：「良知愈思愈精明，若不精思，漫然隨事應去，良知便粗了。若只著在事上茫茫蕩蕩去思，教做遠慮，便不免有毀譽得喪人欲擾入其中，就是將迎了……周公終夜以思，只是戒慎不睹、恐懼不聞的工夫，見得時，其氣象與將迎自別。」（王守仁：《王陽明全集》，第125頁）

〔註152〕　羅汝芳：《羅汝芳集》，方祖猷等整理，南京：鳳凰出版社，2007，第329頁。

〔註153〕　羅汝芳：《羅汝芳集》，方祖猷等整理，南京：鳳凰出版社，2007，第327～328頁。

〔註154〕　參見王夫之：《讀四書大全書》，《船山全書》第六冊，第1095頁。

〔註155〕　有學者指出：「思在於貫通、感通、感應」，即「心理會通」，「思的功能便是讓思想精純，使之完全與理相匹配、從而實現自我的徹底更新」，即一種「超越之思」。（參見沈順福、張恒：《論理學的實踐意義》，《東嶽論叢》，2019，第12期）前者即是我們這裡所說的超越的無思無慮之心體所發之思，後者則揭示了思在工夫論方面逆反的能力。

〔註156〕　劉宗周：《治念說》，《劉宗周全集》第二冊，吳光主編，杭州：浙江古籍出版社，第317頁。

同，「念有起滅，思無起滅」〔註157〕。（無思之）思與心（知）始終居於相互作用的關係中，其可圖示如下：

心（知）⇄ 思

良知發用而為思，思則逆反而思良知，這種由思所表示的自反性正是耿寧未曾詳談的「在簡單而純淨的『思』中的自身回轉」。良知是前反思、直接的自然之覺，所謂天明，天知或天事，不慮而知，不學而能，從赤子至成人，皆無區別。然而，這種直接的自覺並不足以讓赤子明晰自己秉有此明德，赤子缺乏去致良知或明明德的工夫，所以與聖賢不同。明德如果不去明、去思，便「粗」了，「迷」了。思不屬於寂靜意識或「怵惕惻隱之心」（自感）這種直接性的天知，它雖然也出自「天功」，但同時也是人事，人知或人明。正如王夫之所指出，心思之用有兩途：「心思倚耳目以知者，人為之私也；心思寓於神化者，天德也。」〔註158〕可思可不思，存乎其人，不思則「任作用」，「倚情識」〔註159〕，思則逆反而「反（返回）─思」在先的自然之覺，「良知愈思愈精明」。

近溪云：「天之知，只是順而出之，所謂順則成人成物也。人之知，卻是反而求之，所謂逆則成聖成神也。故曰以先知覺後知，以先覺覺後覺。人能以覺悟之竅，而妙合不慮之良，使渾然為一，而純然無間，方是睿以通微，又曰神明不測也。」〔註160〕近溪此語道出了良知自反性的兩個層次：1.「天之知」，即明德，如寂靜意識，愛敬等自感現象，此皆不賴人力，無論有無工夫，人人皆有，是直接性的、前反思的自證自覺；2.「天知」的性質是順而出之，其可產生可善可惡之「意」以及居於最下游的「意念」或「欲」。「意念」與良知異質異層，其居於良知之「遠」處，已經不易「反」於良知心體，需要做額外的後天工夫，而在剛剛應感生意之時，良知則有自然而然的回返作用──戒懼或

〔註157〕劉宗周：《治念說》，《劉宗周全集》第二冊，吳光主編，杭州：浙江古籍出版社，第317頁。
〔註158〕王夫之：《張子正蒙注》，《船山全書》第十二冊，第71頁。船山於他處也說：「心浮乘於耳目而遺其本居，則從小體。心不捨其居而施光輝於耳目，則從大體。雖從大體，不遺小體，非猶從小體者之遺大體也。」（王夫之：《思問錄》，《船山全書》第十二冊，第423頁）
〔註159〕王畿：《書同心冊卷》，《王畿集》，吳震編校整理，南京：鳳凰出版社，第121頁。
〔註160〕黃宗羲：《泰州學案三》，《明儒學案》，沈芝盈點校，北京：中華書局，第773頁。

思，不須額外的人力。具有思辨意味的是，思雖為自然而然的回反作用，但近溪也強調思同時為人事，屬於反而求之的「人之知」，也就是「覺悟之竅」〔註161〕。天知順而出之，人知逆而反之，天與人，自然與戒懼，思與何思何慮之真體表面上存在性質的不同，二者如何能「渾然為一」？關此，以龍溪為代表的陽明學派的洞見在於：人之知、戒懼以及思是天之知、自然以及良知的發用，作為發用，其活動與指向於物而易「滯跡」之「意」不同，而是逆而反之，視於無形，聽於無聲，在「兢業不暇」中「保任」天知。無思之思既是順而出之的無思無慮之真體所發之思，又逆而反之，順承心體所生的自然明覺。〔註162〕它不僅是「天功」還是「己力」，且正是由於施行「己力」，方才如其本身的成為「天功」。〔註163〕因此，思雖為人事，未嘗不可看作天事的間接表現，它是天知（「乾知」）自繼自顯，貞明而不間斷的必要環節。〔註164〕

〔註161〕蔡世昌也注意到了這兩個層次。關此，彭國翔教授總結道：「近溪的『覺悟之知』相當於現象學意義上的『後反思』，其『本體之知』相當於現象學意義的『原意識』，但『覺悟之知』作為第二級的反思行為，並未使『本體之知』發生實質性的變異，這就與海德格爾和薩特有所不同。」參見蔡世昌：《羅近溪哲學思想研究》，北京：人民出版社，2019，彭國翔序。

〔註162〕關此，王夫之論之甚精：「仁義自是性，天事也；思則是心官，人事也。……唯其有仁義之心，是以心有其思之能……此仁義為本而生乎思也。蓋仁義者，在陰陽為其必傚之良能，在變合為其至善之條理，元有紋理機芽在。故即此而發生乎思……不能不有所開牖也……乃心唯有其思，則仁義於此而得，而所得亦必仁義……此思為本而發生乎仁義……蓋思因仁義之心而有，則必親其始而不與他為應。」（王夫之：《讀四書大全書》，《船山全書》第六冊，第1093頁）

〔註163〕在陽明學中，思之自持不動，一仍天理的定向性也叫做「志」。陽明說：「只念念要存天理，即是立志。能不忘乎此，久則自然心中凝聚。猶道家所謂結聖胎也。」（王守仁：《王陽明全集》，第13頁）立志則持志不動，只是念念存天理去人欲：「善念發而知之，而充之。惡念發而知之，而遏之。知與充與遏者，志也。」持志則能長養和凝聚良知天理於我，是成性之學。陽明甚至認為。工夫可以「立志」一言而蔽之：「只是立志。學者一念為善之志，如樹之種，但勿助勿忘，只管培植將去。自然日夜滋長。生氣日完，枝葉日茂。樹初生時，便抽繁枝。亦須刊落。然後根幹能大。初學時亦然。故立志貴專一。」（王守仁：《王陽明全集》，第37頁）然而，志之立不立存乎其人，只有人發揮「己力」持志不動，心之思才能還復其「不動於欲」的「天功」本色。

〔註164〕正如唐君毅先生所言：「人之逆知，雖逆乎『自然順出之天知』之『滯跡』；正所以迎迓天知之大用，而順承之。夫然，故此逆知，雖人為，亦即天之所為。蓋逆知既所以迎迓天知之大用，而順承；是即天知之大用，自求繼復，而方逆知。」參見唐君毅：《中國哲學原論·原教篇》，《唐君毅全集》第二十二卷，北京：九州出版社，第276頁。

本章小結

　　陽明學諸子之所以將良知當作「乾知」是因為在存在論上良知具備至虛而明通萬物的能力。它的創造性體現在良知本身雖然渾然、寂然，但能在「感應之幾」中與萬事萬物一體呈現，也就是說，作為「寂感真幾」，良知同時具備呈現義與創造義。良知的寂感動靜是陽明及其後學討論的核心問題。寂然不動之誠是良知的凝聚態，羅近溪講「乾知」是「至虛而未見氣」與此相應。感而遂通之神是良知的發用態，龍溪講「乾知」是「氣之靈」與此相應。寂感間的「幾」是良知的體用貫通態，龍溪講「乾知」為「混沌初開第一竅」與此相應。總之，作為「乾知」，良知是「造化的精靈」，是一個「生理」。然而，徒「生」不能論「乾知」，必以「生生」二字才能凸顯「乾知」可以透過「坤能」之所成而更有所明、更有所生之性。人之自覺或自知即是人之生幾不已，前知後知貫通為一之處。人的這種自覺區別於順而出之的自然明覺，不是直接性的「天知」，而是逆而反之、兢業保護「天知」的「思」。思雖為人事，但也為天賦予的「天職」，不思則不履行「天職」，思則完成「天職」，也就間接地完成天事。「思」是天知（「乾知」）自繼自顯的必要環節。

第四章　知健能順——王夫之的「乾知」理論

第一節　乾以知生物——「知」的本體論意義

　　除卻張載與陽明學諸子，王夫之亦主張以知與乾相配，甚至在唐君毅先生看來，船山可以說為「乾知」說的集大成者：「於乾坤知能易簡之義，船山論之極精。乃古人所未有。」[註1]唐先生此言頗有見地。如果說一個哲學體系有其核心，那麼，歸宗大易的船山學的核心自然是六十四卦之首的乾與坤。「大哉乾元，萬物資始」，「至哉坤元，萬物資生」（《彖傳》）。乾元、坤元資始資生萬物，建立在乾坤之上的船山哲學因而展現出典型的發生學的面貌，而其殊勝之處在於有意識地以「知」「能」貫通天人。

一、知——太虛和氣之必動之幾

　　在船山看來，易道體現了「天人之合用」。「合」則不一不異，天與人相分而同功。一方面，天、地、人各成其體，各有其位，不可躐等天人，另一方面，天、地、人三者之所以然，卻是「惟此而已矣」[註2]。也就是說，三者之然雖不同，但三者之所以然卻是一致的、同一的，這保證了在保持差異和獨特性的條件下建立統一性。此所以然者即是乾知、坤能。船山說：

〔註1〕唐君毅：《中國哲學原論・原教篇》，《唐君毅全集》第二十二卷，北京：九州出版社，2016，第434頁。
〔註2〕王夫之：《周易外傳》，《船山全書》第十二冊，第983頁。

　　　　夫天下之大用二，知、能是也；而成乎體，則德業相因而一。
　　知者天事也，能者地事也，知能者人事也。今夫天，知之所自開，
　　而天不可以知名也。今夫地，能之所已著，而不見其所以能也。清
　　虛者無思，一大者無慮，自有其理，非知他者也，而惡得以知名之！
　　塊然者已實而不可變，委然者已靜而不可興，出於地上者功歸於天，
　　無從而見其能為也。〔註3〕

就知、能這兩個範疇而言，船山認為，「知者天事」，「能者地事」，「知能者人事」，此為天成乎天，地成乎地，人成乎人的「不易」。「知」、「能」何以能論天地？就地而言，地為成形之體，所成者雖已著明，但同時也陷入「已實而不可變」，「已靜而不可興」的境地。單純的地體之中缺乏「興」的活力以及「變」的可能性，我們不知其成物之能如何實施。就天而言，天有天之體，亦有天之用。王夫之說：「天一而人之言之者三：有自其與地相絪縕化成而言者，有自清晶以施光明於地而言者，有以空洞無質與地殊絕而言者。」〔註4〕空洞無質與地殊絕的天即是張載所說的清虛一大的太虛，它與清晶之天的區別在於，後者是形色之天，即王夫之所說的「霄色」〔註5〕，而前者是具有超越性的形上之天。對於此形上之天，王夫之說：「天之本色，一無色也。無色、無質、無象、無數，是以謂之清也，虛也，一也，大也，為理之所自出而已矣。」〔註6〕可見，清、虛、一、大是超越者的狀詞，並不與形容形下之物的清濁相對。太虛無色、無質、無象、無數，為氣化所未行，相當於羅近溪在說「乾知」時所說的「至虛而未見氣」的階段：「張子以清虛一大言天，亦明乎其非氣也。」〔註7〕王夫之認為真正的先天就是此氣之先，張載的「清虛一大者」〔註8〕。作為絕對的超越者，太虛無思，無慮，無氣，無質，雖

〔註3〕王夫之：《周易外傳》，《船山全書》第十二冊，第983～984頁。

〔註4〕王夫之：《思問錄》，《船山全書》第十二冊，第425頁。

〔註5〕「『東蒼天，西白天，南赤天，北玄天』，於晴夕月未出時觀之則然，蓋霄色爾。霄色者，因日月星光之遠近、地氣之清濁而異，非天之有殊色也。自霄以上，地氣之所不至，三光之所不行，乃天之本色。」（王夫之：《思問錄》，《船山全書》第十二冊，第457頁）

〔註6〕王夫之：《思問錄》，《船山全書》第十二冊，第457頁。

〔註7〕王夫之：《思問錄》，《船山全書》第十二冊，第450頁。

〔註8〕「氣，有質者也，有質則有未有質者。《淮南子》云『有夫未始有無者』，所謂先天者此也。乃天固不可以質求，而並未有氣，則強欲先之，將誰先乎！張子云『清虛一大』，立誠之辭也，無有先於清虛一大者也。」（王夫之：《思問錄》，《船山全書》第十二冊，第451頁）

自有其理，但並非「知他者」，因而原則上來說並不可以知名。

　　不過，知他之知雖不足以配天，但按照知本身的含義來說卻未嘗不可。知字從口從矢，徐鍇《說文解字繫傳》注云：「知理之速，如矢之疾也。」唐君毅指出：「在人間而言，通理謂之知……乾至健而通天下之理，則為大知……天之生物，即天之氣之先通於物之理。通理即知理。理無窮而知無窮，即見其知之至健。」〔註9〕唐君毅的觀點尚有值得進一步推進的地方。對於王夫之而言，不僅可就通理而言知，還有一個由理（德）〔註10〕生知的維度。總體而言，王夫之在兩種意義上言理：「凡言理者有二：一則天地萬物已然之條理，一則健順五常、天以命人而人受為性之至理。二者皆全乎天之事。」〔註11〕其中，健順五常之理不僅是人得之於天的性理，還是太虛中「所以為化」的自有之理。王夫之認為，「可云『天者理之自出』，而不可云『天一理也』」〔註12〕。「太極最初一o，渾淪齊一，固不得名之為理。殆其繼之者善，為二儀，為四象，為八卦，同異彰而條理現，而後理之名以起焉。」〔註13〕天本身不可以理言，但太虛為「理之所自出」，「唯化現理」〔註14〕之所以如此，是因為太虛雖至虛至一，但並非不動，「太虛者，本動者也」〔註15〕。清虛一大之中自有分致之條理，健順之德，乾坤之性，陰陽之實，皆備於太虛之中。王夫之說：

> 　　至虛之中，陰陽之撰具焉，絪縕不息，必無止機。故一物去而一物生，一事已而一事興，一念息而一念起，以生生無窮，而盡天下之理，皆太虛之和氣必動之幾也。陰陽合而後仁義行，倫物正，感之效也；無所不合，感之周遍者也，故謂之咸。然則莫妙於感，而大經之正，百順之理在焉。〔註16〕

　　在王夫之看來，「天無自體，盡出其用以行四時，生百物，無體不用，無

〔註9〕唐君毅：《中國哲學原論·原教篇》，《唐君毅全集》第二十二卷，北京：九州出版社，2016，第434頁。

〔註10〕田豐指出：「船山雖然也在非嚴格意義上用理來稱呼元亨利貞、仁義禮智，但他更傾向於以德來稱之，德相對於理更加突出的是一種大化之良能，理則更加偏於指向在分殊中包含有更多規定性的條理。」（參見田豐：《王船山體用思想研究》，北京：中國人民大學出版社，2019，第268～269頁）

〔註11〕王夫之：《讀四書大全說》，《船山全書》第六冊，第718頁。

〔註12〕王夫之：《讀四書大全說》，《船山全書》第六冊，第1110頁。

〔註13〕王夫之：《讀四書大全說》，《船山全書》第六冊，第1110頁。

〔註14〕王夫之：《讀四書大全說》，《船山全書》第六冊，第1110頁。

〔註15〕王夫之：《周易外傳》，《船山全書》第一冊，第1044頁。

〔註16〕王夫之：《張子正蒙注》，《船山全書》第十二冊，第364頁。

用非其體。」〔註17〕天無自體，這意味著清虛一大之天不能停留為自身而不動，否則就將自己實體化為形而下的存在者，而是必須通過「用其體」的方式展現為四時行，百物生的神化之天。因此，至虛當中必然有神化運行的動之機，即乾坤之性，陰陽之撰，由此才能繁興大用，生起氣化感應。可以說，乾坤、陰陽兩端即是所以天化者。王夫之說：「所以為化者，剛柔、健順、中正、仁義，賅而存焉，靜而未嘗動焉。賅存，則萬理統於一理，一理含夫萬理，相統相含，而經緯錯綜之所以然者不顯。」〔註18〕剛柔、中正、仁義分屬陰陽之健順，對於船山，健順就是「一理」，而氣化所顯之條理為「萬理」，二者並非不同的存在，它們具有「含」與「統」的關係〔註19〕，換言之，從「一理」到「萬理」是一連貫的展開過程。

王夫之對理的理解是符合中國思想中的理之原義的。在中國古典思想中，理並不是西方哲學中超越於經驗世界的理念（idea），而是脈絡、條理義〔註20〕。段玉裁《說文解字注》云：「鄭人謂玉之未理者為璞，是理為剖析也。玉雖至堅，而治之得其鰓理以成器不難，謂之理。」理的原義為剖析。雖然事物有其堅固性，但並非不可穿透的實體，而是有著一種可據之而打開剖析的紋路，即「分理」。事物未理為璞，理則必順自然之分理而成器。據此，法國哲學家（漢學家）朱利安認為理在中文中不僅可以理觀地和思辨地使用，還包含了「運作方式」（ars operandi）的意思：「這種運作方式是要明晰所遇見處境中細微徵象的內在連貫性（cohérence）……並且在自己的行為中使自己順應於這種連貫性。」〔註21〕朱利安由此認為在中國傳統思想中理的實質是「連貫性」〔註22〕。

〔註17〕 王夫之：《周易內傳》，《船山全書》第一冊，第 59 頁。

〔註18〕 王夫之：《周易內傳》，《船山全書》第一冊，第 59 頁。

〔註19〕 對船山天與理關係的研究，參閱林青：《王夫之氣論研究》，河北大學博士學位論文，2020，第二章與第三章。陳贇教授亦在其博士論文──《回歸真實存在──王船山哲學的闡釋》（華東師範大學博士學位論文，2001）中指出理的本質其實是氣化運行的有效性，而非實體化的靜止不動的超越天理。

〔註20〕 理是氣之條理還是超越於氣的靜態天理，在這一問題上，程朱理學與陽明、王夫之等人可謂完全不同。然而，正如楊儒賓先生所言：「朱子的理氣論在後世被視為儒學的正宗，但就儒學概念史的發展來看，朱子的觀點卻是新說。宋之前，聞所未聞；宋之後，朱子之前，其貌亦不明暢。」（楊儒賓：《檢證氣學》，《漢學研究》第 25 卷第 1 期）

〔註21〕 François Jullien, *De L'Être au Vivre. Lexique euro-chinois de la pensée*, Éditions Gallimard, 2015, p.69.

〔註22〕 朱利安指出，理的實質是「連貫性」，而非西方思想中作為籌劃之所向的「意義」（sens）。後者的運作方式是由主體進行事先的籌劃，並將所籌劃作為「應

中國傳統思想對物的處理方式自始就不採用西方柏拉圖或亞里士多德的抽象的理論態度，將事物邏輯地分析為本體（substance）與屬性（attribute）或形式（form）與材質（matter）之類思維的構造形式，而是如牟宗三先生所言的那樣，「採取最開始最具體最動態的觀點看事件」。事物是一種「生起，發生」，「一個事實的緣起（actualization）」，「一件事情在宇宙間就是一個動向」〔註23〕。任何動向都有其內在的脈絡，即一種條理。故而，無論是張載、王夫之還是陽明，都將理把握為「氣之條理」，是氣之「當得如此」〔註24〕。

　　有萬事萬物自然有與之相應的萬理。作為萬理，氣之條理皆出自作為「理一」的太虛健順之德、陰陽之體，船山說：

> 直而展之，極乎數之盛而為九。（九者數之極，十則仍歸乎一矣。）因坤之二而一盈其中為三，統九三而貫之為一，其象奇──。始末相類，條貫相續，貞常而不屈，是可徹萬理於一致矣。而三位純焉；因而重之，六位純焉。斯以為天下之至健者也。元氣以斂而成形，形則有所不逮矣。地體小於天。均而置之，三分九而虛其一為六，三分三而虛其一為二，其象偶──。天之所至，效法必至，寧中不足而外必及。中不足者，以受天之化也。虛其中以受益，勉其所至以盡功，是可悉物理而因之，而三位純焉；因而重之，六位純焉。斯以為天下之至順者也。故曰「乾知大始，坤作成物」。

〔註25〕

　　王夫之對太極的理解是：「陰陽之渾合者而已，而不可名之為陰陽，則但

當」投射到外在的境域中，也就是主體通過意向性的意義賦予活動來「建──構」（con-struier）。而前者則致力於發現內在於處境中的連貫性，並與之契合，與事物的進程「並──作」（co-opèrer），也就是「以我之情絜人之情」，事物與我無不貫通。王夫之所說的「志之所作不如理之所放」也表達了這個意思。「志之所作」是「我們的意願實施的東西」（ce que met en œuvre notre volonté）。這種主觀的努力必然因為其與客觀事物的對立而有限度，也就是作之有「倦」。唯有依照於「理之所放」，即「事物之理自身的展開」（déploie d'elle-même la raison des choses）（Cf.François Jullien, *Figures de l'immanence. Pour une lecture philosophique du Yi king*, p.98），跟隨「道之所宜」與「事物之應得」，才能「作之無倦」。

〔註23〕參見牟宗三：《周易哲學演講錄》，盧雪昆錄音整理，上海：華東師範大學出版社，2004，第 8 頁。

〔註24〕王夫之：《讀四書大全說》，《船山全書》第六冊，第 1054 頁。

〔註25〕王夫之：《周易外傳》，《船山全書》第十二冊，第 984 頁。

贊其極至而無以加。」〔註26〕如此理解下的太極與陰陽的關係就不只是朱子所說的不即不離，而是陰陽本身就是太極本體內蘊的活動結構。太極之動即是陽，太極之靜即是陰。太極非「廢然無動」者，而是本身就是於穆不已的「動」。為了暢發此論，船山甚至說：「太極動而生動，動之動也；靜而生陰，動之靜也」〔註27〕，這句話的生動、生靜之「生」不能理解為宇宙生成論意義上的一物生另一物，而是顯現義〔註28〕。船山說：「『兩儀』，太極中所具足之陰陽也。」〔註29〕陰陽健順之體具足於太極本體中，非先有太極後有陰陽，也非太極為理，陰陽為氣。太極本身就是理氣渾合的全體。職是之故，船山在這段文字中將乾坤、陰陽理解為元氣的兩種運作方式。這兩種運作方式也是最本源的「一理」〔註30〕，具體事物無不由此而生成。分別而言，乾（陽）之辟展現為發生過程的連貫性──「直而展之」。由「一理」到「萬理」的連貫過程是一種「始末相類，條貫相續」前呼後應的發生，其中「一理」保持為「貞常而不屈」的狀態，如同一條橫貫終始的線索，徹「萬理」於一致。坤之闔則展現為個別化的過程──元氣「斂而成形」。有形則有質有體，有具體的存在物生成。這裡，乾坤、陰陽雖然沒有時間上先後的關係，但卻有主從的關係。陽之辟是清虛一大之太虛的直接展開，即元氣的浩蕩流行，而地體之陰的出現卻以元氣「斂而成形」為前提，也就是建立在陽的基礎上。羅近溪以「陽之所成處即謂之陰」，此義也適用於船山。朱利安進一步指出，船山這裡所說的「一理」與「萬理」之間沒有西方感性世界與理念世界式的「形而上學斷裂」（coupure métaphysique），而是以一種貞常一致的連貫性發生。他說：「理是事物之來臨的「成形（文）動幾」（motif configurateur），道是萬

〔註26〕 王夫之：《周易外傳》，《船山全書》第十二冊，第561～562頁。

〔註27〕 王夫之：《思問錄》，《船山全書》第十二冊，第402頁。

〔註28〕 夫之云：「生者，其功用發見之謂，動則陽之化行，靜則陰之體定爾。非初無陰陽，因動靜而始有也。」（王夫之：《周易內傳》，《船山全書》第一冊，第659～660頁）田豐指出：「全體雖有陰陽兩面，卻非兩種性質不同本體和合而成，其本質依舊為『一』，陰陽只是此一氣流行時呈現出的不同樣態，如屈伸、聚散、隱顯、幽明、往來、虛實、清濁。」參見田豐：《王船山體用思想研究》，北京：中國人民大學出版社，2020，第128～129頁。

〔註29〕 王夫之：《周易內傳》，《船山全書》第一冊，第561頁。

〔註30〕 周廣友指出：「船山『陰陽者，元氣之闔闢』的提法，證明了陰陽的概念在運用時已經超出了『材質』的內涵而具有性質的意味，即所說的陰陽之性，或陰陽之理。」參見周廣友：《王夫之〈周易外傳〉中的天道觀》，北京：中國社會科學出版社，2015，第60頁。

物借之而發生的道路。」〔註31〕所有「來臨到實存」（avènement à l'existence）的事物都是借由這種連貫性而呈現自身，也就是由天之通理之知所生。〔註32〕地之體具有坤順之德，坤之闔展現為有所不逮之形的「受天之化」。陽之生為象，陰之成為形，事物之發生是先有徵象後成形，成形之後再經由象而返還太虛：「出乎象，入乎形；出乎形，入乎象。」〔註33〕形之受天之化是以順承的方式，「天之所至，效法必至」，天展現為何種條理，皆效法之，因順之而成物：「悉物理而因之。」乾以知主生，坤以能主成。可以說，「創造之所以為創造的具體的意義在『知』。終成所以為終成，凝聚之所以為凝聚在『能』，這個『能』在作成物。使『乾知大始』具體化要靠『坤作成物』」〔註34〕。

　　天不只是理之所自出，還是「知之所自開」。對於船山，理與知都是就陰陽健順之體的變合之幾而言，船山說：「仁義，一陰陽也。陰陽顯是氣，變合卻亦是理。」天雖不可以知言，但由天所自具的健順之德卻可以生起知，王夫之指出，太和本體中涵有易簡、健順之性，由此「知於此起，法於此效，而大用行矣」〔註35〕。由易簡、健順之性所起之知不是「知他」意義上的知，而是上面引文中提到的「絪縕不息」的「感」。從概念上來說，乾坤、陰陽屬於關係範疇，雙方以配對的形式構成了「感」的兩端，由此太虛展開為陰陽之間「一之一之」的氣化流行。「感」不只是認識論的概念，其具有本體論的作用──「無所不合」。不可興、不可變的塊然委然者因「合」而相互作用，從而有變動可言。「感」即是「太虛之和氣必動之幾」。

　　有感，有合則有知。這裡，知不必是感合的結果，如張載所說的因「內外合」而產生的見聞之知，感本身就是知。在西方哲學中，知識（knowledge）一般與主體有關，也就是說為「人事」。在這樣的脈絡下，知往往被理解為一種存在於主體與客體之間的關係，亦即「知他」，而清虛一大的太虛無思無慮，

〔註31〕 François Jullien, *De L'Être au Vivre. Lexique euro-chinois de la pensée*, Éditions Gallimard, 2015, p.69～70.

〔註32〕 田豐也指出：「船山之天理非靜態規範義，而為流行而無所不在，貫徹於每一事物，天下萬物皆為天理流行貫徹所生，固曰『夫彌互初終而持之一貫』。這種流行貫徹即為天理，即為知。」參見田豐：《王船山體用思想研究》，北京：中國人民大學出版社，2019，第 211 頁。

〔註33〕 王夫之：《周易內傳》，《船山全書》第一冊，第 560 頁。

〔註34〕 牟宗三：《周易哲學演講錄》，盧雪昆錄音整理，上海：華東師範大學出版社，2004，第 44 頁。

〔註35〕 王夫之：《張子正蒙注》，《船山全書》第 12 冊，第 16 頁。

是非主體的自然存在，「惡得以知名之！」但如若將知理解為太虛本體的必動之幾，即進行感合著的作用，則知未嘗不可配天。王夫之將這種意義上的知理解為陽氣之神。他說：「乾，氣之舒也。……陽氣之行於形質之中外者，為氣為神，恒舒而畢通，推盪乎陰而善其變化，無大不屆，無小不入，其用和煦而靡不勝。故又曰『健』也。」〔註36〕太虛稱體起用而產生的清虛浩大的流行即是陽，為氣為神，這一流行之凝聚則即是陰，有形有質。從氣與萬物的關係來看，固然可以說陰陽構成了萬物之存在，無一物無陰陽，但若就陰陽與太虛和氣的關係來說，陰陽也可以說為本體的兩種作用方式，故而，船山說：「夫太極 o 之生元氣，陰陽者，元氣之闔闢也。」〔註37〕

陽具有「推盪乎陰而善其變化」的能力。在氣化宇宙論的背景下，乾與坤分別對應於未成形之氣與已成形之質。形質可言「作」，言「能」，但這裡的「能」說的並不是主動性（健）的作為，而是一種被動的接受性：「塊然委然而不逆以資物以生」，由此「不見其能而能著矣」〔註38〕。無形之氣則只能云「知」。這裡所說的「知」顯然不是知識或知道的意思，毋寧說是「乾以明照為用」〔註39〕意義上「明照」，即以「和煦」之光在塊然已實、委然而不可變的存在者之間建立相感相合的通道。具體而言，這種作用表現為陽氣對於凝滯之形的運化，即化除凝滯之舊形而生新。天陽之氣通徹而健行於形質之內外，形質莫能撓阻。已凝、已具之形質是已完成的存在者，它們之間的相互作用需要天陽之氣「恒舒而畢通」的作用，由此才能產生進一步的變化。

在他詮釋王夫之易學的著作——《內在性的形象：〈易經〉的哲學讀解》——一書中，朱利安準確地理解了王夫之「乾之以知生物」的義理。他指出，在「乾知大始，坤作成物」中，乾坤作為概念結對被分別賦予了兩種特性，即乾以「知」的方式開始，坤以「作」的方式完成存在者。朱利安說：「『知』被理解為與乾『持續走到前方』（continuer à aller de l'avant）的能力有關；關於『作』（faire）的理解與坤的『順從』（se conformer）能力有關。因此，正因為它一直在繼續前進，乾，發起者，不停地照亮（éclairer）前進的進程，並且能不斷地開始。正因為不斷地遵循這一進程固有的邏輯，坤的活動性，接受性，能夠不

〔註36〕 王夫之：《周易內傳》，《船山全書》第一冊，第 45 頁。
〔註37〕 王夫之：《周易內傳》，《船山全書》第一冊，第 984 頁。
〔註38〕 王夫之：《周易外傳》，《船山全書》第十二冊，第 984 頁。
〔註39〕 王夫之：《周易稗疏》，《船山全書》第 1 冊，第 782 頁。

斷使一切發生並使其完整。」〔註40〕朱利安以「進程」（procès）來理解氣化之流行，所謂「持續走到前方」，即是指乾不斷發起新的進程，「照亮」事物變化之路的發生過程。形質如何變化，要以作為創始者的乾在塊然、委然的存在者之間建立何種相感、相合的通道為前提。由此，成形者才能順此「感」、此「合」而進一步完成此變化的進程。乾代表創造性，坤代表接受性。乾以「知」明照，坤以「作」成物。乾坤為天地之德業，「知、能者，乾坤之所效也」〔註41〕。

二、心之虛靈知覺即「乾知」

對於王夫之而言，「乾知」除卻在本體—宇宙論方面具有主導氣化流行的作用之外，還具有心性論方面的意義。「乾知」既然是一種知，那麼肯定與心有關。二者什麼關係呢？

王夫之對心性結構的理解受張載影響較大。在《正蒙・太和篇》，張載對心有一個說明：「合性與知覺有心之名。」〔註42〕這不是說心將性與知覺當作組構自身的部分包含在內，對這種理解的反駁出現於張載自己的《孟子說》中，張載明確指出：「性，原也；心派也。……性大於心。」〔註43〕性大心小的觀點也出現於《正蒙・誠明篇》中：「是故風雷有象，不速於心，心御見聞，不弘於性。」〔註44〕這句話一方面區別了性與心，另一方面也建立了心與見聞的區別。同樣在《孟子說》中，張載說：「捨此聞見，別自立見，始謂之心。」〔註45〕至此，我們可以為張載所論之心作一定位，心居於性與聞見之間，為性所派生，捨聞見別有心。關於心與性的關係，張載還有「心統性情」、「太虛者，心之實也」〔註46〕以及「心能盡性……性不知檢其心」〔註47〕的說法。可見，

〔註40〕 Cf. François Jullien, *Figures de l'immanence. Pour une lecture philosophique du Yi king*, Éditions Grasset & Fasquelle, 1993, p.97.

〔註41〕 王夫之：《周易外傳》，《船山全書》第十二冊，第 984 頁。

〔註42〕 張載：《張載集》，第 9 頁。

〔註43〕 張載：《孟子說》，《張子全集》，林樂昌編校，西安：西北大學出版社，2015，第 447 頁。

〔註44〕 張載：《張載集》，第 23 頁。

〔註45〕 張載：《孟子說》，《張子全集》，林樂昌編校，西安：西北大學出版社，2015，第 447 頁。

〔註46〕 張載：《張載集》，第 324 頁。林樂昌先生認為「心統性情」是張載早年不成熟的說法，在成熟期，張載以「心能盡性」的說法取代了「心統性」的一面。參見林樂昌：《張載「心統性情」說的基本意涵和歷史定位——在張載工夫論演變背景下的考察》，《哲學研究》，2003 年第 12 期。

〔註47〕 張載：《張載集》，第 22 頁。

就心與性相對而言，可以說，性是就虛與寂而言，心是就虛與寂所生的一種非聞見的「知覺」〔註48〕而言。性為心之體，心為性之用。

與張載一致，王夫之也認為，就其根源而言，心為性之所凝：「夫此心之原，固統乎性而為性之所凝。」〔註49〕王夫之又用誠與幾這兩個範疇來說心性關係：「蓋性，誠也；心，幾也。幾者誠之幾，而迨其為幾，誠固藏焉，斯『心統性』之說也。」〔註50〕照此，心性關係可以說是性生心而心統性的迴環關係：「性為心之所統，心為性之所生，則心與性直不得分為二。」〔註51〕也就是說，心與性的分別是性是自在之體，而心為性之自為，是其變合之幾。因此，心也可以看作天之「神明」，氣化之「化理」或「在天之氣化自然必有之幾」。〔註52〕總而言之，心與性（理）之間是一迴環的關係：「以本言之，則天以化生，而理以生心。以末言之，則人以承天，而心以具理。」〔註53〕因此，所謂以理（德）生心，既可以是天道論層面由陰陽之實，健順之德生起「必動之幾」，也可以是心性論層面的「緣性生知」。

從心性論的方面來考量的話，「乾以知生物」在自身的體驗中也是明驗的事實，這是在生命體驗和與物感通的意義上說。在《周易稗疏》中，王夫之指出了這一點，他說：「虛靈知覺，則天不息之神，流行於官竅。陽氣一散，則有耳不能聞，有目而不能見，有脾而不能思，有肝而不能謀，有肺而不能

〔註48〕 牟宗三先生指出：心與性在內容意義上完全相同，都是就寂感真幾或寂感之神而言，張載於性之外說知覺，是著重強調心之為一感通、不麻木的知。性主要從客觀的存有義上言其自體，心就主觀的形著面言其彰顯。實際上，心無非就是「性體自身自覺其自己之別名而已」，是「主觀地說的性」。（參見朱建民：《張載思想研究》，北京：中華書局，2020，第 126 頁）李曉春教授也指出：「知覺產生於太虛本體之神的作用……太虛由氣化、性而直貫於心，此一過程在人身上展現了太虛的妙應神用。」（參見李曉春：《張載哲學與中國古代思維方式研究》，北京：中華書局，2012，第 285 頁）

〔註49〕 王夫之：《讀四書大全說》，《船山全書》第六冊，第 401 頁。心為性所凝，而性為二氣五行所凝──「性為二氣五行妙合凝結以生底物事」。參見王夫之：《讀四書大全說》，《船山全書》第六冊，第 395 頁。

〔註50〕 王夫之：《讀四書大全說》，《船山全書》第六冊，1106 頁。

〔註51〕 王夫之：《讀四書大全說》，《船山全書》第六冊，第 896 頁。若將心、性的根源──天包含進來的話，三者的關係可分別從「順而言之」和「逆而推之」兩個方向上說：「順而言之，則惟天有道，以道成性，性發知通；逆而推之，則以心盡性，以性合道，以道事天。」（王夫之：《張子正蒙注》，《船山全書》第十二冊，第 33 頁）

〔註52〕 參見王夫之：《讀四書大全說》，《船山全書》第六冊，第 1111 頁。

〔註53〕 王夫之：《讀四書大全說》，《船山全書》第六冊，第 1112 頁。

慮，有腎而不能識。其為乾之以知生物，尤為明驗，曾攝職而主其事之謂乎？」〔註54〕必須要提及的是，對於王夫之而言，知覺靈明之心可以從兩個角度而言。就其發生而言，靈明之知生乎仁義之心，二者「以本體而言，雖不可竟析之為二心」，但若「以傚用言，則亦不可概之為一心也」〔註55〕。知覺靈明本為太虛健順之體所生的變合之幾，就其本來發生於陰陽之實而與之不分而言，此「虛靈知覺」堪為天之不息之神，但若就其脫離仁義之心、健順之德而言，則靈明之心只是佛老等「異端」所求的不昏、不雜的知覺運動之靈明。這種知覺靈明「與物同，非人之心也」〔註56〕。王夫之這裡所說的「虛靈知覺」顯然是前者。耳目是見聞得以可能的必要條件，但光有耳目尚不能見聞。從乾知、坤能的角度來分析的話，人之官竅屬於成形之體，屬陰，屬坤。官竅可以完成見、聞、謀、慮的活動，但官竅之能進行運作的可能性卻以「虛靈知覺」為前提。陽氣一散，形骸雖在而無從見其能為。因此，能以「攝職而主其事」而言，可以完成具體的活動，但它不具備自發性，不能自行開始一個進程。能的發動要依賴於知，有了虛靈明覺則形骸有了生命，自身的功能效力被激活。

　　作為生命的自身體驗，虛靈知覺可以說是生機或生命力。除此之外，它還是貫通物我為一體的純粹活動，就像「火之始燃」那樣將原本各柴立於一處、了不相干的存在者點燃，建立起相互關係。這種關聯比起認知的主客體關係要更為親密，帶來了存在上切身的呼應和一體之仁的覺醒。王夫之說：

　　　　自人而言之，耳目口體與聲色臭味，柴立於天地之間，物自為物，己自為己，各靜止其域而不相攝，乃至君臣、父子、兄弟、夫婦，各自為體而無能相動，則死是也。其未死而或流於利欲者，非心也。耳目口體之微明浮動於外，習見習聞，相引以如馳，而反諸其退藏之地，則固頑靜而不興者也。陽之動也，一念之幾微發於俄頃，於人情物理之沓至，而知物之與我相貫通者不容不辨其理，耳目口體之應乎心者不容於掩抑，所謂惻隱之心是也。惻者，旁發於物感相蒙之下；隱者，微動而不可以名言舉似，如痛癢之自知，人莫能喻也。……則夫天地之所以行四時、生百物，亙古今而不息者，

〔註54〕王夫之：《周易稗疏》，《船山全書》第 1 冊，第 782 頁。
〔註55〕王夫之：《讀四書大全說》，《船山全書》第六冊，第 1082～1083 頁。
〔註56〕王夫之：《讀四書大全說》，《船山全書》第六冊，第 1080 頁。

皆此動之一幾，相續不捨，而非窅然而清、塊然而寧之為天地也，
審矣。〔註57〕

就認知的發生或人物感通而言，認知建立在耳目口體與聲色臭味之間的
應和關係上。然而，聲色處其外，耳目居於內，它們本來是「各靜止其域而不
相攝」的狀態，如若以靜為心，否認有能相攝、相合、相感的作用，那麼，我
們面臨的毋寧說是「槁木死灰」那樣的一片死寂。王夫之不否認在官竅上存在
「耳目口體之微明」，但這種微明浮動於外，受外物牽引，流於意欲，並不能
成就真實的感通。王夫之的這一段話顯然蘊含了張載《大心篇》的問題脈絡。
在《大心篇》，張載提出了關於「知」的發生論追問，他已點出了耳目有受、
內外能合的最終依據是「合內外於耳目之外者」，即性之神的感合作用。〔註58〕
相知的發生以耳目有受為前提，但並不意味著只要有耳目這種具有形體的官
竅存在就有受，否則的話人死還依然能知。耳目只是知發生的場合，耳目有受
的前提是其有所敞開。張載說：「闔戶，靜密也；闢戶，動達也；形開而耳睹
目聞，受於陽也。」〔註59〕耳目有所睹聞的前提是其已經敞開，也就是「形
開」，而其敞開的前提則是其「受於陽」。睡夢之人雖然耳目俱在，但形未開，
陽未受，所以不能睹聞。對於這一點，王夫之說的更加清楚：「陽之動也，一
念之幾微發於俄頃，於人情物理之杳至，而知物之與我相貫通者不容不辨其
理，耳目口體之應乎心者不容於掩抑。」陽之動乃最初一念之幾微，但它的發
動卻導致物與我相貫通的情形。耳目口體與人情物理從此不再是「各靜止其
域」的死寂狀態，而是有了相互敞開和相互回應的可能。以本頁下方注中王夫
之所舉的例子而言，面對「輿薪過前，群言雜至」這一紛繁複雜的情形，耳目
並非能一一相知，而是只注意到「意之所屬」，其他的則見如不見，聞如不聞。
這個例子完美地說明了耳目有所受要以「能合內外於耳目之外者」將之先行敞
開，在內外之間建立起聯繫為前提，並且耳目之所受為何可以說完全由敞開的
朝向決定。在《尚書引義》中，王夫之舉了一個例子：

〔註57〕王夫之：《周易內傳》，《船山全書》第一冊，第 228 頁。
〔註58〕在《張子正蒙注》中，王夫之以日常的體驗為例來證成張子此論，他說：「耳
　　　　與聲合，目與色合，皆心所牽闔之牖也。合，故相知；乃其所以合之故，則豈
　　　　耳目聲色之力哉！故輿薪過前，群言雜至，而非意之所屬，則見如不見，聞如
　　　　不聞，其非耳目之受而即合，明矣。」（王夫之：《張子正蒙注》，《船山全書》
　　　　第十二冊，第 146 頁）
〔註59〕張載：《張載集》，第 54 頁。

　　　　有物於此，過乎吾前，而或見焉，或不見焉。其不見者，非物
　　　不來也，己不往也。遙而望之得其象，進而矚之得其質，凝而睇之
　　　然後得其真，密而瞭之然後得其情。勞吾往者不一，皆心先注於目，
　　　而後目往交於彼。不然，則錦綺之炫煌，施、嫱之冶麗，亦物自物
　　　而己自己，未嘗不待吾審而遽入吾中者也。〔註60〕

　　有物過乎吾前，而吾對之卻或見，或不見。不見是因為「己不往」，也就是心沒有先行朝向它，它與我的預期意向不符。認識產生於「物來」與「已往」──用現象學的術語來說的話，即是意向（Intention）與充實（Erfüllung）──的相應合。如若沒有「心先注於目」，那麼，「物自物而己自己」，雖有錦綺、施、嫱又與我何干？心注於目的活動即是意。意固然可達成與物之間的聯繫〔註61〕，但由於意一般而言是心之所發，非心之所存，它也不是終極的「能合者」。內外之合的最終依據是王夫之所說的「陽之動」，即惻隱之心這樣的「誠之幾」。惻隱之心作為吾心「一念之幾微」〔註62〕，其產生了兩個效果：一、讓物與我相貫通，由此才產生「人情物理之沓至」的情形；二、主宰耳目口體，這導致了「耳目口體之應乎心者不容於掩抑」的效果。這一身心的聯動反應就是《中庸》所指出的誠於中形於外的道理。就存在論而言，此動幾就是動而不息的天地之心，將本來「耳目口體止其官，人倫物理靜處其所」的情形轉變為「惻然俳然、欲罷不能」〔註63〕的聯動。總之，虛靈知覺可生一體之感，達成物與我的相貫通，非此則耳目口體無由見功，人倫物理無由得見。

　　從現象學的視野來看，惻隱之心所發動的情形，如「見孺子將入井」，是現象學意義上的「邊緣現象」（Grenzphänomenen），其與以綻出（Ekstase）方式顯現的「世界現象」絕然不同。在這種邊緣體驗裏，「內交」、「要譽」等主體性的籌劃以及感性的好惡（如惡其聲）通通失效，整個世界黯然褪去，唯有怵惕惻隱之心以不可抗拒的方式湧現，感──動了我。用張載的術語來說，感是從「寂靜無感，性之淵源」中湧現的「天功」，而非主動性的「己力」。在怵惕

─────────────

〔註60〕　王夫之：《尚書引義》，《船山全書》第二冊，第268頁。

〔註61〕　陽明學有「無意則無物」的說法，可與王夫之說互相證成。

〔註62〕　王夫之又稱此為「復幾」：「天地之心不易見，於吾心之復幾見之爾。天地無心
　　　　　而成化，而資始資生於形氣方營之際，若有所必然而不容己者，擬之於人，則
　　　　　心也。」（王夫之：《周易內傳》，《船山全書》第一冊，第227～228頁）並以
　　　　　識此為入德之門：「故聖功雖謹於下學，而必以『見天地之心』為入德之門。」
　　　　　（同前）

〔註63〕　王夫之：《周易內傳》，《船山全書》第1冊，第229～230頁。

惻隱之心中，我持續性地在自身之中通過自身而感受自身，生命現象學家亨利把這種顯現方式稱為「感受性」（affectivité）：「那種不借助於感官的感受在本質上就是感受性。」〔註64〕每一感受（affection）都由感受性而來，感受性作為感受的本源雖不可見，但其以「體驗自身」（s'éprouve soi-même）的方式展開，成為活生生而可見的感受。作為源初的現象，感受是非意向性的自身顯現。在見孺子將入井的情形中，惻隱之心是以與孺子一體的方式呈現，能所合一，並不存在意向的瞄準和充實。此時，孺子具有「意義的效應」（effet du sens），對我有著一種責成，使我不再可以如面對對象性的存在者那樣以不關心的態度面對它，而是對之有所感受，與之貫通為一體。與亨利所揭示的感受與感受性的關係一致，作為天之不息之神，虛靈知覺必然展現為對萬物的感通、感應。這種感通不是由於外物所致，而是寂感之神自身的活動，所謂的客感客形無非感受性的自身展開。

第二節 「大始之知」：「乾知」的獲得與完滿

由第一節可知，王夫之在論及與乾有關的「知」時意指的不是主客關係下的「知他」之知，而是太虛和氣必動之幾——「感」。聯繫前面對於張載和心學的討論，這種由無思無慮之太虛直接所升起的「知」或「感」遵循著「寂然不動，感而遂通」的寂感模式，用船山自己的話說，即是「無思無慮而思慮所自徹」〔註65〕。就知的徹上徹下的特徵而言，天雖「不可以知名而固為知」。「知者天事」，船山此言可謂的當。

既然「知者天事」，而我們日常生活中「知他」意義上的知卻為人事，那麼是否可以說這樣的「乾知」對於我們來說遠不可及？或者換句話說，我們是否能擁有這種屬於天功並且能資始萬物的「知」呢？這也是朱利安在研究王夫之「乾知」理論時所提出的問題：「通過與開始的主題緊密聯繫在一起，不是所有關於知的觀念都傾向於自我消解，這個觀念能否保持其可靠性？抑或是這句話實際上會使我們發現直到現在我們還不知道，或者至少我們還沒有理

〔註64〕M. Henry, *L'essence de la manifestation*, Paris, Presses Universitaires de France, 1991, p. 577.

〔註65〕王夫之：《周易外傳》，《船山全書》第一冊，第984頁。對此，田豐也指出：「天雖然無思無慮，一切思慮卻都是從天而來。徹，乃徹上徹下之徹，貫通而無不在之謂也。」參見田豐：《王船山體用思想研究》，北京：中國人民大學出版社，2019，第211頁。

論化的知？」〔註66〕為了在人這裡找到一種關於事物之開端的「大始之知」，
朱利安的視線離開了天道論的視域，轉而訴諸王夫之對「人之知行」的分析。
船山云：

> 以在人之知行言之：聞見之知不如心之所喻，心之所喻不如身
> 之所親；行焉而與不齊之化遇，則其訢拒之情、順逆之勢、盈虛之
> 數，皆熟嘗之而不驚其變，行之不息，知之已全也。故唯乾之健行
> 而後其知為大始也。志之所作不如理之所放，理之所放唯其志之能
> 順；氣動而隨，相因而效，則無凝滯之情，而順道之所宜以盡事物
> 之應得，勉焉而無所強，為焉而不自用，順之至，作之無倦也。故
> 唯坤之順承而後其作成物也。〔註67〕

王夫之試圖從我們的日常體驗中發掘出這種知。他區分了三種知：「聞見之
知」「心之所喻」和「身之所親」，以及兩種「作」：「志之所作」與「理之所放」。
對於三種知而言，三者的區別首先在於其不同的獲取方式。依據朱利安，「聞見
之知」可以定位為通過感官（耳、目等）所獲取的「感性之知」（la connaissance
sensible）。除卻感性官能，我們還擁有智性的官能，觀念性的事物可以依據智性
而獲得理解。作為借助於心知所獲得的認知，「心之所喻」因而可以看作是一種
「智性之知」（la connaissance intellectuelle）。依照這個思路，「身之所親」可以
說是一種親身體驗之後獲得的知識。需要追問的是：它的實質是什麼？「身之
所親」何以較前兩種「知」更好？依照王夫之，這種知是在這樣的情形下產生：
「行焉而與不齊之化遇，則其訢拒之情、順逆之勢、盈虛之數，皆熟嘗之而不
驚其變，行之不息，知之已全也。」也就是說，「身之所親」是因行而遇化的過
程中對化之「情」、「勢」、「數」的體會，而當它經由「熟嘗」而達到「健行」的
狀態，亦即「不驚」事物之變而「行之不息」時，它就是一種「大始之知」。

朱利安認為，從王夫之的論述中，可將「知為大始」意義上的「身之所親」
分為這幾個環節：1.因行而遇化或「橫穿展開進程的親密經驗」（à travers
l'expérience intime d'un déroulement）；2.「熟化」（familiarisation）；3.對事物之
變的「預先感知」（l'appréhension anticipée）〔註68〕。其中，對事物之展開進

〔註66〕François Jullien, *Figures de l'immanence. Pour une lecture philosophique du Yi king*, Éditions Grasset & Fasquelle,1993, p.97.
〔註67〕王夫之：《周易內傳》，《船山全書》第 1 冊，第 510 頁。
〔註68〕Cf. François Jullien, *Figures de l'immanence. Pour une lecture philosophique du Yi king*, Éditions Grasset & Fasquelle, 1993, p.99.

程（即化）而非單單進程結果的經驗保證了「身之所親」是對新物發生之開端的知曉；「熟化」則進一步達到了健行不息的不間斷性；「預先感知」則是前兩者的效驗，是「知為大始」的證明。

一、知幾──回到化之開端

首先，「身之所親」所涉及的最高層次的知是借助行所獲得的。這一點與王夫之在知行關係上的主張是一致的。王夫之認為：「行焉可以得知，而知焉未可以收行之效……凡知者或未能行；而行者則無不知。」〔註69〕區別於朱子的知先行後說以及陽明的知行合一說，王夫之的這種「行可兼知」說指出了行是獲得真切之知的渠道。當王夫之說「知者或未能行」時，他所說的知可以說是一種見聞之知或是心之所喻。這兩種知最大的特點是不親切，王夫之舉例道：「格致有行者，如人學奕棋相似，但終日打譜，亦不能盡達殺活之機；必亦與人對奕，而後譜中譜外之理，皆有以悉喻其故。」〔註70〕無論是對下棋規則的學習，還是對棋譜的專研都不能真正通曉棋理，這是因為這些棋理不是親身體驗所得來，經由這種方式所獲得的認識只是一些固定的、抽象的規則。只有在與人對奕的親身實踐當中，才能「盡達殺活之機」。對於王夫之而言，「行」除卻具有踐履和行動義，還具有了親身體驗的含義，更重要的是，這種親身體驗不是對已成者的體驗，而是對事物發生進程的體驗。如，王夫之也承認在打譜這件事上，「方其逆著心力去打譜，早已屬力行矣」〔註71〕，但這裡的力行只是對先在棋理的踐行，這一棋理由於不是從我自己的體驗中悟出，所以終歸不親切，不能「達殺活之機」。與此不同，與人對奕不是對靜態規範的學習，而是真實事件的展開，用王夫之的術語來說，即是一氣化過程。氣化過程是動態的，時機化的，何時該殺，何時該活，每一步都是一「幾」，都能決定未來的結果，也就是讓結果成形。真切的「實知」必然是在這種因行而遇化的過程中生長出來的。

以是否因行而獲得為標準，王夫之區別了兩種知：「知行二義，有時相為對待，有時不相為對待。」〔註72〕不相對待之知就是王夫之所說的「身之所親」，而相對待的知乃「離行之知」：「離行以為知，其卑者，則訓詁之末流，

〔註69〕 王夫之：《讀四書大全說》，《船山全書》第 6 冊，第 815 頁。
〔註70〕 王夫之：《讀四書大全說》，《船山全書》第 6 冊，第 409 頁。
〔註71〕 王夫之：《讀四書大全說》，《船山全書》第 6 冊，第 409 頁。
〔註72〕 王夫之：《讀四書大全說》，《船山全書》第 6 冊，第 815 頁。

無異於詞章之玩物而加陋焉；其高者，瞑目據梧，消心而絕物，得者或得，而失者遂叛道以流於恍惚之中。」〔註73〕訓詁末流雖然可以經由文字考辨獲得某種「智性之知」，即「心之所喻」，但由於脫離了行（親身體驗），只能於詞章上玩物，而不能真切地去體物。異學「瞑目據梧，消心而絕物」，其雖然沒有完全脫離行（靜坐作為工夫實踐也是行），但卻以絕物的方式限制了它的範圍。於是，他們的體驗範圍被限制在一個狹小的領域中，即使或有所得也不能達到在各種情形下都可以不驚其變，行之不息的「健行」狀態。原則上，王夫之反對在一個不依賴於周遭境域的中立態度下「冥心而思，觀物而辨」，而是主張要在一個整全的境域中感以情、協乎理、因時順勢而收「知之效」〔註74〕。前者沒有參與到境域中事物的變化過程，所獲得的知只是關於現成之物的表象知識，而後者則與事物之化相遇，真切的「實知」在行中獲得了生成。

　　由於「身之所親」是在行中生成，所以它不是對於成形事物的知曉，如對靜態棋理的認知，而是關於事物展開過程（氣化過程）的知。朱利安注意到，中國化的思想與西方的存在論（ontology）或者說「存在（是）之思」（pensée de l'Être）是兩條不同的思想道路。存在論設定了與自己相一致的自身（Soi），這個堅固的內核構成了事物的對象性和存在者性。一致性（coïncidence）與生命的本性是相矛盾的。與自身相一致的物體只能是僵死的「靜態」（étale），而生命的活力則在於其與自身的不一致。生命處於不斷的「興起」（essor）中，不斷地與自身不一致（dé-coïncidant d'avec soi），從已成者中產生新生者，形成連續的進程。具有活力的事物都是這樣的連續進程。舉例而言，當人們說道：「節日在節日前已經開始」，就已經說出了存在之思所掩蓋的東西。人們當然可以說：「此時正是節日」，然而「當節日忠實地產生出構成『節日』的所有特徵時，它就不再能與它在湧現中的自身同時在」〔註75〕。存在之思漏掉了事物之所是與引出其所是者──理學中常說的然與所以然──的「不可分割性」（inséparabilité），從而只看到作為結果而可以呈遞給確定性思維的所是之是。靜態的看，事物之然是一個確定的東西，它必然遵循同一律，與自身保持一致。但是，就其真實的發生而言，事物處於實現自身（s'effectue）的過程中。節日這一事在以符合定義的形式在（是）之前就已經以其他方式在（是）過了，之

〔註73〕王夫之：《尚書引義》，《船山全書》第 2 冊，第 314 頁。
〔註74〕王夫之：《尚書引義》，《船山全書》第 2 冊，第 314 頁。
〔註75〕François Jullien, *De L'Être au Vivre. Lexique euro-chinois de la pensée*, Éditions Gallimard, 2015, p.135.

後也沒有處於存在的喪失（perdition）或退化（dégénérescence）中，而是對後續的事物留有效用。相對於存在之思，中國傳統中化的思想能很好地思考處於「興起」中的連續進程。依照船山：「形而下者，即形之已成乎物，而可見可循者」〔註76〕，形而上者與形而下者不是隔絕的不同領域而是處於由隱向顯的連續過渡中〔註77〕：「形而上之道隱矣，乃必有其形，而後前乎所以成之者之良能著，後乎所以用之者之功效定。」〔註78〕形器之化乃是一由體成用再由用復成體的流行過程，這一過程一方面是「形」不斷地來到「存在者的靜態」（l'étalement de l'étant）中，同時也是形而上之道的「回退」（retrait）而「隱於形之中而不顯」；另一方面，由於事物在（是）之前有「所以成之者之良能」，在（是）之後又有「所以用之者之功效」，對於化的思想來說，從事物的「承用」（陰）與「呈用」（陽）兩用中反而可以牽連出形而上之道〔註79〕。

「呈用」與「承用」或「陽伸」與「陰屈」是化的兩種方式。相對於顯著出來的形，化之屈伸就是隱，就此而言，可以稱為「潛移默化」（transformation silencieuse）。化是靜默的，這不是說它不可見，而是說，任何「響亮的顯露」（affleurement sonore）之前都有「靜默的展開」（déroulement silencieux），而且「化在其過程中越安靜，其結果在爆發時就越響亮而嘈雜」〔註80〕。例如，四季的變化屬於「天之化」，四季之化是任何時候都在發生的過程。憑藉敏銳

〔註76〕王夫之：《周易內傳》，《船山全書》第 1 冊，第 568 頁。

〔註77〕Cf. François Jullien, *De L'Être au Vivre. Lexique euro-chinois de la pensée*, Éditions Gallimard, 2015, p.124～134.

〔註78〕王夫之：《周易內傳》，《船山全書》第 1 冊，第 568 頁。唐君毅先生解釋道：「每一形器皆承前之其他事物『良能』以成其自身；而呈其『功效』於後之其他事物，更別由所成。如以形器為事物之體，良能功效為其用，則每一形器，皆承前之事物之體之用，以成其為體，而自用其體，以為其後事物之體。故任何形器之體，皆為用之所凝成，而復化其體，以呈用於他者。夫然，故形器之體之所以為體，即依其承用與呈用以得名。形器雖有形，通形體之中者，惟是一用之流行。」參見唐君毅：《中國哲學原論・原教篇》，《唐君毅全集》第二十二卷，北京：九州出版社，2016，第 417 頁。

〔註79〕田豐認為，在這段話中，形上之道包括「未形而隱然有不可逾之天則」與「形之所可用以徵其當然之能者」。前者為「天之道」、「乾坤之道」，後者為「器之道」。他認為這兩者的關係是：後者「是前者在有形可見事物上的具體實現與分殊」。（參見田豐：《王船山體用思想研究》，北京：中華書局，2020，第 337～338 頁）與田豐之見相似，唐君毅所說的器之「呈用」與「承用」可以說就是乾坤之道於成形事物上的分殊化表現。

〔註80〕François Jullien, *De L'Être au Vivre. Lexique euro-chinois de la pensée*, Éditions Gallimard, 2015, p.93.

的心靈，詩人可以由一葉而知秋，也就是能在親身體驗（行）中與「葉之化」相遇，由葉之枯萎（葉氣之屈）敏銳地注意到天化之「呈用」與「承用」（如秋氣伸而夏氣屈）。相較於詩人，習慣於運用感性和理性來跟有形的固定之物打交道的常人只能看到早已顯露出的事物，卻很少能在親身經歷中與這種靜默的化的進程相遇。於是寒涼溫暑等時節變化的節點對於常人來說就會響亮地打破其生活，彷彿突然顯露出來一樣。朱利安總結道：「正是因為進程性（progressivité）是沉默的，當結果已經存在時，人們才在事後驚奇地意識到它所帶來的『利』（profit）〔註81〕。」〔註82〕當西方思想以亞里士多德為代表說出「由於驚異，人們才開始哲學思考」〔註83〕時，恰好代表其沒有看到在貌似非連續的「事件」（événement）之先的「默化」。朱利安在研究中國思想時不得不承認：「我甚至於十分吃驚地看到，在中國的智慧當中，思想家根本不知道什麼叫做驚奇。」〔註84〕

在朱利安看來，相對於爆發的響亮事件，中國的思想家「寧願仔細研究當現象剛剛從不可察覺中出現，處於輪廓的『細微』（subtil）（『微』）階段，並且還只是剛剛在可感領域中出現之時這種可以導致顯露的過渡，而不是著眼於可見者和可理知者，這種存在的兩個層次的（柏拉圖式）對立。他們學會了從靜態而嘈雜的顯現階段開始，回到『源頭』（『源』），回到『開端』（l』amorce）（經典《易》中『幾』的概念）的時刻，此時他雖然幾乎聽不到即將到來的演變，但已經可以通過遵循一些『（徵）象』（linéaments）來進行預測」〔註85〕。化的思想訓練人們保持敏銳或識別力（discernement）〔註86〕，能夠在與化相遇的親身經歷（行）中洞察「化之幾」（amorce de transformation）〔註87〕，從

〔註81〕朱利安將元-亨-利-貞譯為：commencement（開始）-essor（興起）-profit（récolte）（贏得、所得）-rectitude（正）。Cf. François Jullien, *De L'Être au Vivre. Lexique euro-chinoise de la pensée*, Éditions Gallimard, 2015, p.84.

〔註82〕François Jullien, *De L'Être au Vivre. Lexique euro-chinoise de la pensée*, Éditions Gallimard, 2015, p.94.

〔註83〕亞里士多德：《形而上學》，北京，商務印書館，1959，第5頁。

〔註84〕弗朗索瓦・于連（朱利安）：《聖人無意——或哲學的他者》，閆素偉譯，北京：商務印書館，2004，第13頁。

〔註85〕François Jullien, *De L'Être au Vivre. Lexique euro-chinoise de la pensée*, Éditions Gallimard, 2015, p.95.

〔註86〕朱利安稱這種對於化之幾的敏銳為「進程之知」（la connaissance processive）。

〔註87〕François Jullien, *De L'Être au Vivre. Lexique euro-chinoise de la pensée*, Éditions Gallimard, 2015, p.9.

而看出其發展的「傾向（勢）」（propension），就像學者在對弈的過程中真正明瞭殺活之幾。

當然，對化之幾的明瞭並不能由主觀意願和主觀努力所達成，也就是說它不是感性或理性認識，而是在親身體驗中自然生成的，突然悟到的。它遵循著前一節所說的「乾知」的展現模式──「無思無慮而思慮所自徹」。所以，它為「天知」，而非人知。這種知的所知者為事物未成形之前的象〔註88〕，事物之開端或萌芽由此而被我們所通達。

二、熟嘗──「知之已全」的達成

對化之幾的知是一種與開始相聯繫的知。然而單純的知幾尚與「大始之知」有一間之隔。王夫之指出：「唯乾之健行而後其『知』為『大始』也。」「健行」指明了「大始之知」所要求的持續性。換言之，知只有持續地與事物之開始相聯繫才能真正成為「大始之知」，否則只是間斷性的知。這種持續性的知幾之知就是王夫之所說的「熟」。

在日常語言中，我們會談到種種熟知。比如，我們會說：我對這裡很熟，我熟知此事。海德格爾認為，認識／知道在希臘人那裏最初並非由命題和推論所組成的理論知識，也就是說不是「知他」之知，而是「對在場之物本身的當前居有，在其在場狀態中佔有它，即使當它可能是不在場的時候」〔註89〕。所謂對物之存在的居有，是指能力上的對物之存在狀況的熟悉，能夠不費力地去運用它，這種知指向我們日常用語中的「我知道（精通、懂得）……」等中的知道、精通、懂得等含義。這種與熟練掌握為同義詞的知是王夫之所說的「熟

〔註88〕 對此，朱利安說：「由我們的知所通達的東西是在情況特有的具體效果還沒出現之前的一種『構型表示』（『象』）（configuration-représentation）。它以一種方式產生並從進程的開始到結尾實現自身，這種方式能使我們正面所遇到的困難，而不是不知道其中正在進行的展開之理。」（Cf. François Jullien, *Figures de l'immanence. Pour une lecture philosophique du Yi king*, Éditions Grasset & Fasquelle, 1993, p. 99）張震博士也指出，事無其形之前，心已先有其象。「言法象者，以凡人未有事而心先有始終規劃之成象，此陰陽之序，善惡之幾，君子所必審察也。」（王夫之：《張子正蒙注》，《船山全書》第 12 冊，第 256 頁）「法象既昭著道體的秩序，同時也顯現心體的秩序。這種秩序本身就是理的可顯形式，那麼所謂『象』即為『心有成事之象也』，而禮則『見於事物而成法則也』，心中之成事的象和事中之法則在根本上是相通的。」（參見張震：《道器之際：王船山的「象」哲學思想研究》，東南大學博士論文，2017，第 70 頁）
〔註89〕 海德格爾：《論真理的本質──柏拉圖的洞喻和〈泰阿泰德〉講疏》，第 156 頁。

嘗」嗎？對於王夫之而言，「熟」除了有主體對某事某物存在狀況清楚知道（對其真理的佔有）的意思之外還包括了一種境界的提升：「涵泳義理而熟之，不使間斷，心得恒存而久矣。」〔註90〕「一其心於道而漸積以自然，則資深居安而順乎時。」〔註91〕換言之，熟化的過程是「漸積以自然」的過程，是從勉強為之向自發性的突破。只有達到自發性的境界，知幾之知才能真正達到「不間斷」的狀態。有見於此，朱利安認為，這是「成熟」（maturation）後自然而然的結果，「與逐步的積聚和實行中的過渡有關，從而產生了脫離我們控制的自發展開（auto-déploiement）」〔註92〕。知幾之知應當隨著化的逐漸展開而成熟為不間斷的「知之已全」的狀態，由此才能在各種處境中不斷地知幾行義。這是一種自然的境界。

　　朱利安認為，這種「熟」其實就是我們與事物之間的「隱默的融洽」〔註93〕，也就是與化的一致——順化。對化的順從意味著主體能時時跟隨化的節奏，知曉化之幾，與化達成「默契」（connivence），對於所體驗的事物擁有渾融一體的「親密之知」（la connaissance intime）。朱利安說：「默契是那種與它的所附（attachement）沒有斷開的知識。」〔註94〕詩人雖然可憑藉敏感的心靈由一葉而知秋，但這種對於天化的敏銳在詩人這裡只是一時的興會，並不能真正做到順化。與詩人不同，鄉下的老農則達到了與天化的默契。對於他們來說，生活中許多不經意的改變都能透露出尚未來臨的寒涼溫暑之變化的訊息。這種默契是他們「熟嘗」天化之後自然而然的結果，不是詩人一時的興會，更不是常人理性的計算，而是實得於心的真知。默契是與化相契合的體驗，因此其可以始終居於物化之先，不必等到事物成形之後才後知後覺。

　　王夫之指出，與乾有關的知有一個特徵：「知者，未嘗忘也。」〔註95〕在宋明理學的視閾中，只有實得於心的真知才具備「未嘗忘」的特徵。如，小程子說：

> 實理者，實見得是，實見得非。凡實理，得之於心自別。若耳
> 聞口道者，心實不見。若見得，必不肯安於所不安。人之一身，盡

〔註90〕王夫之：《張子正蒙注》，《船山全書》第 12 冊，第 91 頁。
〔註91〕王夫之：《張子正蒙注》，《船山全書》第 12 冊，第 86 頁。
〔註92〕François Jullien, *De L'Être au Vivre. Lexique euro-chinois de la pensée*, Éditions Gallimard, 2015, p.81.
〔註93〕*Ibid.*, p.72.
〔註94〕*Ibid.*, p.73.
〔註95〕王夫之：《周易外傳》，《船山全書》第一冊，第 985 頁。

> 有所不肯為，至於他事又不然。若士者，雖殺之使為穿窬，必不肯
> 為，其他事未必然。至如執卷者，莫不知說禮義。又如王公大人皆
> 能言軒冕外物，及其臨利害，則不知就義理，卻就富貴。如此者，
> 只是說得，不實見。及其蹈水火，則人皆避之，是實見得。〔註96〕

執卷者以及王公大人莫不知說禮義，但關鍵時刻卻選擇了就富貴，遠義理。這
說明他們只是聞見上知道如此，最多在理智上清楚應該如何做。換言之，無論
是「聞見之知」還是「心之所喻」都「只是說得」，「卻不實見」，與我們的存
在並不相關，只能以機械的方式存貯於記憶中，最終或者隨著時間的流逝而忘
掉，或者根本不能在適合的情形下恰當地運用。實得於心的真知與此完全不
同，像一般人對水火之威力的體驗，遇虎者對虎之兇殘的感受諸如此類的切身
體驗，都與自身的存在息息相干，不能分開。我並不能假裝不怕水火，曾經的
經歷已經讓我對其深知，即使我主觀故意忽視，身體以及情緒自身的反應也會
無法抑制地有所表現。換言之，區別於既在情感上缺乏動力，又在能力上不能
保證必然「會」的見聞之知與心之所喻，「身之所親」不僅通過「熟嘗」達到
了對物性的熟悉，同時又在情感上具備了自發性。就像遇虎者那樣，不僅通過
感受（「嘗」）虎之力猛、爪利、牙尖而熟悉虎之如何可畏，也具備了自然或自
發的、源自內而必形諸外的畏虎之情。只有這種與自身切身相關的知才不會忘
掉。

　　朱利安注意到，經由「熟嘗」而獲得的是「感受」（affectif）〔註97〕模式
的知，這種知與經由感性與理性而獲得的「覺攝」（perceptif）模式的知完全不
同。當我們「熟嘗」事物之「訢拒之情」、「順逆之勢」之後，我們不只達到了
對事物的熟悉和精通。在這一過程中所產生的「訢拒之情」、「順逆之勢」等現
象並非沒有效用而與主體不相干的素樸質料，而是在感受中「觸及我」（me
touche），讓我感其順逆，並進而造就我與事物的親熟感。這種親熟的體驗並不
能借由感性或理性獲得，而是一種「真知」。杜維明先生指出，在宋明理學中，
真知主要是一種「由內在體驗而獲得的」，只能自知的知。為了解釋這種知識，
黃勇教授認為，這種知識其實是一種「動力之知」（knowing-to）。〔註98〕以小

〔註96〕程顥、程頤：《二程集》，北京：中華書局，1981，第147頁。
〔註97〕François Jullien, *De L'Être au Vivre. Lexique euro-chinois de la pensée*, Éditions
　　　　Gallimard, 2015, p.75.
〔註98〕參見黃勇（黃家光譯）：《作為動力之知的儒家「體知」論──杜維明對當代道
　　　　德認識論的貢獻》，《哲學分析》2020年第3期。

程子所舉的田夫知虎的例子〔註99〕而論，可以說，真知與粗知、常知、見聞之知相對，但它們在內容上不是完全不同的知識，而是程度不同的知識。田夫知虎這樣的真知並非指謂述結構所組織的真命題，命題是可言說與可形式化的，而真知則根本不可言說，只能被體驗。如在這一個例子中，「虎能傷人」這一事態可以成為某種談資，為眾人所知，眾人的常知也符合這一事態，也就是在認知上為真。但伊川卻目之為常知，惟許親歷者為真知。親歷者的這種真知並不能被公開，其只能於自身中為自身所體驗。在真知中我們可以發現一個感受性（affective）的維度〔註100〕，這一維度決定了真知與常知雖然所知為一，但卻為不同模式的知。真知區別於常知的地方就在於它的感受性特徵能引發行動，是「動力之知」〔註101〕。

需要補充的是，船山說「熟嘗」時強調「唯乾之健行而後其知為大始也」還有一重意蘊，就是「乾知」必須開廓到「知之已全」的境地才能名副其實。換言之，「乾知」不只是陽明學諸子在談到「乾知」時所說的那種單單回到化之開端狀態，即「至虛而未見氣」或「心境皆忘，宇宙始闢」，而是必須隨著化的展開而相續不捨，一直到「知之已全」的完滿狀態。這意味著真正的「乾知」——即王夫之說的「知為大始」——不只是一個感受性的、自知著的「動力之知」，還必須在對物性的熟悉中達到能駕馭之的「能力之知」（Knowing-

---

〔註99〕 「真知與常知異。嘗見一田夫，曾被虎傷，有人說虎傷人，眾莫不驚，獨田夫色動異於眾。若虎能傷人，雖三尺童子莫不知之，然未嘗真知。真知須如田夫乃是。故人知不善而猶為不善，是亦未嘗真知。」（程顥、程頤：《二程集》，北京：中華書局，1981，第16頁）

〔註100〕 由這種感發性的維度可帶來了暢通感，這種暢通感就是理學中「以覺訓仁」這一命題所說的實情。明道論仁喜微引醫家以手足痿痹為不仁之說，手足痿痹者肢體筋脈弛緩，活動不利。王夫之指出，暢通感其實就是一種「乾知」，他說：「乾坤者，在天地為自然之德，而天之氣在人，氣暢而知通，氣餒而知亦無覺；地之理在人，耳目口體從心知，心知之所不至，耳目口體無以見功，皆此理也。」（王夫之：《周易內傳》，《船山全書》第一冊，第510頁）在船山看來，痿痹不仁之是由於氣不暢導致了知無覺，感應能力有所欠缺，於是肢體有「凝滯之情」。「凝滯之情」恰恰反證了「心知之所不至，耳目口體無以見功」的事實。反之，氣暢知通所產生的暢通感必然帶來了「耳目口體從心知」的現象，從而正面確證了「乾之健行」可引導「坤之順承」。

〔註101〕 黃勇先生也指出：真知「更多是由於心的存在論層面（heart）的情動（affective）體驗」，「而非心的理智層面（mind）單純的認知活動」，它是「動力之知」。參見黃勇（黃家光譯）：《作為動力之知的儒家「體知」論——杜維明對當代道德認識論的貢獻》，《哲學分析》2020年第3期。

how）〔註102〕，也就是達到對它的精通。王夫之說：「如為子而必誠於孝，觸目警心，自有許多痛癢相關處，隨在宜加細察，亦硬靠著平日知道的定省溫清樣子做不得。是故致知之功，非抹下行之之功於不試，而故儲其知以為誠正之用。」〔註103〕船山此說可看作針對陽明而發。陽明認為盡孝只要有「此心之孝」為「頭腦」〔註104〕，自然會去講求定省溫清之事。陽明看重前者，認為後者是隨前者自然而來的事。區別於陽明，王夫之認為，光有誠孝之心並不夠，必須在具體的行中「隨在宜加細察」才能真正充實此誠僾之心，真正做到「知孝」。以王夫之的「乾知」理論分析的話，陽明所說的「此心之孝」只是「乾知」所發動的一個萌芽。倘若停留於此，就將其「功效範圍壓縮在相當狹窄的一個區域內，幾乎只是基本的人倫情感日常相處」〔註105〕，完全不能達到熟悉物性而知明處當的境界。王夫之批評這種不通達物性的「乾知」為「不出於潁」：

> 知見之所自生，非固有。非固有而自生者，日新之命也。原知見之自生，資於見聞。見聞之所得，因天地之所昭著與人心之所先得。人心之所先得，自聖人以至於夫婦，皆氣化之良能也，能合古今人物為一體者。知見之所得，皆天理之來復而非外至矣。故知見不可不立也，立其誠也。介然特其初聞初見之知為良能，以知見為客感，所謂不出于潁者也，悲夫！〔註106〕

〔註102〕 黃勇先生力辯陽明的良知概念只是動力之知而不是能力之知，說理精詳。（參見黃勇：《論王陽明的良知概念：命題性知識，能力之知，抑或動力之知？》，《學術月刊》，2016年第1期）這也說明了船山的「乾知」作為動力之知與能力之知的統合超越了心學諸子的「乾知」說。

〔註103〕 王夫之：《讀四書大全書》，《船山全書》第六冊，第409頁。

〔註104〕 陽明的相關說法如下：「愛曰：『……如事父一事，其間溫清定省之類，有許多節目，不亦須講求否？』先生曰：『如何不講求？只是有個頭腦，只是就此心去人欲、存天理上講求。就如講求冬溫，也只是要盡此心之孝，恐怕有一毫人欲間雜；講求夏清，也只是要盡此心之孝，恐怕有一毫人欲間雜，只是講求得此心。此心若無人欲，純是天理，是個誠於孝親的心，冬時自然思量父母的寒，便自要求個溫的道理；夏時自然思量父母的熱，便自要求個清的道理。這都是那誠孝的心發出來的條件，卻是須有這誠孝的心，然後有這條件發出來。譬之樹木，這誠孝的心便是根，許多條件便枝葉，須先有根，然後有枝葉，不是先尋了枝葉，然後去種根』。」（王守仁：《王陽明全集》，第3頁）

〔註105〕 田豐：《王船山體用思想研究》，北京：中國人民大學出版社，2020，第363頁。

〔註106〕 王夫之：《思問錄》，《船山全書》第十二冊，第420頁。

「初聞初見之知」即是四端之心這樣的「德性所知」，王夫之也稱其為「人心之所先得」。惻隱之心能感通物我為一體，為「氣化之良能」。但若停留於此而以「知見」為「客感」，則是區別於常人的「聞見之小」之外的另一種自限於小。王夫之指出：「知見之所得，皆天理之來復而非外至矣。」「知見」並非「外至」，而是源自「天地之所昭著」或「天理之來復」，是「日新之命」。不以健行不息的方式將德性之萌芽與「知見」貫通起來，就陷入王夫之所說的「非至健，則明不出於一穎，而無以豫萬變」〔註107〕的境地。只有抹下行之之功，在化的展開過程「隨在宜加細察」，將此萌芽「擴而充之」，「相續不捨」才能達到「忠孝友恭、禮樂刑政，皆利於攸往而莫之能禦」的「知為大始」的境地。

　　總而言之，「乾知」不是一個靜止不變之物，彷彿我們可以憑藉一時的妙悟就能始終居於事物之化的開端，不須再作工夫。相對於心學諸子，王夫之的「乾知」論指明了「乾知」是一個動態發生，不斷呈現的過程。從太虛和氣必動之幾微一直到「知之已全」的境地，這一過程是一個沒有止息，不斷「健行」的過程。〔註108〕作為太虛和氣必動之幾，「乾知」是化之開端，此後，隨著化的展開，「乾知」不斷充實，知能日益開啟：「知能日新，則前未有名者，理緣

〔註107〕王夫之：《周易內傳》，《船山全書》第一冊，第510頁。

〔註108〕陽明後學中也有一些學者抒發了與船山此處一致的觀點。黔中王門代表人物孫應鰲認為：「知之德其乾之至德耶。天有常運而其進退存亡之不失也，是天之知。是以動而不失其時，故曰：『乾知太始』。此知在人與天同也。惟不能復此知體，是以昧而不覺。聖人之所以為聖，惟不失此知耳，故曰：『知進退存亡而不失其正者，其惟聖人乎！』聖人於乾之九三獨提知字示人，曰：『知至至之，可與幾也；知終終之，可與存義也。』吉凶之先見曰幾。幾之所在便是至之所在，知至至之，則幾在我，故曰：『知至至之，可與幾也。』這至之所在便是終之所在，知至而能終以守之，則德惟一，動罔不吉，故曰：『知終終之，可與存義也。』能知此幾，則進退存亡皆先知之，能終守此幾，則知進退存亡皆不失其正，故曰：『知微知彰，知柔知剛，萬夫之望。』此幾之所在天地造化之體用皆統焉。大人之所以合德合明合序合吉凶者，此知此幾耳。故曰：『知幾其神乎！』了得此知，天道無餘蘊矣。」（孫應鰲：《孫應鰲全集》，趙光升編校整理，貴陽：貴州民族出版社，2016，第10～11頁）孫應鰲以知屬乾之德並進而將這種知看作是「天之知」或「乾知太始」之「知」的理論不失陽明之家法。孫應鰲的獨特之處在於，他有意識地將這種「乾知」與「知幾」聯繫在一起，從而，「乾知」不再是一個本體論——心性論上的端倪，而是能通過「知至知終」的實踐達成人道方面如天一般常運而不失進退存亡的完滿性。此外，與張載和王夫之一致，孫應鰲也認為「象」是由乾之「知」所生：「自其『生生』之『成象』謂之『乾』，自其『生生』之『效法』謂之『坤』。」（同前，第121頁）此說與張載的相關說法如出一轍。

義起。俟命不二,則變不可知者,冥升不息。以斯而順帝之則,乃無不順也。」
〔註 109〕

三、察所以然之理而居事變未起之先──「大始之知」的效驗

　　如前文所言,當知達到「大始」時,它必然會「不驚」於事物之變。朱利
安注意到「乾知」的這個維度,他說:「確實,我們必須問自己一個問題:如
果事物從來沒有以完全相同的方式重複進行,實在(le réel)注定要不斷革新,
那我們怎麼會不覺得自己由於它的變換而陷入措手不及呢?」〔註 110〕朱利安
認為,我們對化的體驗最終會造就我們對周遭境域的「熟」,並進而轉變為一
種「預知」(prescience)。這種預知「非立一義以待一事,期必之豫也」〔註 111〕,
也就是說不是經由主體籌劃以制定計畫,以期與事物將來的發展一致。王夫
之說:「知者,洞見事物之所以然,未效於跡而不昧其實,神之所自發也。」
〔註 112〕知是對「事物之所以然」的洞見。這種洞見來自於「神之所自發」,
是「熟嘗」化之順逆之後所獲得的、發於本有之德性又通達於物性的真知、
實知。有了這樣對事物所以然的實知,自然就能在事情發生的開始對後續的
變化有所預料,從而「不待事至而幾先吉」〔註 113〕。熟知中所蘊涵的預知保
證了我們能始終居於事物進程之先且不斷引導後續的變化,因事制宜,不驚
其變。〔註 114〕用王夫之的話來說,即是:「察事物所以然之理,察之精而盡
其變,此在事變未起之先,見機而決,故行焉而無不利。」〔註 115〕

第三節　志與意:乾健之性與坤順之性

一、志──「知」健行不息的動力

　　從「明不出於一穎」的陽之動幾一直到「知之已全」的大明境地,「乾知」

〔註 109〕 王夫之:《思問錄》,《船山全書》第十二冊,第 422 頁。

〔註 110〕 François Jullien, *Figures de l'immanence. Pour une lecture philosophique du Yi king*, Éditions Grasset & Fasquelle,1993, p.98.

〔註 111〕 王夫之:《張子正蒙注》,《船山全書》第 12 冊,第 95 頁。

〔註 112〕 王夫之:《張子正蒙注》,《船山全書》第 12 冊,第 80 頁。

〔註 113〕 王夫之:《張子正蒙注》,《船山全書》第 12 冊,第 95 頁。

〔註 114〕 Cf. François Jullien, *Figures de l'immanence. Pour une lecture philosophique du Yi king*, Éditions Grasset & Fasquelle, 1993, p.98.

〔註 115〕 王夫之:《張子正蒙注》,《船山全書》第 12 冊,第 89 頁。

是一個動態發生、不斷呈現的「健行」過程，也是一個開廓心量，「大心」的過程。對「乾知」健行不息特性的研究有必要從「大心」方面來考察。

「大心」說由張載在《正蒙・大心篇》中首次提出。細繹其文，張載首先提出了區別於聞見之小、無物不體的無外之心。根據《正蒙・天道篇》張載對「仁」的描述：「天體物不遺，猶仁體事無不在也」，可知，無外之天心當是「仁」。在此之後，張載又提出了一個重要概念──「德性所知」：「見聞之知，乃物交而至，非德性所知，德性所知，不萌於見聞。」〔註116〕學界的相關研究一般都注目於見聞之知與德性之知的區別，認為二者在獲取方式上存在不容抹殺的差異，如有學者認為：「見聞之知必萌於見聞，德性之知則不萌於見聞，故其間屬一本質上的分別」，而張載「兼顧見聞之知與德性之知而不偏廢，並且正視見聞之知對於德性之知亦有輔助作用」〔註117〕。此外，學界還往往將「德性所知」解作一種先驗的道德知識，此雖不為錯，但有將「德性所知」的含義和功能進行限制的嫌疑，更沒有點出「德性所知」對於「見聞之知」的奠基作用。如果就張載自己的體系而言，「德性所知」當與他所說的「合性與知覺有心之名」以及「性，原也；心派也」有關，指的是由性所派生的不萌於見聞的「知」，其與心的區別是：德性所知是就一端而言〔註118〕，而（無外之）心是就總體而言。如若聯繫後文張載對「合內外於耳目之外」為性為道而不為私我〔註119〕的探討，可知「德性所知」雖然具有道德的含義，但它首先是宇宙─本體論方面的合內外之感。

「德性所知」顯然不是達到「知之已全」的「大始之知」，而只是它的一端。常人之心除了聞見之知外莫不有德性所知，但只有聖人才擁有無外之仁心。張載「大心」工夫的設立可以說是要在二者之間架一橋樑。原則上來說，需要進行「大心」的心當與無外之仁心存在區別，否則的話就沒有「大心」的必要。依照《大心篇》，「大心」工夫的宗旨是要化除成心從而以道體身，前者可以說是後者的前提：「成心忘然後可與進於道。」〔註120〕以道體身之後方為

〔註116〕張載：《張載集》，第24頁。
〔註117〕朱建民：《張載思想研究》，北京：中華書局，2020，第119頁。
〔註118〕如「惻隱之心」即是一德性所知，但不是仁心全體。張載說：「只是心到處便謂之知……知有所極而人知則有限，故所謂知及只言心到處。」（張載：《張載集》，第316頁）知為心所到之處之一端。
〔註119〕張載論「我」主要就個體意識的承擔者而言。
〔註120〕張載：《張載集》，第25頁。

無外之仁心。在以往的研究中，學界除了注意到「大心」工夫否定的一面——化除成心以開廓心量——之外，還注意到「自覺體認我們原有一道德的本心」為「大心之起步」﹝註121﹞的一面。然而，這兩方面還不能盡大心工夫的全部蘊含。化除成心是手段或工夫的效驗，而體認道德本心﹝註122﹞充其量只是起步，倘若從這一起步開始沒有對無外之天心的定向以及隨之而進行的「擴充」，那麼開廓心量的工夫就不能持續，也沒有動力來化除成心。這種對無外天心或道的指向就是張載於《正蒙‧中正篇》以及《正蒙‧至當篇》提出的「志」。張載說：「志道則進據者不止矣」，「志學然後可與適道」﹝註123﹞。又說：「志者，教之大倫而言也。」﹝註124﹞仁與道皆為無外，因而它們不是「大心」工夫的用力之處，也不是真正的可大之心，而體認道德本心或察識本體只是工夫的起步，尚需擴充之功。心之可大在於志，志是工夫持續不斷的真正動力。職是之故，張載說：「志大則才大、事業大，故曰『可大』，又曰『富有』；志久則氣久、德性久，故曰『可久』，又曰『日新』。」﹝註125﹞志大則定向於仁與道，志久則工夫獲得持續不斷的動力，原本尚為「幾微」狀態的德性所知由此健行不息，日進高明之地。

「大心」工夫的實施不可能脫離志的作用。張載說：「絕四之外，心可存處，蓋必有事焉，而聖不可知也。」﹝註126﹞所謂絕四，即論語中提到的孔子「毋意，毋必，毋固，毋我」的境界。張載說：「意，有思也；必，有待也；固，不化也；我，有方也。四者有一焉，則與天地為不相似。」﹝註127﹞依照

﹝註121﹞ 參見朱建民：《張載思想研究》，北京：中華書局，2020，第120頁。

﹝註122﹞ 本心全體不可能一下著就全體呈露，因此這裡體認的當為本心之一端，也就是體認察識德性所知。

﹝註123﹞ 張載：《張載集》，第29頁。

﹝註124﹞ 張載：《張載集》，第31頁。

﹝註125﹞ 張載：《張載集》，第35頁。

﹝註126﹞ 張載：《張載集》，第28頁。

﹝註127﹞ 張載：《張載集》，第28頁。「意者，萌心之始，固曰有思」（熊剛大、張棠、周芳語）（林樂昌：《正蒙合校集釋》，北京：中華書局，2012，第434~435頁）「蓋凡人之做事，必先起意，不問理之是非」（劉璣語），因此，如朱子所言，意「是個有為底意思。為此一事，故起此一意也」。（同前，第435頁）。「必者，期必於後，固曰有待。固者，滯於已往，故曰不化。我者，局於已私，故曰有方。」（張棠、周芳語）（同前）綜合諸家注釋，可以說，意是一種具有時間性的有限的個體意識。它以先行朝向（「期必」）的方式帶有將來視域，並具有直接的滯留（「固」，「滯於已往」），即過去視域，是有限性（「局於已私」，「有方」）的存在者。意私而小。

王夫之：「意、必、固、我，以意為根；必、固、我者，皆其意也，無意而後三者可絕也。」〔註128〕張載也將「大心」所要化除的成心的本質規定為意：「成心者意之謂歟！」〔註129〕張載承襲了孟子「勿忘」「勿助長」的存心之術，「絕四」即是「勿助長」，不能「有意為善」，「有心以求其虛」〔註130〕，而「絕四之外，心可存處，蓋必有事焉」這句話強調的則是「勿忘」之義。所謂「勿忘」即是提撕本心，持志集義之術。張載說：「人雖有功，不及於學，心亦不宜忘。心夠不忘，則雖接人事即是實行，莫非道也。心所忘之，則終身由之，只是俗事。」〔註131〕因此，對於張載來說，存心於意外實際是要在志上下工夫，通過「持志」將心時時定向於仁，定向於道，而不是「溺其志於虛空之大」〔註132〕。虛心、公心不能以心（以意）求，志於仁、志於道則自然能公，能虛，蓋因「志意兩言，志公而意私」〔註133〕，「志大而虛含眾理，意小而滯於一隅」〔註134〕。張載主張「士先志」，認為不先立志、正志，則學無由成，更遑論有動力來化除成心，開廓心知。因此，雖然《大心篇》的依歸是「以道體物我則道大」〔註135〕，其工夫之對治為成心，但心之可大的動力與實際可大的卻是《中正篇》與《至當篇》提出的志。

王夫之承繼了張載以志開廓心量的理論，他說：「心量窮於大，耳目之力窮於小。」〔註136〕耳目所見聞是「一曲乍得之知，未嘗非天理變化之端，而

〔註128〕 林樂昌：《正蒙合校集釋》，北京：中華書局，2012，第 432 頁。

〔註129〕 張載：《張載集》，第 25 頁。

〔註130〕 「有意為善，利之也，假之也；無意為善，性之也，由之也。」（張載：《張載集》，第 28 頁）「心之要只是欲平曠，熟後無心如天，簡易不已。今有心以求其虛，則是已起一心，無由得虛。切不得令心煩，求之太切則反昏惑，孟子所謂助長也。」（同前，第 269 頁）

〔註131〕 張載：《張載集》，第 272 頁。

〔註132〕 張載：《張載集》，第 26 頁。

〔註133〕 張載：《張載集》，第 32 頁。

〔註134〕 王夫之：《張子正蒙注》，《船山全書》第十二冊，第 152 頁。在《思問錄》中王夫之將志於仁表述為向源頭回返的活動：「苟志於仁則無惡，苟志於不仁則無善……乃志於仁者反諸己而從其源也，志於不仁者逐於物而從其流也。」（王夫之：《思問錄》，《船山全書》第十二冊，第 426 頁）從王夫之對志的總體用法來看，並不存在志於不仁的情況，志一定是對道的指向，逐於物而從其流實際是志不持而意欺凌志。在這一方面，陳來先生認為「志—心」可正可不正，對陳來先生這一觀點的修正和完善參見田豐的《王船山體用思想研究》（北京：中國人民大學出版社，2020）第三章第七節。

〔註135〕 張載：《張載集》，第 26 頁。

〔註136〕 王夫之：《張子正蒙注》，《船山全書》第十二冊，第 28 頁。

所遺者多矣」〔註 137〕。大心之量與天同其量,「天地萬物之理,皆與吾心之良能而著」〔註 138〕。學者下學之始要大其志量〔註 139〕,也就是要立志與篤志:「志立則學思從之,故才日益而聰明盛,成乎富有;志之篤,則氣從其志,以不倦而日新。蓋言學者德業之終始,一以其志為大小久暫之區量。」〔註 140〕王夫之以志言心,以志之恒持不捨的作用為思,為念,為識,極心之量在於推擴,推擴之力在於志。在《尚書引義》中,船山更是暢發此義:

> 大哉,念乎!天以為強之精,地以為厚之持;四海群生以為大之歸,前古後今以為久之會;大至無窮以為載之函,細至無畛以為破之入;易以為蘊,禮以為誠,詩以為志,春秋以為權衡;故曰「克念作聖」,非易辭也。〔註 141〕

> 孔子曰:「默而識之。」識也者,克念之實也。……耳以宣聰,目以貞明,知以知至而知終,行以可久而可大。一日之克,終身不捨;終身之念,終食無違。此豈非「終日乾乾夕惕若」之龍德乎?〔註 142〕

> 天健行而度不忒,地厚載而方有常。多學多識而一貫,終身可行於一言。知其亡,勿忘其能;瞬有養,息有存。其用在繼,其體在恒,其幾在過去未來現在之三際。〔註 143〕

船山的論述足夠清楚,在此我們無需贅言。至此,我們已經確定無疑,船山所說的「唯乾之健行而後其知為大始也」中「健」指的就是志。由志之恒,「知」獲得了健行不息的動力,由此識之量日大,達到知至而知終的「已全」境界。正如唐君毅先生所言:「志為心思之定向乎道,使吾人之知行得成始成終者。持志即志之自己肯定,使心思嘗定向乎道,使知無不至,行無不盡。」〔註 144〕

〔註 137〕 王夫之:《張子正蒙注》,《船山全書》第十二冊,第 144 頁。

〔註 138〕 王夫之:《張子正蒙注》,《船山全書》第十二冊,第 182 頁。

〔註 139〕 「學者下學立心之始,即以此為知止之要而求得焉,不可疑存神精義為不可企及而自小其志量。」王夫之:《張子正蒙注》,《船山全書》第十二冊,第 156 頁。

〔註 140〕 王夫之:《張子正蒙注》,《船山全書》第十二冊,第 210 頁。

〔註 141〕 王夫之:《尚書引義》,《船山全書》第二冊,第 388 頁。

〔註 142〕 王夫之:《尚書引義》,《船山全書》第二冊,第 391 頁。

〔註 143〕 王夫之:《尚書引義》,《船山全書》第二冊,第 392 頁。

〔註 144〕 唐君毅:《中國哲學原論·原教篇》,《唐君毅全集》第二十二卷,北京:九州出版社,2016,第 487 頁。

二、「乾知」與志

在《大心篇》末尾，張子在批評「釋氏不知天命而以心法起滅天地，以小緣大，以末緣本」〔註145〕時涉及到了對佛教心識結構的某種看法，他說：

> 釋氏妄意天性而不知範圍天用，反以六根之微因緣天地。明不能盡，則誣天地日月為幻妄，蔽其用於一身之小，溺其志於虛空之大，所以語大語小，流遁失中。其過於大也，塵芥六合，其蔽於小也，夢幻人世。〔註146〕

王夫之注曰：

> 釋氏以真空為如來藏，謂太虛之中本無一物，而氣從幻起以成諸惡，為障礙真如之根本，故斥七識乾健之性，六識坤順之性為流轉染污之害源。……仁義無質，忠信無本，於天以太和一氣含神起化之顯道，固非其所及知也。王敬案：「釋氏謂第七識為『末那識』，華云『我識』；第六識為『紇哩耶識』，華云『意識』。此言乾健之性、坤順之性者，為仁由己，乾道也，主敬行恕，要在誠意慎獨，坤道也。」〔註147〕

在張載看來，釋氏之學是試圖捨陰陽而直語太虛，以他所代表的儒家的「見易而後知神」的思路來衡量，釋氏是「妄意天性而不知範圍天用」。張載進一步從心識的角度分析，釋氏這種看法的形成是建立在對六根的依賴以及對志的空虛化之上。六根者，即眼耳鼻舌身五識所依的五色根以及第六識所依的意根〔註148〕——第七識或末那識。「六根之微」指的是六根所發的勢用，也就是前六識，即張載所說的耳目之見聞以及意，不包括第七識。但張載的批評不是不涉及第七識，在這段話中，「溺其志於虛空之大」所涉及的就是第七識。之所以這麼說，是因為佛家所說的轉識成智就是要滅除染污末那，破除法我二執，使其不悖於空性——即張載所言的虛空。〔註149〕換言之，染污末那恒審

〔註145〕張載：《張載集》，第26頁。

〔註146〕張載：《張載集》，第26頁。

〔註147〕王夫之：《張子正蒙注》，《船山全書》第十二冊，第83頁。

〔註148〕《瑜伽師地論·攝決擇分》：「云何建立互為緣性轉相？謂：阿賴耶識，與諸轉識，作二緣性：一、為彼種子故，二、為彼所依故……為所依者，謂：由阿賴耶識執受色根，五種識身依之而轉，非無執受。又由有阿賴耶識故，得有末那，由此末那為依止故，意識得轉。譬如依止眼等五根，五識身轉，非無五根，意識亦爾，非無意根。」

〔註149〕《瑜伽師地論·攝決擇分》云：「意識，染污末那以為依止，彼未滅時，相了別縛，不得解脫，末那滅已，相縛解脫。」末那識為「染淨依」，滅除染污末

思量有實我，由此產生我見我慢，絕滅染污末那即是將其所思量者從實我轉向無我相的真如〔註150〕。套用於張載自己的思想語境中，這即是雖行「無我」之工夫，但沒有走向「以道體物我」的方向，而是「溺其志於虛空之大」。可以說，張載是暗中將志等同於末那我識了，只不過張載的寫作方式導致這一點並不容易被看出。王夫之「斥七識乾健之性……為流轉染污之害源」的說法表明他顯然把握住了張載這一隱藏的論點。

　　再來看張載的這段學術批評。張載認為，感官與意在認識事物的能力方面要「小」。他認為，聞見之知只能認識成形之後的物，於求理「安能得盡」，而意的存在更是導致與「天地不相似」。窮理須「舉一物接有所從來，無非自大原出。常存諸心，與己一本，故可以盡性命之理」〔註151〕。張載進而認為，釋氏「語實際，乃知道者所謂誠也，天德也」〔註152〕，但其「直語太虛，不以晝夜、陰陽累其心」〔註153〕的方式卻導致六根之微與其所言的真空如來藏之間缺乏聯繫，導致形與性分，物與虛不相資，因此或蔽於小或過於大。以六根之微因緣天地，故蔽於小，「溺其志於虛空之大」，故過於大。對於張載來說，志不可宅於虛，而是要持志、大志，定向於仁和道。與張載的看法一致，王夫之直接點出了儒家與釋氏之學在志與意上的區別：佛家以「七識違背真如」〔註154〕，而七識可染污第六意識，由此「於人法二障生慢疑邪見等現行，起我非我法非法虛妄分別」〔註155〕。而儒家以七識為志，乾健之性，六識為意，坤順之性。王夫之的這種看法不是他一時的靈感和比附，而是他一貫的看法：

　　　　那，乃獲得解脫的關鍵。王夫之於《相宗絡索》綜合唯識與《大乘起信論》，這樣說道：「還滅者，滅妄還真。……還者，逆八識順流之波，窮前五識之妄，歸同時之意識，即還六識妙觀，不轉前五成妄。窮六識之妄歸七識，即還七識本無之體，不染六識具諸惑障。窮八識之妄歸七識，而本自無覆，即還本體，不受其染，漸漸舍彼異熟，即還真如。滅者，於七識命根一刀斬斷，絕滅無餘，六識枝蔓隨之摧折。七識滅則六識滅，六識滅則七識後念滅，前五同識意識、八識見相二分皆滅。此門唯博地凡夫早悟唯識宗旨。」（參見王夫之：《相宗絡索》，《船山全書》第十三冊，第 571 頁）

〔註150〕《成唯識論》卷四云：能審思量名末那故。未轉依位恒審思量所執我相，已轉依位亦恒審思量無我相故。

〔註151〕張載：《禮記說》，《張子全書》，林樂昌編校，西安：西北大學出版社，2015，第 383 頁。

〔註152〕張載：《張載集》，第 65 頁。

〔註153〕張載：《張載集》，第 65 頁。

〔註154〕王夫之：《相宗絡索》，《船山全書》第十三冊，第 570 頁。

〔註155〕王夫之：《相宗絡索》，《船山全書》第十三冊，第 545 頁。

釋氏之所謂六識者，慮也；七識者，志也；八識者，量也；前五識者，小體之觀也。嗚呼！小體，人禽共者也。慮者，尤禽之所得分者也。人之所以異於禽者，唯志而已矣。不守其志，不充其量，則人何以異於禽哉！〔註156〕

未那執有實我，所以是我識，又未那恒審思量，具有不間斷的性質，所以王夫之以之為乾健之性，又以之為「心」。人禽之別之所以不在於意，而在於志，是因為志為「自」，也就是擁有自身性這一向度。王夫之區別了反身代詞「自」以及表示自稱的代詞「我」。後者是導致與天地不相似的「意」的承擔者，即作為主體性的個體意識，而前者則表示「自身性」這一內在體驗和內感知的維度。「自」恒善，「我」則有善有惡。

關於志、意在「自」與「我」上的不同，船山於他處這樣說：

今以一言斷之曰：意無恒體。無恒體者，不可執之為自，不受欺，而亦無可謙也……所為自者，心也，欲修其身者所正之心也。蓋心之正者，志之持也，是以知其恒存乎中，善而非惡也。心之所存，善而非意。意之已動，或有惡焉，以陵奪其素正之心，則自欺意。意欺心。〔註157〕

這段文字除了點明釋氏之第七識即是儒家所言的心或志之外。主要是講志與意的區分。從文字學的角度而言，「意」字從心從音，段玉裁《說文解字注》認為：「意者，志也。……意與志、志與識古皆通用。」但對於張載與王夫之而言，志與意不同〔註158〕：「蓋志意兩言，志公而意私爾。」〔註159〕在王夫

〔註156〕王夫之：《思問錄》，《船山全書》第十二冊，第451頁。在另一處，夫之說明了七識對於儒家道德實踐的重要性：「『欲修其身者先正其心』聖學提綱之要也。『勿求於心』，告子迷惑之本也。不求之心，但求之意，後世學者之通病。蓋釋氏之說暗中之，以七識為生死妄本。七識者，心也。此本一廢，則無君無父，皆所不忌。」（同前，第412頁）

〔註157〕王夫之：《讀四書大全說》，《船山全書》第六冊，第415頁。

〔註158〕程朱學派的理學家也講究志意之別，但未將志等同於心。陳淳曰：「意者心之所發，有思量、運用之義。……情是心裏面自然發動改頭換面出來底，正與性對，意是心上發起一念思量運用要憑地底。情動是就全體上說，意是就一念處論……以意比心，則心大意小，以全體言，意是就全體上發起一念慮處……思慮念慮之類，皆意之屬。」（陳淳：《北溪字義》北京：中華書局，2009，第17頁）「志者心之所之，猶向也。謂心之正面全向那裏去……一直去求討要必得那個物事，便是志。」（陳淳：《北溪字義》，北京：中華書局，2009，第15頁）

〔註159〕張載：《張載集》，第32頁。

之看來，意或因感（見聞）而生：「因見聞而執同異攻取」〔註160〕，或無感而生：「如不因有色現前而思色等」〔註161〕。但意之生總是作為心之發用而言，志則恒存於心〔註162〕，不待發而有。如惡惡臭、好好色為志，不論所遇之境是否間斷，吾之好惡恒存不變。但「意不能無端而起，畢竟因乎己之所欲，己所不欲，意自不生」〔註163〕，意是「漫然因事欲有所為者」〔註164〕。意必然伴隨著起心動念，也就是「欲」而生，並指向於物，由此它也具有了構造物之存在的能力：「取境於彼」。取此境，不取彼境，漫然劃立一疆界，所以意為私。與意相反，志雖然為「自」，也就是具有自身性的向度，但其與他者也存在關聯，只不過志與他者的關聯方式不是構造性的，而是感受性的：「受境而非取境」，「不往取焉，特境至斯受」。這決定了志為「公」，能如其本身的讓物顯現，好則固好，惡則固惡，而不是於主觀的視域下將物構造為意向的客體。

　　以上雖然一直在談意的「不好」，但意本身在價值上並非就是惡的，否則的話，儒家與異端絕情無意之學就無法區分了。其實，只要持其志，讓意皆由志所引導，則意不為志害，反而能廣大志本身，王夫之說：

　　　　誠其意者，意實則邪無所容也。意受誠於心知，意皆心知之素
而無孤行之意，故曰無意。〔註165〕

　　　　意生於已正之心，則因事而名之曰意；而實則心也，志也，心
之發用而志之見功也，可云「其意」而不可云意也。〔註166〕

所謂意受誠於心知就是志在意發動時持守堅定，由志生意，如此所生之意可為「志之見功」，王夫之說意為坤順之性的真實意思就在於此。

　　志為乾健之性，那麼這種乾健之性與「乾知」有何關係？船山之子王敔這樣解釋志之為乾健之性：「為仁由己，乾道也。」需要注意的是，這種解釋並

〔註160〕 王夫之：《張子正蒙注》，《船山全書》第十二冊，第 150 頁。
〔註161〕 王夫之：《讀四書大全說》，《船山全書》第六冊，第 415 頁。
〔註162〕 王夫之指出：「人之所為，萬變不齊，而志則必一，從無一人而兩志者。志於彼又志於此，則不可名為志，而直謂之無志。」（王夫之：《俟解》，《船山全書》第十二冊，第 491 頁）順此邏輯推擴下去，志一定是心體自身的指向，只能為善。常人前有所志，後又有所志的情況因此根本不算志，只能是成心。志只有持不持的區別，沒有內容意義上的不同。「唯其心不在也。持之不定，則不在意發處做主。」
〔註163〕 王夫之：《讀四書大全說》，《船山全書》第六冊，第 729 頁。
〔註164〕 王夫之：《讀四書大全說》，《船山全書》第六冊，第 729 頁。
〔註165〕 王夫之：《思問錄內篇》，《船山全書》第十二冊，第 412 頁。
〔註166〕 王夫之：《讀四書大全說》，《船山全書》第六冊，第 729 頁。

非他所獨創，而是繼承於乃父的觀點。在《周易內傳》解釋復卦初九小象：「不
遠之復，以修身也」時，王夫之說：

　　「身」者，其最不遠者也。乃動而出以應物，得失休咎，聽之
　　物而莫能自必，雖刻意求善，而悔亦多矣。何也？待物感而始生其
　　心，後念之明，非本心之至善也。方一起念之初，悔譽吉凶，皆無
　　所施其逆憶，而但覺身之不修，無以自安，則言無過言，行無過行，
　　卓然有以自立矣。以誠之幾，御官骸嗜欲而使之順，則所謂「為仁
　　由己」、「不下帶而道存」也。〔註167〕

一念初起，乃本心之至善，為誠之幾，也就是我們所言的「乾知」。從王夫之
的這段話可以看出，所謂的「為仁由己」說的其實就是「一念初動，即此而察
識擴充之」〔註168〕，也就是以剛直擴充此「乾元剛健之初幾」〔註169〕之事。
可見，志不僅包括誠之幾，即「乾知」，也包括對「乾知」的推擴。總而言之，
「乾知」與志在內涵上基本一致，略有區別。「乾知」為性體所發的一種直覺，
同樣，志也是性所自含的「虛靈不昧」的指向活動：「若吾心之虛靈不昧以有
所發而善於所往者，志也，固性之所自含也。〔註170〕「乾知」以天道言，是
誠之初幾，性之神用，志則源於天道又下貫於人道，不僅涵蓋誠之幾也包括人
道持志，正思的工夫實踐〔註171〕。這一點從王夫之《尚書引義》中論「念」
（志）的文字可以看出。一方面，船山說：「孩提而念親，稍長而念兄，言而
念其所聞，行而念起所見，尤其不妄者也。」〔註172〕念親、念兄之念（志）

〔註167〕 王夫之：《周易內傳》，《船山全書》第一冊，第231～232頁。
〔註168〕 王夫之：《周易內傳》，《船山全書》第一冊，第231頁。
〔註169〕 王夫之：《周易內傳》，《船山全書》第一冊，第231頁。
〔註170〕 王夫之：《讀四書大全說》，《船山全書》第六冊，第923頁。
〔註171〕 清代理學家張沐之學出於陽明又兼取程朱，其學以「立志」為先，論「志」
　　　　頗為切實，與張載、王夫之說可相與匯通，他說：「志者，至上之氣也，此天
　　　　命於人之性自生此一段志氣出來，願善不願惡，願為君子不願為小人，所謂
　　　　『民之秉彝，好是懿德』也。今謂人曰『爾惡，爾小人』，必憤怒不受。此本
　　　　來一念，最強最卓，又最真愨，無一毫假偽。學者為學，亦必從此處學起，
　　　　要立住這個志，不使走作，便是人生一個本源……『性』字從心從生，乃心
　　　　生生之機耳，至虛至靈，有感即生，如乍見之惻隱怵惕，初感必生善念，即
　　　　志之端。未幾別感又生不善，初志自是難立，然此虛靈之性，層層會生，於
　　　　是生出良知來，以察識吾志，又生出良能來，以持守吾志，是因不立乃又生
　　　　立也。」（參見徐世昌等編纂：《清儒學案·起庵學案》，沈芝盈等點校，北京：
　　　　中華書局，2008，第1132～1133頁）
〔註172〕 王夫之：《尚書引義》，《船山全書》第二冊，第391頁。

顯然就是「惻隱之心」那樣的誠之初幾。另一方面，船山又批評停留於此種「幾微」狀態是「未能富有，則蓄德小而困於所詘；未能日新，則執德吝而滯於方」〔註173〕。他主張要通過志健行不息的動力將「幾微」狀態的誠之初幾擴充為「知之已全」的「大始之知」。「大始之知」可以說為本來從屬天道的「乾知」（指「太虛和氣必動之幾」）在人道方面達成的完美實現。若以陽明學的眼光來看，志雖為人事，未嘗不可看作「天知」健行不息，貞明不已的必然環節，也就是仍屬天事。總而言之，王夫之以志為乾健之性，蓋指天之乾道於人身上的體現。

三、以健歸知，以順歸能的工夫論原則

天秉純乾之德，地秉純坤之理，故純知純能。六子震、巽、坎、離、艮、兌為天地依時所用，其雖雜有陰陽乾坤，但不害天地之純。人則與之不同，「分體天地之撰」，知能俱有。天地分體乾坤之德，故健順相承，知能相因，人則體乾坤之撰於一身，知能之間的關係因而具有了區別於天地自然之體的可能性。

以能而言，「人之能，恒有所能，有所不能，而難能所不能」〔註174〕。在王夫之看來，有所能而難能所不能是因為「執一而窒中」。由此，一事之變不能應，何況萬事萬物錯綜複雜的變化。他說：「能固未欲執一也。方務能之，而恃所能以為知，成乎意見，以武斷乎天下。」〔註175〕能指的是意與五官，其中又以意為關鍵。意不順心知而發則意成乎私意，也就是產生「執」。能（意）本為順，王夫之的這一觀點與龍溪「心本無欲」的說法可謂一致。順自然明覺而發動的意本來無所執著，是虛靈明覺的感應之幾，但人知能體之一心的結構卻可以造成「恃所能以為知，成乎意見」，由此將至順者轉成逆，造成與天之健動不息的呈現相衝突。正如船山所言：「故能，至順者也，而成乎逆。逆而欲與物相親，則繁矣。」〔註176〕因此，對於能而言，最忌諱「執」的插入。換言之，不能將本來是至順的意變為私意。既然清虛一大之太虛有其自在的條理，其健動不息的「疊疊之施」無間斷地進行呈現，因此，一切的主觀努力都

〔註173〕王夫之：《尚書引義》，《船山全書》第二冊，第391頁。
〔註174〕唐君毅：《中國哲學原論·原教篇》，《唐君毅全集》第二十二卷，北京：九州出版社，2016，第435頁。
〔註175〕王夫之：《周易外傳》，《船山全書》第十二冊，第985～986頁。
〔註176〕王夫之：《周易外傳》，《船山全書》第十二冊，第986頁。

會干擾事物之自身。惟有「至順」才能始終不違背此健動之施予,「隨事隨物而分其用」。

　　知道了知能相淆所造成的紊亂,工夫的目的就是保持「純知」「純能」,船山說:

> 當其為乾,信之篤而用之恒,不驚萬物之變而隨之以生識,則歷乎至難而居天下之至易;當其為坤,己不尸功而物自著其則,受物之取而咸仍其故,則歷乎至繁而行天下之至簡。〔註177〕

純乎奇則「彌亙初終而持之一貫」,純乎偶則「虛中忘我,以隨順乎萬變」,如此則易簡而不繁難。我們都有這樣的體驗:在生活中我們初遇許多事情時往往會感到其困難和艱險,這種險──難體現在事物自身並沒有向我們敞開,或者沒有完全敞開。因為事物沒有敞開,我們眼前一片昏暗,寸步難行,「危而難於行者曰『險』」〔註178〕。然而,事物的源初敞開或者呈現並不依賴主體的去蔽,而是完全由事物自身所決定。以日常生活中的滑雪運動為例,現象學家馬里翁向我們清楚地指明了這一點:滑雪運動的初學者雖然可以在滑雪手冊那裏讀到詳細的滑雪方法並在教練那裏看到完整的具體展示〔註179〕,但當他自己嘗試去實行時,卻會陷入種種麻煩當中。比如他雖然記住了手冊中的下坡方法,但卻會因為沒有信心而不敢下坡加速,即便他努力克服恐懼,也很容易因失去對速度的控制而摔倒。這種狀態往往會持續很久。「不過這種無望的情形也會在完全突然的,我不能給自己解釋,無法預見以及實際上完全沒有意願的時候像一片雲那樣突然消散……這項我目前還不會,對我保持為奧秘的運動突然間呈現給我,如同由自身一般展開自己。」〔註180〕對於滑雪運動的實行者來說,他並非處於一種中立的不參與狀態。如在純理論的看當中,呈現給我們的現象僅僅是事物的表象或者外觀,主體的中立立場保持為超然的不可觸及的地位。與之相反,作為實際的滑雪實行者,無論是周遭環境還是他自身的行為都會直接地觸及他本身。這一過程中顯現的「訢拒之情、順逆之勢、盈虛之數」「涉及的不再是我所不是之物,與之相反,它關係到能觸及(affizieren)我、更確切地說是觸及作為個人的我自己的特殊現象,也就是面對這種現象,我無

〔註177〕王夫之:《周易外傳》,《船山全書》第十二冊,第 986 頁。

〔註178〕王夫之:《周易內傳》,《船山全書》第一冊,第 614 頁。

〔註179〕這種方式所獲得的知就是王夫之所批評的「離行以為知」。參見本章第二節。

〔註180〕Jean-Luc Marion, *Das Erscheinen des Unsichtbaren. Fragen zur Phänomenalität der Offenbarung*, Freiburg im Breisgau: Herder, S.11.

法避開它的效用，它在我記憶中的傷口永遠不會結痂。」〔註181〕區別於從旁邊流逝過的現象，這種現象所留下的印記的效果永遠不會處於遺忘當中，用王夫之的話來說，即「知者未嘗忘」。

馬里翁借助這一個例子是要說明：對滑雪運動的掌握或者學會滑雪這一現象並非如同常情所想的那樣是由主體自己獲得的結果。一個顯而易見的反駁是：如果說作為實行者的主體可以只憑藉自己的努力來掌握滑雪，那麼他為何需要不斷的練習，並且在每一段練習開始時自己沒有任何保證能正確地實行？實際上，正如馬里翁所觀察到的：學會滑雪完全是一種在「我不能給自己解釋，無法預見以及實際上完全沒有意願的時候」自行呈現的現象〔註182〕，這一現象的呈現完全脫離了主體意向性的構造維度，是徹底的非主體（a-subjective）現象。對這一點的認識也體現在陽明後學關於本體（自然）、工夫先後之辯的討論上，近溪指出：

> 世間有志學問者說著敬義便去講求道理，著力持守，指之曰：是為用工。說著不習而利，便要等待時候，不即承當，指之曰：是為習熟自然。卻不知自然之妙，豈是習熟之所能到？而工夫不識性體、性體若昧自然，總是無頭學問。細細推來，則自然卻是工夫之最先處，而工夫卻是自然之已後處。〔註183〕

流俗對工夫的理解是要用功來著力持守，換言之，即是在一種意向性地對固定對象的不斷瞄準中實現意向充實，並期待可以「不習而利」，也就是不經意向瞄準即有所給（Gegebene）給出。這種想法沒有看到在「瞄準─充實」這一意向過程中顯現的現象與不依賴意向性的看即可自身顯現的現象的差異。前者是與自己不相關的「見聞之知」，而後者是與自身相關的、自行呈現的、「動力之知」與「能力之知」合一的真知與實知。正如近溪指出：自然之妙非習熟所能達。若沒有在先的、自然而然呈現的實知，人為的不斷練習、著力持守總是一種湊泊，就像滑雪運動的初學者即便可以將滑雪手冊的指導方法背得滾瓜爛熟也依然沒有真正掌握滑雪。若使用王夫之的術語來分析的話，初學者眼中

〔註181〕 *Ibid.,* S.10.
〔註182〕 這種自行呈現自身的現象被馬里翁稱為啟示（Offenbarung）現象。Cf.Jean-Luc Marion, *Das Erscheinen des Unsichtbaren. Fragen zur Phänomenalität der Offenbarung*, Freiburg im Breisgau：Herder, S.11.從其自行呈現的方面而言，可以說馬里翁所說的啟示現象就是前一節我們所說的天知。
〔註183〕 羅汝芳：《近溪子集》，《羅汝芳集》，方祖猷等整理，南京：鳳凰出版傳媒集團，2007，第50頁。

的滑雪過程只是外在的「然」，在滑雪時如何能依據周遭環境的順逆變化來合理地調整動作涉及的是滑雪的「所當然」。在各種情形下的「當然而不容已」並非滑雪手冊給出的形式化的滑雪方法所能涵蓋，而是知其「所以然」者也就是真正掌握滑雪運動的人在各種不同的情形下的直接決斷。王夫之云：「知者，洞見事物之所以然，未效於跡而不昧其實，神之所自發也。義者，因事制宜，剛柔有序，化之所自行也。」〔註184〕「乾知」涉及的現象遵循的是「無思無慮而思慮所自徹」寂感模式，是神所「自發」地對「事物之所以然」的洞見。知其所以然之後才能「因事制宜，剛柔有序」。

總而言之，「自然」屬於「不習而利」之事，就像對滑雪的「掌握」是過程性的自然呈現〔註185〕，並非主體有意識的去努力才獲得。如今天學會方向的控制，明天可以下坡，這一過程是「天功」與「天事」，是乾元的自行顯現。相應於知、能，工夫的真正「著力」處有二：其一，要「虛其中」，即排除「意、必、固、我」對這種自發呈現或自發感通的遮蔽，「己不尸功而物自著其則」。作為「自然之已後」，工夫承擔了坤元接受性和敞開性的地位，也就是在「自然」的自行顯現過程中「攝持」，凝聚或「兢業保護」，亦即一種無條件的「承當」，「理之所至而咸至之」。若是因為我們懷有成心，不能關注事情本身的自行呈現，不能立即「承當」而是等待時候，那麼就錯失了在「事變未起之先，見機而決，故行焉而無不利」〔註186〕的機會。在事情與我們之間就形成了對抗和阻礙，「滯而不通者曰『阻』」〔註187〕。阻礙的產生必然導致紛繁複雜，無法駕馭的局面，雖欲靜心定性而不能。其二，要「信之篤而用之恒」。依據

───────────────

〔註184〕王夫之：《張子正蒙注》，《船山全書》第十二冊，第80頁。

〔註185〕陽明也指出，良知自身是有內在條理和節奏地一步步呈現，因此在致良知的過程中不應當有意必之心，而是隨著良知的呈現「只管栽培灌溉」：「為學須有本原。須從本原上用力。漸漸盈科而進。仙家說嬰兒亦善。譬嬰兒在母腹時，只是純氣。有何知識？出胎後，方始能啼。既而後能笑。又既而後能認識其父母兄弟。又既而後能立，能行，能持，能負。卒乃天下之事，無不可能。皆是精氣日足，則筋力日強，聰明日開。不是出胎日便講求推尋得來。故須有個本原。聖人到位天地，育萬物，也只從喜怒哀樂未發之中上養來。後儒不明格物之說。見聖人無不知，無不能。便欲於初下手時講求得盡。豈有此理」。「立志用功，如種樹然。方其根芽，猶未有幹。及其有幹，尚未有枝。枝而後葉。葉而後花實。初種根時，只管栽培灌溉。勿作枝想。勿作葉想。勿作花想。勿作實想。懸想何益？但不忘栽培之功。」（參見王守仁：《王陽明全集》，第16頁）

〔註186〕王夫之：《張子正蒙注》，《船山全書》第十二冊，第89頁。

〔註187〕王夫之：《周易內傳》，《船山全書》第一冊，第614頁。

前面的討論，這裡的「信之篤」與「恒」說的都是志。這句話的意思因而就是持其志，將心思定向與道，以剛承剛，不斷地「隨之以生識」，即時時保持「無思無慮而思慮所自徹」的模式，讓神化之幾、應行之義健行不息地呈現。

因此，對於人來說，人不可雜天地之撰。「人受天地之中以生」，乾「連乎人」，坤亦「運乎人」，故既非純乾也非純坤，因此必須「純備」乾坤之德，「分秩」乾坤之用。若不能分秩之，則知能相淆，健順相困。知可因能而爽。「乾知」是由無至有，健動不息的呈現進程。如果人「甫有其知，即思能之」〔註188〕，也就是說未能以志定向於這一不斷的呈現，而是隨事變而遷移其心思，則這種「相類相續而後成乎其章」的進程就會被打斷，從而導致知未能全。這時倘若事變發生，則必然因為有所間斷而不能及時瞭解和應對，後續的呈現就會與最初的呈現有所違背，造成「知遂爽其始」的情況，至健之知因此而成乎弱。能亦可因知而阻。「方務能之而恃所能以為知，成乎意見」〔註189〕，面對事物之至（呈現）不是以虛中無我之心悉物理而因之，而是以意見來武斷，遂變至順為至逆。因此，「能以健歸知，以順歸能，知不雜能，能不雜知者，為善用其心之機」〔註190〕。「知」者至健，為從無到有、生生不已地不斷呈現，呈現者天事，「天事因乎天」；「能」者至順，虛中無我，靜以察識天之動幾，虛靜者地事，「地事因乎地」。只有分秩乎乾坤，乾坤才「顯其相錯之妙」：「因乎天而坤乃有所傚，因乎地而乾乃有所成。」〔註191〕正如吳根友教授所言：「對於人而言，一方面要效法《乾》知的剛健不已的精神，另一方面又要效法《坤》能的順應天道的謙遜與柔順的德性」，而不是「憑藉人的主觀志氣而在天地之中胡作非為。」〔註192〕

本章小結

王夫之的「乾知」理論相較於張載與陽明諸子來說可以說要更為完備。王夫之不僅在天道論層面討論了「乾之以知生物」，又指出在心性論層面「虛靈知覺」就是「乾知」。可以說，王夫之的相關理論綜合了張載與陽明學的精神。

〔註188〕王夫之：《周易外傳》，《船山全書》第十二冊，第985頁。
〔註189〕王夫之：《周易外傳》，《船山全書》第十二冊，第985頁。
〔註190〕王夫之：《周易外傳》，《船山全書》第十二冊，986頁。
〔註191〕王夫之：《周易外傳》，《船山全書》第十二冊，986頁。
〔註192〕吳根友：《〈周易外傳〉的詮釋體式及其詮釋的創造性》，《學術月刊》2016年第8期。

在工夫實踐上，王夫之的「乾知」理論綰合了傳統宋明理學的「知行」問題，工夫的「熟化」問題，「真知」問題等等。他將人之志與意分別界定為「乾健之性」與「坤順之性」，將工夫論的原則歸結為「以健歸知，以順歸能」，這就尤其顯示出「乾知」理論的涵蓋性。總而言之，王夫之以「乾知」「坤能」為兩個基本原則建立起一套完整的哲學體系，將傳統的心性之學扎根於《大易》中，展現出了出深刻的哲學創造力。

總　結

　　通過對張載、陽明學以及王夫之「乾知」理論的巡禮，可以發現他們在這一問題上有共同之處也有相互補充的地方。就他們的共見而言，首先，「乾知大始」與「坤作成物」共同構成天道論層面氣化流行的生成模式。分殊而言，乾以知主生，坤以能主成，「乾知」是生成或「造化」過程的開端。對於張載來說，「乾知」是清通之神「至健無體」的「感速」作用，是虛氣貫通的環節。無形無象的太虛在乾之知中有所呈象，坤即以此為仿傚對象而法之成形。對此，王夫之說的更加清楚，由乾所起之知是「太虛之和氣必動之幾」。乾坤、陰陽作為絪縕本體的運作方式，是區別於「萬理」的最本源的「一理」。分別而言，乾（陽）之闢展現為發生過程的連貫性：「始末相類，條貫相續，貞常而不屈，是可徹萬理於一致矣。」坤（陰）之闔是個別化的過程，元氣由此「斂而成形」，產生具體的存在物。乾不斷發起新的進程，在塊然、委然的存在者之間建立相感、相合的通道，「照亮」事物變化進程的方向。相較於張載與王夫之，陽明學諸子在這方面下語顯得簡潔一些。「乾知」（良知）對於他們來說是「混沌初開第一竅」，是「造化的精靈」。通過「乾知」的創生性，萬物由無而顯於有。龍溪和近溪還將良知的創生性與良知明通於萬物的「一體呈現」義合併起來講，突出了「乾知」作為「生生之幾」的生命力與活動力。在這一方面，船山也將「乾知」把握為流行於官竅的「天不息之神」——虛靈知覺。虛靈知覺是貫通物我為一體的純粹活動，就像「火之始燃」那樣將原本各柴立於一處、了不相干的存在者點燃，建立起存在上切身的呼應和一體之仁的覺醒。就其性質來說，他們都認為「乾知」的實質是縱貫發生的「寂感」。在王夫之

那裏，這種縱貫發生的模式表現為「無思無慮而思慮之所自徹」，即知與感從本來無知、無感的清虛一大之太虛中生起；在張載那裏，這種模式表現為不同於「內外合」的「有無一」，「感皆出於性」，「寂然不動，感而遂通」；在龍溪和近溪那裏，這種模式表現為「感皆生於寂」「寂感一幾」。作為「寂感」，「乾知」不是著眼於水平的主客關係而言。若用牟宗三先生的術語來說的話，一般意義的知是橫攝的認知，是出於「己力」的「人知」，而「乾知」則是縱貫的呈現，是出於「天功」的「天知」。「知者惟其健，健者知之實也。」乾坤即健順，一音之轉。「乾知」即是「健—知」，即無間斷的不斷呈現，是剛健不滯、生生不容已的「自然之覺」。

雖然就其發生而言，「乾知」為不依賴於「己力」的「天知」，但就其表現於人而言，「天知」（「乾知」）自繼自顯，貞明而不間斷卻又以一種「人知」為必要環節。這樣的「人知」在龍溪、近溪與王夫之那裏就是思與志。從誰來施行上看，思與不思存乎其人，志之立不立也是如此，思與志皆屬於人事。但人若能持其志，正其思，正是履行「天職」。在這一點上，思與志就不僅是「己力」也屬於「天職」，且正是由於施行「己力」，方才如其本身的成為「天職」「天功」。人之思與志是「天知」自求繼復，貞明而不息的必要環節，是「乾知」從「惻隱之心」這樣自然發動的明覺初幾向「知之已全」境界進行擴充的根本動力。正是在這個意義上，王夫之強調，人之知要想提升到「知為大始」的境界就不能僅僅停留於四端之心這樣的萌芽之知，而是必須經由思與志之力，健行不息，時時知明處當，最終豫萬變而不驚。總而言之，天道論層面的「天知」不僅下貫於人而為人之「虛靈知覺」還通過「人知」——思與志——將其本身的功效範圍擴展至整個人倫世界。

總的來看，「乾知」理論闡發了一種天道論方面「呈現義」的「知」。以現代哲學的眼光來看，這樣的「知」不是認識論的概念，而是本體論的概念。呈現義的「知」不是靜觀的，而是不斷發生的，它標明了一種前反思的、自行呈現的「感動」（affection）現象。我們在本文的大部分章節中都有指出，這樣的「感動」突破了主觀領域私己的感觸和情緒，它即是「氣（氛）」（Atmösphare）本身。「乾知」的發動同時就是陽氣之發生，就是「一理」向「萬理」的貫徹流行。在「乾知」這裡，心、理、氣完全渾一。從歷史脈絡上看，「乾知」說造端於先秦，而深化於宋明理學，最終發揚於現代新儒學。「乾知」概念的內涵與意義也在這樣一代一代的學術積澱中清晰與豐富起來。比較來看，張載側

重於闡發「乾知」與天道論神化進程相關的客觀面，陽明學側重於闡發「乾知」與心性論主體心知相關的主觀面，到了王夫之那裏，主客兩方面達成了綜合。在現代新儒家這裡，各位先生遵循其各自的學術追求繼承和發展了「乾知」理論的這三大方向，並試圖用「智的直覺」等西方哲學的概念予以詮釋，以達成中西會通的效果。本文在前人的基礎上系統地勾勒出「乾知」理論的各個側面，並由之而對中國傳統的「知」論進行探研。總而言之，對「乾知」概念的深入理解需從中西哲學比較的角度徹底釐清中國傳統哲學中「知」的意涵，明晰不同「知」的分界，甚至不得不於此再造「新說」。

附錄：德譯《正蒙》譯介

　　由傅敏怡（Michael Friedrich），朗宓榭（Michael Lakner）與弗里德里希·萊曼（Friedrich Reimann）迻譯，1996 年出版，收入於著名的費利克斯·邁納出版社哲學文庫（Philosophische Bibliothek）的德譯《正蒙》（Rechtes Auflichten）是張載《正蒙》的第一部歐洲語言的全譯本〔註1〕。除此之外，歐洲語言的譯本尚有明清之際利瑪竇（Matteo Ricci）為代表的歐洲耶穌會傳教士在翻譯《性理精義》時，《正蒙》的部分篇章被一同迻譯〔註 2〕；比利時東方學家哈勒茲（Charles de Harlez）在《中國近代哲學學派抑或本性（性理）的體系》（L'école philosophique moderne de la Chine ou système de la nature （Singli））一書中對《正蒙》（Tcheng-Meng）各篇章進行了法文選譯〔註3〕；陳榮捷（Chan, Wing-tsit）的《中國哲學資料讀物》（A Sourcebook in Chinese Philosophy）〔註4〕以及英譯《近思錄》〔註5〕也對《正蒙》的部分段落進行了選譯，但這些都不是《正蒙》的完整譯本。除了對張載原文的翻譯，德譯者還在譯本中附加了內容

〔註 1〕Cf. Chang Tsai, *Rechtes Auflichten. Cheng-meng*, Hamburg: Felix Meiner, 1996, S.V.
〔註 2〕參見陳俊民：《中德文化哲學交融的新篇章——德文譯本張載〈正蒙〉序》，深圳大學國學研究所編：《中國文化與哲學（1988）》，北京：三聯書店，1990，第 464 頁。
〔註 3〕Charles de Harlez, *L'école philosophique moderne de la Chine ou système de la nature (Singli)* , Bruxelles : F. Hayex, 1890, pp.33～76.
〔註 4〕Chan, Wing-tsit, *A Sourcebook in Chinese Philosophy*. Princeton: Princeton University Press, 1963, pp.497～517.
〔註 5〕Chan, Wing-tsit(trans.), *Reflections on Things at Hand: The Neo-Confucian Anthology Compiled by Chu Hsi and Lü Tsu-chien*. New York: Columbia University Press, 1967.

豐富的導論（Einleitung）和補遺（Anhang）。導論包含對張載生平的介紹、《正蒙》的語言與文風以及它的歷史流傳、章節的主要內容和歷史效應的總體論述。在補遺中，譯者們介紹了《正蒙》中所使用的源於《周易》的基礎概念，《正蒙》的版本問題，還對張載對於佛道二教的批判進行了評述並進一步討論了張載與「三教合一說」（die Doktrin von der Vereinbarkeit der Drei Lehren）的關係問題。更難能可貴的是，譯者們還對《正蒙》的每一章配有詳細的解析性評注（analytische Kommentare）。可以說，無論是譯文的完整性、可靠性還是注釋和引用的詳盡性上，德譯《正蒙》都是可圈可點的。

依照陳俊民先生於 1988 年為該譯本所寫的中文序言，《正蒙》的德譯工作是傅敏怡、朗宓榭和「他倆主持的《正蒙》翻譯小組全體成員五年來共同的辛勤勞作，慕尼黑大學 Wolfgang Bauer 教授領導的東方研究所，為他們的研究和翻譯工作提供了良好的條件」〔註 6〕，翻譯中，「他們既要靠自己的中國哲學史知識和漢語技能，將古文《正蒙》先譯成今文，同時又要依據《正蒙》特有的哲學範疇系列和結構原則，準確地找到相應的德國哲學概念。經過反覆推敲，三易其稿，最後才形成了今天這樣一本德文《正蒙》書」〔註 7〕。正式出版的德譯《正蒙》中的編者序言也提到陳先生 1986 年在慕尼黑參加的關於《正蒙》的學術討論會對這一譯本的順利完成所起的巨大作用〔註 8〕。親身經歷翻譯工作的陳先生則肯定地說：「這不只是世界上第一個德文譯本，而且是今年中國哲學研究在歐美的一個最新成果。」〔註 9〕

一、《正蒙》底本的選擇

在《正蒙》的版本問題上，《正蒙》德譯本的序言提到他們受惠於陳俊民先生指點，由於翻譯工作主要完成於上世紀八十年代，當時由章錫琛點校收入於中華書局「理學叢書」的《張載集》剛剛於 1978 年出版，在中文序言中，陳先生也說：「他們的唯一依據，只有中華書局點校整理的《正蒙》原本。」〔註 10〕章錫琛點校的《張載集》一直以來都是張載研究中常用的通行本，曾有

〔註 6〕陳俊民：《中德文化哲學交融的新篇章——德文譯本張載〈正蒙〉序》，深圳大學國學研究所編：《中國文化與哲學（1988）》，北京：三聯書店，1990，第 461 頁。
〔註 7〕同上，第 464 頁。
〔註 8〕Cf.Chang Tsai, *Rechtes Auflichten. Cheng-meng*, Hamburg: Felix Meiner, 1996, S.V.
〔註 9〕陳俊民：《中德文化哲學交融的新篇章——德文譯本張載〈正蒙〉序》，深圳大學國學研究所編：《中國文化與哲學（1988）》，北京：三聯書店，1990，第 463 頁。
〔註 10〕同上。

學者認為這是「目前最好的版本」〔註11〕。但據近來林樂昌先生的研究，通行本《正蒙》有近七十處的文字訛誤，而這些錯誤的原因主要由於兩點，其一，通行本以明萬曆四十八年鳳翔府沈自彰《張子全書》官刻本的清初翻刻本為底本，用清眉縣本、朱軾刻本以及張伯行《張橫渠先生文集》（正誼堂叢書）等所收《正蒙》互校〔註12〕，選本囿於清代版本，未能據宋、明古本進行校對。其二，在校勘方法上主要採用了他校法，引他書之說校改本書，出現了大量淆誤。〔註13〕而如葉瀚（Hans van Ess）先生所言，「在這方面，翻譯者比中華書局在 1978 年出版的現代版《正蒙》的編者更加謹慎。」〔註14〕德譯者認為通行本《正蒙》雖可作為讀本（Leseausgabe）使用，但由於以下三個理由不適合進一步的研究工作：1.袁應泰作序的萬曆戊午本並沒有出版（publiziert），通行本所用的是它的清初翻刻本，德譯者無法據原本作進一步校勘；2.通行本在校勘上往往將沈本與《橫渠易說》和《周易繫辭精義》對較，然而，據《橫渠易說》來改訂會造成編輯工作的倒退（rückgängig），因為張載是先寫作《易說》等書，後完成《正蒙》，林樂昌先生也認為，通行本的這一校勘策略「無視張載不同時期著述及思想之間存在的差異」〔註15〕，而《周易繫辭精義》是呂祖謙所輯的一本集注，在部分引文的歸屬（Zuschreibung einzelner Zitate）以及所屬《正蒙》的文字上存在許多錯誤〔註16〕，以之作對校是可疑的；3.通行本的標點和斷句在涉及到引文時非常輕率（grob fahrlässig），如在《正蒙》第九篇《至當》篇中，張載原文應為：「蓋大者器則出入，小者莫非時中也」、「禮器則大矣，修性而非小成者歟！」這裡張載是在「借『禮器』『禮運』以明『大德』『小德』體用之分」〔註17〕，通行本沒有理解這一點，錯標為：「蓋大者器則出入小者莫非時中也」與「禮，器則大矣，修性而非小成者歟！」〔註18〕出於這三方面的考慮，通行本《正蒙》沒有被採用為翻譯的底本。

〔註11〕蕭萐父：《中國哲學史史料源流舉要》，武漢：武漢大學出版社，1998，第 221 頁。
〔註12〕參見張載：《張載集》，第 1 頁。
〔註13〕參見林樂昌：《張載理學與文獻探研》，北京：人民出版社，2016，第 167～179 頁。
〔註14〕Hans van Ess, "Rechtes Auflichten / Cheng-meng (review)", *China Review International*, Volume 5, Number 2 (1998)：389.
〔註15〕張載著：《張子全書》，《前言》，林樂昌編校，西安：西北大學出版社，2015，第 25 頁。
〔註16〕Cf. Chang Tsai, *Rechtes Auflichten. Cheng-meng*, Hamburg: Felix Meiner, 1996, S.293.
〔註17〕林樂昌：《正蒙合校集釋》，北京：中華書局，2012，第 504 頁。
〔註18〕張載：《張載集》，第 33 頁。

　　德譯本對《正蒙》版本問題的學術貢獻還不止於這一點。通行本在校勘時以沈自彰《張子全書》刻本為據，學術界曾認為沈自彰刻本是《張子全書》的最早版本，在漢語學界，臺灣學者胡元玲於 2004 年較早指出此說之誤〔註19〕，德譯本則早在 1996 年就據《四庫全書總目提要》、邵懿辰《增訂四庫簡明目錄標注》〔註20〕、陽海清《中國叢書綜錄補正》〔註21〕等書斷定沈自彰刻本不是最早版本，沈本基於萬曆三十六年（1606）徐必達所輯的《合刻周張兩先生全書》（後文簡稱徐本），徐本是後來《張子全書》各版本的祖本〔註22〕。《正蒙》詞義簡奧，往往增添一字則意思大變，因而校勘版本的好壞可以影響張載的研究水準，差本則使研究者陷入「日讀誤書而不知」〔註23〕的窘境。為了保證翻譯時所據底本的可靠性，德譯者們在廣收歷代各版《正蒙》以及其注本、選本達 43 本之多〔註24〕的基礎上，選擇 1675 年日本京都翻印的徐本〔註25〕作底本。值得一提的是，2012 年林樂昌先生編校《張子全書》時也是選擇明徐必達刻本為框架〔註26〕。雖然在翻印時，日本學者安井真祐（Yasui Sanesuke）受出版商所託於徐本原文添加了日文「訓點」（Kunten）並將徐必達所撰的《正蒙釋》插入《正蒙》原文中，但由於安井真祐對其進行了文本批判（textkritisch）式的校訂，德譯者認為這是目前可見的最好版本〔註27〕。此外，由於譯文應當保持翻譯的「可重演性」（Nachvollziehbarkeit），而朱軾刻本通過德國圖書館較易獲取，朱軾刻本在翻譯時被選為參照（Bezugspunkt）。總之，對於德譯者在

〔註19〕參見胡元玲：《張載易學與道學》，臺北：學生書局，2004，第 234、237 頁。
〔註20〕參見邵懿辰：《增訂四庫簡明目錄標注》，邵章續錄，上海，上海古籍出版社，1979，第 387 頁。
〔註21〕參見陽海清：《中國叢書綜錄補正》，蔣孝達校訂，揚州：江蘇廣陵古籍刻印社，1984，第 82 頁。
〔註22〕Cf. Chang Tsai, *Rechtes Auflichten. Cheng-meng*, Hamburg: Felix Meiner, 1996, S.301～303.
〔註23〕陳垣：《校勘篇第三》，載《通鑒胡注表微》，瀋陽：遼寧教育出版社，1997，第 29 頁。
〔註24〕其中包括南宋理宗端平二年（1235）《諸儒鳴道》浙刻本所收《橫渠正蒙書》八卷，林樂昌先生認為這是現存《正蒙》的最早版本。參見林樂昌：《張載理學與文獻探研》，北京：人民出版社，2016，第 167～178 頁以及張載著：《張子全書》，《前言》，林樂昌編校，西安：西北大學出版社，2015，第 24 頁。
〔註25〕Cf.Chang Tsai, *Rechtes Auflichten. Cheng-meng*, Hamburg: Felix Meiner, 1996, S.301.
〔註26〕張載：《張子全書》，《前言》，林樂昌編校，西安：西北大學出版社，2015，第 26～27 頁。
〔註27〕Chang Tsai, *Rechtes Auflichten. Cheng-meng*, Hamburg: Felix Meiner, 1996, S.301.

《正蒙》版本問題上的研究，即使是最嚴苛的評論者，也不得不稱讚其具有「典範性」（exemplarisch）的意義〔註28〕。

二、革命性的翻譯策略

　　學界一般認為，張載之學「思理精微，表之為難」〔註29〕，而這種難處首先表現為張載的寫作（語言）風格遵循著一種「詮注—學究的信條」（exegetisch-pedantischen Credo）〔註30〕，《正蒙》的思想深奧，時有推陳出新之義，但其用語十分古樸（alttümlich），大都源自儒家和道家的經典，因而，無論是對《正蒙》的理解還是翻譯都必須妥善地處理這種詮釋學張力。德譯者在翻譯時有意地模仿張載的這種風格，他們以「詢問幾乎每個詞的古義（archaischer Bedeutung）」〔註31〕的方式嘗試理解張載之新意，而已往西方漢學界在翻譯中國經典時常用的歐洲形而上學詞彙幾乎被徹底捨棄。這種堪稱革命性的翻譯原則在很多時候非常奏效，例如，在處理張載的「氣」、「理」、「心」等概念上，譯者們打破了以往西方漢學界的慣例，沒有使用具有濃厚西方形而上學背景的「materielle Kraft」（材料的力）或「Energie」（能量）、「Prinzip」（原則）和「Bewusstsein」（意識）等等，而是以這些概念的古義為準，採用了德語日常用語中意蘊豐富、包含性極大的概念：「Luft」（氣）、「Muster」（模式）和「Herz」（心靈）。這種謹慎的邊界意識避免了「以己度彼」式的比附，既能展現出張載思想的本來意蘊，又留出了進一步「裁量經義」的詮釋（格義）空間。

　　然而，對傳統的打破一方面固然可以說是革命性的，但另一方面則有著挑釁性（provozierend）的意味，有些時候還會過猶不及。例如，讀者在譯文中很容易發現幾乎所有中國經典的書名或篇章名都進行了重譯，如《易經》在衛禮賢（Richard Wilhelm）那裏被譯為「*Das Buch der Wandlung*」，即變化之書的意思，而德譯者將其新譯為「*Das Buch des Einfachen*」，即簡易之書，正好與衛禮賢譯名的意思相反。當然，「易」在中文裏本來就具有多種含義，此外，正

〔註28〕Cf.Florian C. Reiter, "Reviewed Work (s): Rechtes Auflichten Cheng-meng. (Philosophische Bibliothek. Bd. 419) ", *Zeitschrift der Deutschen Morgenländischen Gesellschaft*, Vol. 149, No. 2 (1999) : 443.

〔註29〕牟宗三：《心體與性體・一》，《牟宗三先生全集：5》，臺北：聯經出版事業有限公司，2003，第 438 頁。

〔註30〕Wenchao Li, "Buchbesprechung : Die Übersetzung liest sich schwer - das Original auch," *Philosophisches Jahrbuch* 105 (1) (1998) : 236.

〔註31〕*Ibid.*

如譯者所言，「對於張載來說，『簡易』的一面處於前臺」〔註32〕，就《正蒙》的語境而言，新譯名確實更為貼切〔註33〕，但也有一些爭議就很大了，如《正蒙》第十六篇《王禘篇》被譯為「Das Gottesopfer des König」（王對神的祭祀），許多評論家都指出該譯名的怪異以及所引起的「一神論想像」（monotheistische Vorstellung）〔註34〕。對於《正蒙》書名的翻譯也是如此，「*Rechtes Auflichten*」直譯過來是「正確的照亮」，該譯名雖不算錯，但顯然不夠直接，與之相比，陳榮捷在《中國哲學資料讀本》中的譯法「*Correcting Youthful Ignorance*」〔註35〕以及葛艾儒（Ira Kasoff）〔註36〕的「*Correcting the Unenlightened*」顯然更加平實。總而言之，德譯者的翻譯策略足夠講究（anspruchsvoll），也「很少有翻譯錯誤」，「只是有些複雜」〔註37〕。

其實，之所以選擇這種翻譯策略並非出於叛逆心理而主要是因為譯者們認為，對於《正蒙》來說，「將其內容脫離形式，並從德語語言觀出發改換措辭（Paraphrase）來復述」〔註38〕是不可能的，必須利用德語的可鍛性（Geschmeidigkeit）才能儘量克服中國古代經典與現代德語讀者之間的文本和思想距離。因此，張載的術語在翻譯時不能被德語化（eingedeutscht），只能以巧妙的方式仿製（nachgebildet）。通觀整個譯文可以發現，譯者們非常擅於利用德語的變形能力來構造具有相同詞幹的概念組，如果選擇恰當的話，這種方式就能展現出它的優勢，即可以將一個概念的不同含義和用法在保持形式的統一性的情況下區分開來。例如，《正蒙》中常用「體」這個術語，而「體─用」這一概念對也是宋明理學中的常用術語，它在德語漢學界往往用西方形而上學傳統中的「Substanz-Funktion」（實體─功能）來對譯。為了避免對漢語文本產生誤解，德譯者們回溯「體」的古義，選擇了新的表達，即以「Glied」為詞幹進行變形，從而構造出一組相互關聯的術語：「Gliederung」，

〔註32〕Chang Tsai, *Rechtes Auflichten. Cheng-meng*, Hamburg: Felix Meiner, 1996, S.147.

〔註33〕這一點存在爭論，有的評論者針鋒相對地說：衛禮賢的譯名「實質上是正確的，我的意思明顯是即使在張載的語境中也這樣，我認為這是不言而喻的」。Cf.Reiter, *op.cit.*, S.439.

〔註34〕Cf. Li, *op.cit.*, S.237; Reiter, *op.cit.*, S.441.

〔註35〕Cf. Chan, *op.cit.*, p.500.

〔註36〕Cf. Ira Kasoff, *The thought of Chang Tsai(1020～1077)*, Cambridge: Cambridge University Press, 1984.

〔註37〕Ess, *op.cit.*, p.390、391.

〔註38〕Cf. Chang Tsai, *Rechtes Auflichten. Cheng-meng*, Hamburg: Felix Meiner, 1996, S. LVI.

「Glieder」，「gliedern」，分別對應「體」的三層含義：體段，部分（或形體），將……作為部分或劃分，「體─用」則被譯為「Gliederung-Wirkung」（體段─效用）。體用關係構成了一個由被分（gliedert）為兩個互補的個別部分（Einzelglieder）所組成的整體（Ganze）。以《正蒙》中的四個句子為例（各附德文譯文，涉及到「體」的譯文以粗體標明）：1.「太虛無形，氣之本體，其聚其散，變化之客形爾」〔註39〕（Größte Leere hat keine Gestalt - so ist die **Grundgliederung** der Luft; ihre Ansammlung, ihre Zerstreuung sind nur Gastgestalten der Wechselwandlung.）〔註40〕；2.「兩體者，虛實也，動靜也，聚散也，清濁也，其究一也」〔註41〕（Die paarigen **Glieder** sind Leere und Fülle, sind Bewegung und Ruhe, sind Ansammlung und Zerstreuung, sind Durchsichtiges und Trübes - letztlich sind sie nur Eines.）〔註42〕；3.「神易無方體」〔註43〕（Geist und Einfaches haben weder Ort noch **Glieder**.〔註44〕）；4.「大其心則能體天下之物，物有未體，則心為有外」〔註45〕（Macht einer sein Herz groß, dann kann er die Dinge unter dem Himmel **gliedern**; sind unter den Dingen noch solche vorhanden, die er nicht **gegliedert** hat, dann ist für das Herz ein Außen vorhanden.）〔註46〕。對於第一句，正如張岱年先生指出：「本體猶言本來的實體」〔註47〕，太虛是氣的根本體段（Grundgliederung）。與作為「至靜無感，性之淵源」〔註48〕的太虛本體相對，虛─實（Leere-Fülle）、動─靜（Bewegung-Ruhe）是對立的兩體（Glieder），兩體以「感」（Erregung）的方式相互作用，形成了「進程性實在」（prozessuale Wirklichkeit），即氣化過程，作為根本體段的太虛與對立兩體形成的氣化過程是體用關係。「易」之無「體」說的是太虛本體作為「一」不能被分割為部分，因而不具有形體。對於第四句，所謂「體天下之物」，其實際含義是將天下之物作為部分和我融為「萬物一體」式

〔註39〕 張載：《張載集》，第 7 頁。
〔註40〕 Chang Tsai, *Rechtes Auflichten. Cheng-meng*, Hamburg: Felix Meiner, 1996, S.3.
〔註41〕 張載：《張載集》，第 9 頁。
〔註42〕 Chang Tsai, *Rechtes Auflichten. Cheng-meng*, Hamburg: Felix Meiner, 1996, S.8～9.
〔註43〕 張載：《張載集》，第 9 頁。
〔註44〕 Chang Tsai, *Rechtes Auflichten. Cheng-meng*, Hamburg: Felix Meiner, 1996, S.9.
〔註45〕 張載：《張載集》，第 24 頁。
〔註46〕 Chang Tsai, *Rechtes Auflichten. Cheng-meng*, Hamburg: Felix Meiner, 1996, S.40.
〔註47〕 張岱年：《張岱年文集（四）・張載──十一世紀中國唯物主體哲學家》，北京：清華大學出版社，1992，第 81 頁。
〔註48〕 張載：《張載集》，第 7 頁。

的整體，正如德譯者在注釋中所言：「此處的「體」應理解為一種認知，它與感官的認知不同，不是關聯於一直在外的對象，而是將其『整合』（eingliedert）到與意識的聯繫中。」〔註49〕

德譯者對「體」的翻譯在評論者那裏贏得了喝彩〔註50〕。此外，構造複合詞（Komposita）也是非常有用的辦法，如「神化」、「性命」等術語以複合詞的方式譯為「Geistwandlung」「Wesensruf」就非常貼切。然而，受概念創造上「剎不住的興致」（ungebremsten Lust）〔註51〕的影響，譯者們偶而也會「用詞不當」，如《太和》篇在規定「神」與「太虛」的關係時，說：「神者，太虛妙應之目」，考慮到這句的前半句為「聖者，至誠得天之謂」〔註52〕，「目」在這裡應當是名稱或稱謂的意思，正如冉覲祖所言：「目，名也，名之為神也。」〔註53〕德譯者們認為「目」在這裡表達了「神（之）明」的意思，將其譯為：「Der Geist ist es, was ins Auge faßt: in der Größten Leere fruchtbar entsprechen.（神是將……納入目中者：在太虛中富有成效地符應）」〔註54〕這種譯法雖不違背義理，但顯然屬於過度詮釋。而以下這個例子就是徹底的誤譯了。《太和篇》有這樣一句話：「氣聚則離明得施而有形，氣不聚則離明不得施而無形。……文理之察，非離不相睹也。」〔註55〕張載顯然有取《易傳·說卦》「相見乎離」與「離也者，明也」之義，王夫之解釋道：「離明，在天為日，在人為目，光之所麗，乃著其形。有形則人得而見之，明也。」〔註56〕德譯者似乎沒有看出這一點，將「離明」譯為「abgesondertes Licht」（分離的光明），將後面一句的「非離」譯為「ohne Absonderung」（沒有分離），這顯然是不該有的誤譯。總之，德譯《正蒙》是一部精心構造的哲學譯本，革命性的翻譯策略也一定層度上讓譯文比較難讀，不過，譯者也可以這樣為自己辯護：「原本也一樣（das Original auch）。」〔註57〕

〔註49〕 Chang Tsai, *Rechtes Auflichten. Cheng-meng*, Hamburg: Felix Meiner, 1996, S. 185.

〔註50〕 Cf. Ess, *op.cit.*, p.389.

〔註51〕 Cf. Li, *op.cit.*, S.237.

〔註52〕 張載：《張載集》，第9頁。

〔註53〕 林樂昌著：《正蒙合校集釋》，北京：中華書局，2012，第70頁。

〔註54〕 Chang Tsai, *Rechtes Auflichten. Cheng-meng*, Hamburg: Felix Meiner, 1996, S. 8.

〔註55〕 張載：《張載集》，第8頁。

〔註56〕 林樂昌著：《正蒙合校集釋》，第46頁。

〔註57〕 Cf. Chang Tsai, *Rechtes Auflichten. Cheng-meng*, Hamburg: Felix Meiner, 1996, S.LX.

三、結語

　　李文潮在《正蒙》書評中這樣說道：「這是一本雄心勃勃，要求很高且具有挑釁性的書，不能否認其具有一定的革命性和叛逆性。」〔註58〕誠如其言，作為《正蒙》的首個歐洲語言的全譯本，德譯本將宋明理學的一大經典文本帶給歐美漢學界和哲學界，而邁納出版社將其收入於經典的「哲學文庫」出版可以說表達了對中國思想的重視以及翻譯工作的肯定。雖然，由於譯者翻譯策略以詞源學追溯為主，偏好「古義」，導致譯文一定層度上難讀難懂，但哲學翻譯本來就應當以「硬譯」為主，這一點凡是留心西方哲學翻譯工作的人自然可以理解。稍有遺憾的是，這樣一部高質量的譯作迄今為止並未引起國內學界足夠的關注。毋庸置疑探討德譯者的翻譯策略與哲學思想上的詮釋以及進一步考察「歷代海外東西方學者對它的真誠研究」將有助於我們「從世界哲學的宏觀視野來探究張載哲學」〔註59〕。

〔註58〕 Li, *op.cit.*, S.236.
〔註59〕 參見陳俊民：《中德文化哲學交融的新篇章——德文譯本張載〈正蒙〉序》，深圳大學國學研究所編：《中國文化與哲學（1988）》，北京：三聯書店，1990，第462頁。

參考文獻

一、古籍類（依照文中使用的順序）

1. 朱熹：《朱子全書》（全二十七冊），上海古籍出版社與安徽教育出版社，2002 年版。

2. 羅汝芳：《羅汝芳集》，方祖猷等整理，南京：鳳凰出版社，2007 年版。

3. 王畿：《王畿集》，吳震編校整理，南京：鳳凰出版社，2007 年版。

4. 張載：《張載集》，章錫琛點校，北京：中華書局，1985 年版。

5. 王夫之：《船山全書》（全十六冊），長沙：嶽麓書社，2011 年版。

6. 李道平：《周易集解纂疏》，潘雨廷校，北京：中華書局，1994 年版。

7. 王弼、韓康伯注，孔穎達疏：《宋本周易注疏》，于天寶點校，北京：中華書局，2018 年版。

8. 萬廷言：《萬廷言集》，張昭煒點校，北京：中華書局，2015 年版。

9. 張惠言：《周易虞氏義》，劉大鈞校點，北京：北京大學出版社，2012 年版。

10. 程顥、程頤：《二程集》，北京：中華書局，1981 年版。

11. 王弼：《周易注（附周易略例）》，樓宇烈點校，北京：中華書局，1980 年版。

12. 王守仁：《王陽明全集》，吳光、錢明、董平、姚延福編校，上海：上海古籍出版社，2011 年版。

13. 張載：《張子全書》，林樂昌編校，西安：西北大學出版社，2015 年版。

14. 朱熹：《四書章句集注》，北京：中華書局，2011 年版。

15. 李翱：《復性書》，《李文公集 歐陽行周文集》（四庫唐人文集叢刊），上海：上海古籍出版社，1993 年版。

16. 程顥、程頤撰，朱熹編：《二程遺書》，上海：上海古籍出版社，2000 年版。

17. 陳淳：《北溪字義》，北京：中華書局，2009 年版。

18. 羅洪先：《羅洪先集》，徐儒宗編校整理，南京：鳳凰出版社，2007 年版。

19. 劉宗周：《劉宗周全集》，吳光主編，杭州：浙江古籍出版社，2004 年版。

20. 鄒守益：《鄒守益集》，董平編校，南京：鳳凰出版傳媒集團，2007 年版。

21. 黃宗羲：《明儒學案》，沈芝盈點校，北京：中華書局，2019 年版。

22. 孫應鰲：《孫應鰲全集》，趙光升編校整理，貴陽：貴州民族出版社，2016 年版。

23. 徐世昌等編纂：《清儒學案》，沈芝盈等點校，北京：中華書局，2008 年版。

二、中文著作類（依照文中使用的順序）

1. 牟宗三：《現象與物自身》，《牟宗三先生全集》第 21 冊，臺北：聯經出版事業有限公司，2003 年版。

2. 牟宗三：《周易哲學演講錄》，盧雪昆錄音整理，上海：華東師範大學出版社，2004 年版。

3. 李丕洋：《羅汝芳哲學思想研究》，北京：北京師範大學出版社，2014 年版。

4. 吳震：《羅汝芳評傳》，南京：南京大學出版社，2005 年版。

5. 肖建原：《「三教合一之心」：王夫之佛道思想研究》，北京：北京師範大學出版社，2016 年版。

6. 周廣友：《王夫之〈周易外傳〉中的天道觀》，北京：中國社會科學出版社，2015 年版。

7. 王林偉：《天人迴環：論船山思想的核心視野》，武漢，武漢大學出版社，2019 年版。

8. 張學智：《明代哲學史》，北京：中國人民大學出版社，2012 年版。

9. 林忠軍、張沛、張韶宇等著：《明代易學史》，濟南：齊魯書社，2016 年版。

10. 余敦康：《漢宋易學解讀》，北京：華夏出版社，2006 年版。

11. 牟宗三:《心體與性體(一)》,《牟宗三先生全集》第 5 冊,臺北:聯經出版事業有限公司,2003 年版。

12. 張岱年:《關於張載的思想和著作》,北京:中華書局,1978 年版。

13. 馮友蘭:《中國哲學史新編》下冊,北京:人民出版社,1999 年版。

14. 張岱年:《張岱年文集(四)‧張載——十一世紀中國唯物主體哲學家》,北京:清華大學出版社,1992 年版。

15. 陳來:《宋明理學》,瀋陽:遼寧教育出版社,1991 年版。

16. 丁為祥:《虛氣相即——張載哲學體系及其定位》,北京:人民出版社,2000 年版。

17. 李曉春:《張載哲學與中國古代思維方式研究》,北京:中華書局,2012 年版。

18. 林樂昌:《正蒙合校集釋》,北京:中華書局,2012 年版。

19. 林樂昌:《張載理學與文獻探研》,北京:人民出版社,2016 年版。

20. 龐樸:《一分為三論》,上海:上海古籍出版社,2003 年版。

21. 周贇:《張載天人關係新說——論作為宗教哲學的理學》,北京:中華書局,2015 年版。

22. 唐君毅:《中國哲學原論‧原教篇》,《唐君毅全集》第二十二卷,北京:九州出版社,2016 年版。

23. 丁耘:《道體學引論》,上海:華東師範大學出版社,2018 年版。

24. 楊立華:《氣本與神化——張載哲學述論》,北京:北京大學出版社,2008 年版。

25. 熊十力:《新唯識論(文言文本)》,《熊十力全集》第 2 卷,武漢:湖北教育出版社,2001 年版。

26. 龐樸:《龐樸文集》第四卷,濟南,山東大學出版社,2005 年版。

27. 弗朗索瓦‧朱利安:《迂迴與進入》,杜小真譯,北京:商務印書館,2017 年版。

28. 朱伯崑:《易學哲學史》,北京:北京大學出版社,1988 年版。

29. 赫爾曼‧施密茨:《無窮盡的對象:哲學的基本特徵》,龐學銓、馮芳等譯,上海:上海人民出版社,2020 年版。

30. 楊儒賓:《五行原論:先秦思想的太初存有論》,上海:上海古籍出版社,2020 年版。

31. 唐君毅:《中國古代哲學精神》,《唐君毅全集》第二十七卷,北京:九州出版社,2016 年版。

32. 唐君毅:《生命存在與心靈境界》,北京:中國社會科學出版社,2014 年版。

33. 唐君毅:《中國哲學原論・原性篇》,北京:中國社會科學出版社,2014 年版。

34. 陳來:《有無之境:王陽明哲學的精神》,北京:北京大學出版社,2013 年版。

35. 陳榮捷:《王陽明傳習錄詳注集評》,重慶:重慶出版社,2017 年版。

36. 朱建民:《張載思想研究》,北京:中華書局,2020 年版。

37. 陳立勝:《入聖之機:王陽明致良知工夫論研究》,北京:三聯書店,2019 年版。

38. 張衛紅:《羅念庵的生命歷程與思想世界》,北京:三聯書店,2009 年版。

39. 牟宗三:《心體與性體(三)》,《牟宗三先生全集》第 7 冊,臺北:聯經出版事業有限公司,2003 年版。

40. 古清美:《慧庵論學集》,臺北:大安出版社,2004 年版。

41. 牟宗三:《現象與物自身》,長春:吉林出版集團有限責任公司,2010 年版。

42. 楊儒賓:《儒學的氣論和工夫論》,上海:華東師範大學出版社,2008 年版。

43. 耿寧(Iso Kern):《人生第一等事——王陽明及其後學論「致良知」》,北京:商務印書館,2014 年版。

44. 牟宗三:《智的直覺與中國哲學》,《牟宗三先生全集》第 21 冊,臺北:聯經出版事業有限公司,2003 年版。

45. 馬禮榮(Jean-Luc Marion):《情愛現象學》,黃作譯,北京:商務印書館,2014 年版。

46. 牟宗三:《認識心批判(上)》,《牟宗三先生全集》第 18 冊,臺北:聯經出版事業有限公司,2003 年版。

47. 牟宗三:《從陸象山到劉蕺山》,《牟宗三先生全集》第 8 冊,臺北:聯經出版事業有限公司,2003 年版。

48. 彭國翔:《良知學的展開——王龍溪與中晚明的陽明學》,北京:三聯書店,2005 年版。

49. 蔡世昌：《羅近溪哲學思想研究》，北京：人民出版社，2019 年版。

50. 海德格爾：《論真理的本質——柏拉圖的洞喻和〈泰阿泰德〉講疏》，趙衛國譯，北京：華夏出版社，2008 年版。

51. 亞里士多德：《形而上學》，北京，商務印書館，1959 年版。

52. 弗朗索瓦·于連（朱利安）：《聖人無意——或哲學的他者》，閻素偉譯，北京：商務印書館，2004 年版。

53. 嵇文甫：《王船山學術論叢》，北京：北京人民出版社，1978 年版。

54. 蕭萐父：《中國哲學史史料源流舉要》，武漢：武漢大學出版社，1998 年版。

55. 胡元玲：《張載易學與道學》，臺北：學生書局，2004 年版。

56. 邵懿辰：《增訂四庫簡明目錄標注》，邵章續錄，上海，上海古籍出版社，1979 年版。

57. 陽海清：《中國叢書綜錄補正》，蔣孝達校訂，揚州：江蘇廣陵古籍刻印社，1984 年版。

58. 陳垣：《通鑒胡注表微》，瀋陽：遼寧教育出版社，1997 年版。

三、中文論文類（依照文中使用的順序）

1. 翟奎鳳：《論陽明後學對〈周易〉乾卦義理的發揮》，《哲學研究》，2016 年第 12 期。

2. 張沛：《四書五經融通視域下的羅汝芳心學易學》，《東嶽論叢》，2012 年第 6 期。

3. 陳曉傑：《「復者道之動」——論羅近溪的「復」思想》，《周易研究》，2017 年第 4 期。

4. 吳根友：《〈周易外傳〉的詮釋體式及其詮釋的創造性》，《學術月刊》，2016 年第 8 期。

5. 林樂昌：《20 世紀張載哲學研究的主要趨向反思》，《哲學研究》，2004 年 12 期。

6. 趙炎秋：《「言·象·意」辯——兼論王弼的「言象意」觀》，《福建論壇·人文社會科學版》，2020 年第 09 期。

7. 苟東鋒：《儒家之「道」是否「可道」？——兼論張載氣學中的「道」與「名」》，《人文雜誌》，2021 年第 1 期。

8. 李煌明：《意─象─言：意象哲學簡論》，《雲南大學學報》2017 第 5 期。

9. 李煌明：《論張載哲學的理趣與架構》，《哲學研究》，2020 第 5 期。

10. 黃玉順：《中國哲學的「現象」觀念──《周易》「見象」與「觀」之考察》，《河北學刊》，2019 年第 5 期。

11. 張再林：《「死而不亡」如何成為可能？───張載「氣化生死觀」的現代解讀》，《中州學刊》，2012 年第 5 期。

12. 林樂昌：《張載理觀探微───兼論朱熹理氣觀與張載虛氣觀的關係問題》，《哲學研究》，2005 年第 8 期。

13. 廖曉煒：《王船山哲學定位問題重探：以〈讀四書大全說〉為中心》，《現代哲學》，2020 年第 6 期。

14. 王汐朋：《張載思想的「象」概念探析》，《現代哲學》，2010 年第 2 期。

15. 田文軍、魏冰娥：《張載的「大心體物」說與儒家的理性傳統》，《孔學堂》，2017 年 02 期。

16. 張靖傑：《從「氣化」到「心知」──張載「知」論的內在理路》，《哲學分析》，2020 年第 4 期。

17. 林樂昌：《張載心學論綱》，《哲學研究》，2020 年第 6 期。

18. 向世陵：《張載「易之四象」說探討》，《周易研究》，2012 年第 5 期。

19. 陳立勝：《宋明儒學中的鏡喻》，《孔子研究》，2009 年第 1 期。

20. 陳政揚：《王夫之對張載「心」論的承繼與新詮》，《陝西師範大學學報（哲學社會科學版）》，2017 年第 2 期。

21. 沈順福、趙玫：《思：思維還是生存？──論中國傳統哲學中「思」的概念》，《西南大學學報（社會科學版）》，2020 年第 2 期。

22. 陳立勝：《「以心求心」、「自身意識」與「反身的逆覺體證」：對宋明理學通向「真己」之路的哲學反思》，《哲學研究》，2019 年第 01 期。

23. 王巧生、黃敏：《「龍惕說」及其爭論》，《河南師範大學學報（哲學社會科學版）》，2008 年 04 期。

24. 沈順福、張恒：《論理學的實踐意義》，《東嶽論叢》，2019 年第 12 期。

25. 朱清華：《海德格爾對亞里士多德實踐智慧（Phronesis）的存在論詮釋》，《現代哲學》，2009 年 06 期。

26. 楊儒賓：《檢證氣學》，《漢學研究》第 25 卷第 1 期。

27. 鄭宗義：《再論王陽明的知行合一》，《學術月刊》，2018 年第 8 期。

28. 黃勇（黃家光譯）:《作為動力之知的儒家「體知」論——杜維明對當代道德認識論的貢獻》,《哲學分析》,2020 年第 3 期。

29. 林樂昌:《張載「心統性情」說的基本意涵和歷史定位——在張載工夫論演變背景下的考察》,《哲學研究》,2003 年第 12 期。

30. 黃勇:《論王陽明的良知概念:命題性知識,能力之知,抑或動力之知?》,《學術月刊》,2016 年第 1 期。

31. 陳俊民:《中德文化哲學交融的新篇章——德文譯本張載〈正蒙〉序》,深圳大學國學研究所編:《中國文化與哲學（1988）》,北京:三聯書店,1990年版。

四、外語文獻類（依照文中使用的順序）

1. François Jullien, *Figures de l'immanence. Pour une lecture philosophique du Yi king*, Éditions Grasset & Fasquelle, 1993.

2. Chang Tsai, *Rechtes Auflichten. Cheng-meng*, übersetzt aus dem Chinesischen, mit Einleitung und Kommentar versehen und herausgegeben von Michael Friedrich, Michael Lackner und Friedrich Reimann, Hamburg: Felix Meiner, 1996.

3. François Jullien, *De L'Être au Vivre. Lexique euro-chinois de la pensée*, Éditions Gallimard, 2015.

4. M.Heidegger, *Sein und Zeit*. Tübingen : Niemeyer,1967.

5. Jean-Luc Marion, *Étant donné. Essai d'une phénoménologie de la donation*, Paris : PUF, 2005.

6. M. Henry, *Incarnation. Une philosophie de la chair*. Paris : Seuil, 2000.

7. M. Henry, *L'essence de la manifestation*, Paris, Presses Universitaires de France, 1991.

8. Hermann Schmitz: *Zur Epigenese der Person*. Freiburg / München: Verlag Karl Alber 2017.

9. Hermann Schmitz: *Wie der Mensch zur Welt kommt. Beiträge zur Geschichte der Selbstwerdung*. Freiburg / München : Verlag Karl Alber 2019.

10. *Historische Wörterbuch der Philosophie*, herausgegeben von Joachim Ritter, Karlfried Gründer und Gottfried Gabriel, Bd.9, Basel : Schwabe AG Verlag.

11. Jean-Luc Marion, *Questions cartésiennes. Méthode et métaphysique Ⅰ*, Paris, PUF,1991.

12. Jean-Luc Marion, *Das Erscheinen des Unsichtbaren. Fragen zur Phänomenalität der Offenbarung*, Freiburg im Breisgau : Herder, 2015.

13. Charles de Harlez, *L'école philosophique moderne de la Chine ou système de la nature (Singli)* , Bruxelles : F. Hayex,1890.

14. Chan, Wing-tsit, *A Sourcebook in Chinese Philosophy*. Princeton : Princeton University Press, 1963.

15. Chan, Wing-tsit (trans.) , *Reflections on Things at Hand : The Neo-Confucian Anthology Compiled by Chu Hsi and Lü Tsu-chien*. New York : Columbia University Press, 1967.

16. Ira Kasoff, *The thought of Chang Tsai (1020～1077)* , Cambridge : Cambridge University Press,1984.

17. Hans van Ess, "Rechtes Auflichten / Cheng-meng (review)" , *China Review International*, Volume 5, Number 2 (1998).

18. Florian C. Reiter, "Reviewed Work (s) : Rechtes Auflichten Cheng-meng. (Philosophische Bibliothek. Bd. 419)", *Zeitschrift der Deutschen Morgenländischen Gesellschaft*, Vol. 149, No. 2 (1999).

19. Wenchao Li, "Buchbesprechung: Die Übersetzung liest sich schwer - das Original auch, " *Philosophisches Jahrbuch* 105(1)(1998).

五、碩博士論文類（依照文中使用的順序）

1. 郭麗娟：《熊十力「乾元」易學思想探析》，山東大學博士學位論文，2009年。

2. 鮑永玲：《種子與靈光》，華東師範大學博士學位論文，2010年。

3. 張震：《王船山的「象」哲學思想研究》，東南大學博士學位論文，2017年。

4. 林青：《王夫之氣論研究》，河北大學博士學位論文，2020年。

5. 陳贇：《回歸真實的存在——王船山哲學的闡釋》，華東師範大學博士學位論文，2001年。

6. 唐青州：《羅汝芳易學思想研究》，山東大學碩士學位論文，2016年。

7. 李可明：《羅近溪「良知良能」思想探究》，西南政法大學碩士學位論文，2014年。

後　記

　　自從我於大學期間開始對哲學和宗教發生興趣之後，我就一直努力去搜集各種哲學類書籍，尤其是有關中國哲學的書。但當時苦於缺乏名師指導，網絡又不如現在發達，故雖搜羅了很多有關中國哲學的書，但卻沒有一本令我滿意。比起西方哲學宏偉的殿堂來說，我所看到的中國哲學簡直就是茅草屋一般簡陋！直到我偶然間讀到唐君毅先生的《中國哲學原論・原教篇》，我突然間發覺中國的哲思其實是內有堂奧所在。於是，我逐漸樹立起了學習哲學的信心。

　　沿著唐君毅的脈絡，沒多久，我又驚喜地發現了牟宗三先生！無需懷疑，對於當時尚是哲學方面的小白或菜鳥來說，發現這個詞最能形容這一事件之於我的意義。事件！一個當代哲學中十分緊要的詞彙。我不記得當時的所有細節，但我至今都清楚地知曉，一個嶄新的世界是如何在我面前豁然開朗的。當時尚且於哲學懵懵懂懂的我簡直可以說是隨便在網絡上購買了一本牟宗三先生的《從陸象山到劉蕺山》，信手翻開，一個詞躍了出來，讓我觸目驚心。「乾知」！那是什麼？什麼樣的「知」居然可以與「乾」相配？

　　一系列問題開始困擾我，但與此同時，我的哲學之路也開始彎彎扭扭地向前延伸……

　　這一幕之後，多少年過去了，在我博士即將畢業的時候，我大膽地選擇了「乾知」作為我博士論文的主題。感謝我的導師沈順福教授對我的大力支持，當時尚是新冠疫情，沈老師與我不能見面，卻從不吝惜對我的指導。也感謝花木蘭文化事業有限公司願意出版我的這一小書。雖然寫作此書期間，我可愛的

兒子果果迎來了降生，但此書卻並非是獻給他的，而是要獻給牟宗三先生！當然，這不是我第一次將我的研究獻給牟先生，碩士期間我已經在思考牟宗三與費希特之間的關聯，之後又前往德國，訪學於費希特研究名家，來驗證我的思路。在向牟宗三先生表達敬意之餘，此書之於我也是一個紀念——紀念我哲學之路開啟的夢幻時刻。

二零二四年三月於秦嶺之側